Experiência do Pensamento

Marilena Chaui é professora de filosofia na USP desde 1967, ano em que defendeu sua dissertação de mestrado sobre o pensamento de Merleau-Ponty. Suas teses de doutoramento e de livre-docência foram dedicadas à obra de Espinosa. Além dos trabalhos em história da filosofia, dedica-se à filosofia política, particularmente às questões da ideologia e da democracia, escrevendo sobre a sociedade e a política brasileiras. Interessada no ensino da filosofia no ensino médio, tem escrito livros didáticos de iniciação aos estudos filosóficos e à história da filosofia. Além das atividades acadêmicas, tem participado ativamente da vida política do país, lutando contra o autoritarismo e pelos direitos da cidadania.

Marilena Chaui

Experiência do Pensamento

Ensaios sobre a obra de Merleau-Ponty

wmf martinsfontes

Copyright © 2002, Livraria Martins Fontes Editora Ltda.
Copyright © 2022, Editora WMF Martins Fontes Ltda.,
São Paulo, para a presente edição.

Esta obra foi indicada para publicação por Homero Santiago.

Tradução da "Correspondência entre Merleau-Ponty e Sartre"
por Renato Janine Ribeiro.

1ª edição *2002*
2ª edição *2022*

Preparação do original
Luzia Aparecida dos Santos
Atualização ortográfica
Marise Simões Leal
Revisões
Flávia Schiavo
Ivete Batista dos Santos
Marisa Rosa Teixeira
Produção gráfica
Geraldo Alves
Paginação
Studio 3 Desenvolvimento Editorial
Capa
Katia Harumi Terasaka Aniya

Dados Internacionais de Catalogação na Publicação (CIP)
(Câmara Brasileira do Livro, SP, Brasil)

Chaui, Marilena
  Experiência do pensamento : ensaios sobre a obra de Merleau-
-Ponty / Marilena Chaui. – 2. ed. – São Paulo : Editora WMF
Martins Fontes, 2022. – (Coleção Métodos).

  ISBN 978-85-469-0344-3

  1. Filosofia 2. Merleau-Ponty, 1908-1961 I. Título II. Série.

21-87391   CDD-100

Índice para catálogo sistemático:
1. Filosofia   100

Aline Graziele Benitez – Bibliotecária – CRB-1/3129

Todos os direitos desta edição reservados à
Editora WMF Martins Fontes Ltda.
Rua Prof. Laerte Ramos de Carvalho, 133 01325.030 São Paulo SP Brasil
Tel. (11) 3293.8150 e-mail: info@wmfmartinsfontes.com.br
http://www.wmfmartinsfontes.com.br

ÍNDICE

Apresentação VII

Experiência do pensamento 1
Obra de arte e filosofia 151
A noção de estrutura em Merleau-Ponty 197
Filosofia e engajamento 257

Anexo 287

APRESENTAÇÃO

Os ensaios aqui reunidos foram escritos em ocasiões diferentes, de 1967 até 2002, e sofreram algumas modificações para esta nova publicação. O mais antigo dedica-se à noção de estrutura; o mais recente, à ruptura entre Merleau-Ponty e Sartre. Um fio condutor os percorre, qual seja, a maneira como a interrogação de Merleau-Ponty se debruça sobre o que designa como "tradição cartesiana", isto é, o dualismo corpo-consciência, fato-ideia, sujeito-objeto, que marcou o pensamento ocidental com as filosofias da consciência e o objetivismo científico. Por esse motivo, começamos com o ensaio sobre a experiência do pensamento porque nele se delineia com mais detalhes o percurso do filósofo, que partira da fenomenologia husserliana e chegou à ontologia do Ser Bruto, passando a seguir ao ensaio sobre o lugar das artes na obra merleau-pontiana, particularmente a pintura e a literatura, como interrogação sobre o corpo reflexivo e sobre o ser do visível e do invisível. Embora cronologicamente o primeiro, o ensaio sobre a noção de estrutura foi colocado somente a seguir porque os dois ensaios anteriores preparam o terreno para que se compreenda melhor o papel que essa noção possui em vista de uma ontologia que recusa a oposição entre fato e ideia, coisa e pensamento.

Quanto à ruptura entre Merleau-Ponty e Sartre, procuramos tratá-la à luz de seu momento histórico, mas destacando o sentido dessa ruptura como algo que se preparava no interior das obras filosóficas de ambos, pois o que as cartas tematizam é o significado do engajamento político a partir do que ambos entendem por filosofia e filósofo.

EXPERIÊNCIA DO PENSAMENTO*

> A uma vida que findou muito cedo, aplico as medidas da esperança; à minha, que se perpetua, as medidas severas da morte.
>
> "Prefácio" de *Signes***

> A morte é ato com personagem único. Ela recorta na massa confusa do ser essa zona particular que somos nós. Põe em evidência, sem ser secundada por nenhuma outra, essa fonte inesgotável de opiniões, sonhos e paixões que animava secretamente o espetáculo do mundo e, assim, melhor do que qualquer outro episódio da vida, nos ensina o acaso fundamental que nos fez aparecer e nos fará desaparecer.
>
> *Lecture de Montaigne*

> De morre-se só a vive-se só a consequência não é boa, pois, se apenas a dor e a morte são invocadas para definir a subjetividade, então a vida com os outros e no mundo é o que lhe será impossível (...). Estamos verdadeiramente sós apenas sob a condição expressa de não o sabermos. Essa ignorância é nossa solidão (...) A solidão de onde emergimos para a vida intersubjetiva não é a da mônada; é apenas a névoa de uma vida anônima que nos separa do ser e a barreira entre nós e o outro é impalpável.
>
> *Le philosophe et son ombre*

---

* Este ensaio é uma versão levemente modificada daquele que foi escrito em homenagem a Merleau-Ponty no vigésimo ano de sua morte. Sua primeira versão foi publicada em 1981 em *Da realidade sem mistérios ao mistério do mundo* (São Paulo: Brasiliense), e em 1999 como *Merleau-Ponty. Experiencia del pensamiento* (Buenos Aires: Colihue).

** Trad. bras. *Signos*, São Paulo: Martins Fontes, 1991.

Escrever sobre Merleau-Ponty

Durante os primeiros anos que sucederam a sua morte, um pesado silêncio cercou o pensamento de Merleau-Ponty, cujos cursos, no Collège de France, e artigos, em *Les temps modernes*, eram acompanhados e discutidos por numeroso público no correr da década de 1950. Silêncio curioso, mormente para quem, ainda que de longe, observou as peripécias da filosofia francesa nas décadas de 1960 e 1970[1].

Em 1966, situando-se entre *La naissance de la clinique* e o futuro *Surveiller et punir*, entre uma fenomenologia do olho e da fala médicos e uma história do olhar e do discurso penais, prosseguindo na trilha aberta pela *Histoire de la folie* encontra-se *Les mots et les choses**. Ali, Michel Foucault descreve o quadrilátero ou as disposições fundamentais que constituem a *epistemé* contemporânea – analítica da finitude, o homem como duplo empírico-transcendental, o impensado e a busca da origem. O novo saber, fincado no solo da descoberta do homem como objeto-sujeito dos discursos, nasce com a morte da metafísica. A posição da vida, do trabalho e da história como camadas do chão onde se ergue o saber sustenta filosofias da vida, do trabalho e da história para as quais a metafísica é, respectivamente, ilusão, alienação-ideologia e episódio cultural. No entanto, a morte da metafísi-

---

1. Esse silêncio, entretanto, foi rompido a partir dos anos 1980 com novas publicações da obra inédita de Merleau-Ponty e de seus cursos no Collège de France, além de teses acadêmicas e livros publicados sobre sua obra.

* Trad. bras. *As palavras e as coisas*, 9.ª ed. São Paulo: Martins Fontes, 1999.

ca, anunciada desde que Kant despertara do sono dogmático, parece não impedir uma nova sonolência: o sono antropológico daqueles que se obstinam em fazer do homem ponto de partida ou de chegada sem nem mesmo perguntarem se, afinal, o homem existe. As dificuldades criadas pelo novo quadrilátero são deixadas sem solução por Foucault, pois, escreve ele, são as questões do presente e não podem ser respondidas, mas trabalhadas. Em contrapartida, a modorra humanista pede outra atitude. A ela cabe "opor um riso filosófico, isto é, em certa medida, silencioso"[2].

Entre o bisturi afiado, que recorta as questões decisivas do presente europeu, e o riso filosófico, este silêncio de quem perdeu o medo de rir da filosofia porque aprendeu a rir *através* dela[3], os universitários franceses parecem ter preferido um punhal sem gume e o ruído da gargalhada. Imaginaram, talvez, que bastaria uma sacudidela para que a metafísica rolasse por terra e o humanismo virasse pó. Não perceberam, na pressa quem sabe?, que as costas nas quais ambos se agarravam eram o dorso de um tigre. E que este não era de papel.

---

2. Michel Foucault, *Les mots et les choses*, Paris: Gallimard, 1966, p. 354. Vale a pena observar que os temas apresentados por Foucault são aqueles desenvolvidos por Merleau-Ponty no ensaio "L'homme et l'adversité", em *Signes* e que ali, distinguindo entre o humanismo progressista (que é uma teologia disfarçada) e o humanismo espiritualista (que é francamente teológico), não falava num sono antropológico, mas no resultado da ausência de uma interrogação sobre o homem como contingência, isto é, o fascismo. Também vale a pena lembrar que a ideia de uma "arqueologia" do saber é desenvolvida em "Le Philosophe et son Ombre".

3. Bento Prado Jr., "Por que rir da filosofia?", *in A filosofia e a visão comum do mundo*, São Paulo: Brasiliense, 1981, p. 97.

Sob as rubricas do "logocentrismo" e do "falocentrismo", os universitários se lançaram com fúria iconoclasta contra ídolos que, havia pouco, adoravam: Husserl, Heidegger, Hegel, Marx, Freud. Em nome do "descentramento" e da "leitura", foram condenados sumariamente à morte o imperialismo da consciência, as falácias do *Dasein*, a miséria da dialética, o positivismo da luta de classes e o moralismo vitoriano de Édipo para que, enfim, morresse a metafísica. Senil, a ela não foi dado o direito mítico à bela morte, essa *Kalòs thánatos* dos bravos que morrem em combate. Ultrajada, não teve a morte gloriosa, essa *eukleès thanatós*, fulguração para a eternidade. Mas também não a deixaram morrer na quietude que envolve o morto comum permitindo que seja esquecido, nem a privaram dos funerais que impedem o esquecimento. Quiseram um cadáver celebrado com espalhafato. E não fizeram o paciente trabalho do luto.

Talvez por esse motivo o silêncio sobre Merleau-Ponty não seja surpreendente. Foi a homenagem involuntária que lhe prestaram. Para que a ruptura ruidosa pudesse ser proclamada, era preciso esquecer um pensamento que pusera em questão o estatuto do sujeito e do objeto, da consciência e da representação, do fato e do conceito; que modificara a maneira tradicional de acercar-se da linguagem e da arte; desvendara a dimensão ontológica do sensível e criticara o humanismo. Era preciso abandonar uma filosofia que arruinara as certezas e evidências trazidas pelas ideias de razão, natureza e história, cuja positividade permitia o surgimento de duplos imaginários e igualmente positivos: a irrazão, a vida e a dispersão dos acontecimentos. Era preciso deixar no olvido um pensamento que buscava o descentramento sem alarde, um trabalho corajoso e paciente, que desmanchava o tecido da tradição puxando os fios da não coincidência, movendo-se na tensão resvalosa dos incompossíveis sem procurar sínteses apaziguantes, abrindo-se ao movimento de uma diferenciação primordial de onde nascia a possibilidade de outra ontologia.

É que Merleau-Ponty não estava movido pelo desejo de supressão imediata do que é outro, supressão que a *Fenomenologia do espírito* chama pelo nome de Terror. Nem estava movido pela necessidade de suprimir imediatamente a distância temporal entre a consecução de um fim e a paciência de sua realização, supressão que a *Interpretação dos sonhos* nomeia com a palavra Infantil.

Em *Sens et non-sens* ele escrevia:

> A metafísica, reduzida pelo kantismo ao sistema de princípios empregados pela razão na constituição da ciência ou do universo moral e, nesta função diretriz, radicalmente contestada pelo positivismo, no entanto, não cessou de levar uma vida clandestina na literatura e na poesia. E reaparece nas próprias ciências, não para limitar-lhes o campo ou impor-lhes barreiras, mas como inventário deliberado de um tipo de ser ignorado pelo cientificismo e que as ciências, pouco a pouco, aprenderam a reconhecer (...). A metafísica não é uma construção de conceitos graças aos quais poderíamos tornar nossos paradoxos menos sensíveis – é a experiência que temos deles em todas as situações da história pessoal e coletiva e das ações que, ao assumi-los, os transformaram em razão. É uma interrogação que não comporta respostas que a anulem, mas somente ações resolutas que a transladam sempre para mais longe. Não é o conhecimento que viria terminar o edifício dos conhecimentos; é o saber lúcido daquilo que os ameaça e a consciência aguda de seu preço. A contingência de tudo o que existe e vale não é uma verdadezinha a ser mais ou menos alojada numa dobra dum sistema: é a condição de uma visão metafísica do mundo. Essa metafísica é inconci-

liável com o conteúdo manifesto de religião e com a posição de um observador absoluto do mundo.[4]

A metafísica não é o conjunto explicitado das "condições de possibilidade" da ciência e da moral, mas também não é teologia.

Sabia, portanto, que a filosofia já não poderia mover-se no solo transcendental kantiano, na indagação do caráter não fundado das teorias com relação às ciências, mas que se transladara para uma região escorregadia de experiências sem fundamento, nas quais o homem já não pode reconhecer-se na soberania do observador absoluto. Por isso mesmo também sabia que a filosofia não poderia retroceder ao *Cogito* cartesiano porque a transparência da presença a si se perdera num pensamento cujas raízes estão enterradas no irrefletido e está despojado de apoditicidade porque escapa de si mesmo.

Em suas primeiras obras, interessava-se por uma metafísica escondida sob a positividade científica e a idealidade filosófica. Em suas últimas obras, particularmente na abertura de *Le visible et l'invisible*, sua perspectiva se transformara. Interessava-se, agora, pela experiência da metafísica, ou, parafraseando o título de um de seus livros, pelas "aventuras da metafísica", pelo não metafísico que sustenta o discurso da metafísica. Porém, tanto no início como no fim, buscava o que seu pensamento e o dos outros deviam à filosofia, não para pagar um preço pelo resgate, mas para avaliar o que o pensamento roubara de si mesmo ao pagar tributo à soberania da consciência e das representações.

---

4. Merleau-Ponty, "Le métaphysique dans l'homme", *in Sens et non-sens*, Paris: Nagel, 1965, pp. 167-9; São Paulo: Abril Cultural, 1975, pp. 370-80 (Coleção "Os pensadores").

Diante do que chamava "o pequeno racionalismo do início do século", que esperava uma coincidência entre o real e as leis científicas ali encarnadas, diante do que considerava os "absolutos rivais", Deus e a História a disputarem pela explicação completa do curso predeterminado dos acontecimentos, perante o que designava como "rivalidade obscurantista" que separava ciência e filosofia, privando a primeira do sentido dos fatos e a segunda da necessidade das ideias, na infindável antinomia do empirismo e do intelectualismo ou de uma estética e de uma analítica transcendentais pré-críticas, Merleau-Ponty não buscava refúgio no irracional, mas lutava por uma racionalidade alargada que pudesse "compreender aquilo que em nós e nos outros precede e excede a razão"[5].

Perante o Observador Absoluto, *Kosmoteheoros* que sobrevoa o mundo para contemplá-lo como espetáculo integral e sem poder habitá-lo, não opunha a inexistência da subjetividade, mas indagava por que o sujeito absoluto a dissimulava e anulava. Não suprimia o universal em nome da particularidade, mas buscava uma universalidade oblíqua – como aquela alcançada pelo pintor e pelo poeta –, vertical, feita da simultaneidade de dimensões diferenciadas e entrelaçadas, "coesão sem conceito" – como aquela que faz do vermelho um mundo e de uma frase musical o resgate do tempo. Contra o sobrevoo não opunha a fusão, mas a tensão entre inerência e transcendência. Não podemos suprimir as coisas nem os outros, dizia, porque vivemos com elas gravitando à nossa volta e coexistimos com eles por irradiação e transitividade de nossos corpos. A Terra, "solo e cepa de nossa vida e de nossos pensamentos", não é um ponto objeti-

---

5. Merleau-Ponty, "De Mauss a Claude Lévi-Strauss", *in Signes*, Paris: Gallimard, 1960, p. 157; São Paulo: Abril, *op. cit.*, p. 393.

vo plantado nalgum canto da galáxia, é nosso mundo natal e somos feitos do seu estofo. Não podemos possuí-lo intelectualmente senão abolindo as coisas, ignorando os outros, fazendo da ciência "abstração exorbitante" e da filosofia "arrogância subjetiva".

Perante a dialética convertida em lema e princípio explicativo, num

> quase alguém, como a ironia das coisas, uma sorte lançada sobre o mundo, transformando nossas esperanças em escárnio, potência astuciosa e maléfica agindo às nossas costas e, ainda por cima, dotada de ordem e de racionalidade[6],

buscava uma dialética capaz de sacudir as falsas evidências, denunciar as abstrações e as positividades, evitar o impulso de enunciar-se a si mesma convertendo-se em doutrina, suficientemente corajosa para criticar-se a si mesma quando cedesse à tentação de fazer-se teoria. Não se tratava de optar entre a dialética transcendental e a dialética como calvário do negativo ou do proletariado, entre o estudo das necessárias ilusões da razão e o caminho da reconciliação do absoluto consigo mesmo, mas sim de não perder de vista o risco que ronda toda dialética quando quer ser dialética imediatamente, tornando-se autônoma e virando cinismo formalista, isto é, quando acredita muito na síntese e se converte numa "nova posição". Numa palavra, tratava-se de não sucumbir entre uma dialética do entendimento nem numa outra, providencialista e mecanicista e, no final das contas, pré-crítica.

Merleau-Ponty não considerava a filosofia uma investigação das "condições de possibilidade", mas a recusa

---

6. Merleau-Ponty, *Le visible et l'invisible*, Paris: Gallimard, 1964, p. 128; São Paulo: Perspectiva, 1971, p. 95.

da tradição do idealismo transcendental não o fazia tomar a análise dos conteúdos do "vivido" como alternativa para as dificuldades do kantismo e da fenomenologia husserliana, de um lado, e as querelas entre positivismo e dialética, de outro. Não apenas porque esse tipo de análise costuma desembocar no psicologismo existencialista, mas sobretudo porque "a filosofia nada tem a ver com o privilégio das *Erlebnisse*, da psicologia do vivido. Não se trata, da mesma maneira, em história, de reconstruir as 'decisões' como causas dos 'processos'. A interioridade que busca a filosofia é também intersubjetividade, a *Urgemein Stiftung*. A *Besinnung* contra as *Erlebnisse*"[7].

Entretanto, Merleau-Ponty não abandonava imediatamente as tentativas da filosofia, suas aventuras. Interessava-se em interrogar a origem dos impulsos que confeririam à consciência a plena posse de si, apresentariam o mundo numa límpida transparência e transformariam a linguagem numa expressão completa. Também não descartava imediatamente a tendência ao "retorno ao vivido", mas indagava por que fora tido como necessário e que consequências traria ou trouxera para a filosofia. Voltava-se para as tentativas da metafísica, da filosofia transcendental, da dialética e das ciências para saber de onde vinham e a que se destinavam.

Trabalhando com a diferenciação, desconfiava da síntese, mas também desconfiava das antinomias e das dicotomias, que estudou exaustivamente em todas as suas obras. Para ele não se tratava de optar entre rivais, escolher entre os processos em terceira pessoa do naturalismo e a interioridade da primeira pessoa posta pelo intelectualismo. Da mesma maneira, não se tratava de optar entre a ex-

---

7. *Idem, ibidem*, Gallimard, *op. cit.*, p. 235; Perspectiva, *op. cit.*, p. 175.

terioridade das determinações socioeconômicas e a interioridade das "decisões"e da tomada da consciência, ambas, afinal, constituindo o direito e o avesso do humanismo.

Recusara o humanismo não porque negasse a analítica da finitude ou que a existência precede a essência, mas porque indagava o que poderiam ser o finito, a existência ou a essência[8]. Também não o recusara porque o homem, por seu corpo, está incrustado na Natureza e, por sua consciência, se aliena e se reencontra na História. Sua recusa nascia noutro lugar. O homem não pode ser ponto de partida nem de chegada não porque não possa ser princípio de coisa alguma, o mundo sendo mais velho do que ele e o tempo das coisas diferente do seu, como lembra Foucault, mas porque a própria ideia de *principium* precisa ser questionada. Sentir saudades do Ser de Parmênides, dizia, não nos ajudará a digerir a subjetividade, "pedregulho atravessado em nossa garganta" e que não foi "descoberta" como a América por Colombo, mas posta pelo saber ocidental e, como toda posição, corre o risco de ser reposta quando se procura ultrapassá-la pelo retrocesso.

Por isso, quando descrevia o presente como "estado de não filosofia" e afirmava que "a crise nunca foi tão radical", não pretendia a superação imediata nem a eliminação sumária de um labor milenar, mas convidar a filosofia a interrogar-se a si mesma para que, em lugar de chorar por ilusões perdidas ou agarrar-se a elas como um náufrago, tivesse coragem de compreendê-las e, quiçá, não repeti-las.

O "estado de não filosofia" é o apego cego à tradição, reduzindo as ideias a máscaras e álibis de nossas

---

8. "Sou contra a finitude no sentido empírico, existência de fato que *possui limites*; daí por que sou pela metafísica. Mas esta não está mais no infinito do que na finitude de fato." Merleau-Ponty, *Le visible et...*, *op. cit.*, Gallimard, p. 305; Perspectiva, p. 228.

nostalgias, rancores e fobias. Figuras do ressentimento a prenunciar a outra face da não filosofia: a fúria iconoclasta que destrói sem ultrapassar. Atitude do filisteu que, dirá o *Eloge de la philosophie*, fica muito satisfeito quando o filósofo, para honra e sossego da humanidade, afirma que tudo vai mal, pois "a revolta não desagrada" e é bom vê-la impressa nos livros porque assim "tudo permanece em ordem e pode-se dormir em paz"[9]. Mas a filosofia não é justificação do existente nem revolta filisteia, é "*virtù* sem nenhuma resignação"[10]. É coragem para, no presente, ir até o fundo do estado de não filosofia admitindo que

> isso põe em questão não apenas a filosofia clássica, mas também as filosofias do deus morto (Kierkegaard, Nietzsche, Sartre), na medida em que constituem sua contrapartida, e também, evidentemente, a dialética como "manobra".[11]

Aprendemos com Merleau-Ponty que as questões são interiores à nossa vida e à nossa história, onde nascem, morrem ou se transformam se conseguimos responder a elas. Os filósofos não produziram sistemas nem doutrinas – aparecem para nós dessa forma quando nos distanciamos das inquietações que os faziam pensar. Como ignorar que o movimento que anima o trabalho da filosofia está sempre a desfazer o tecido da tradição, rompendo o fio de uma continuidade apaziguadora? A filosofia não inventa questões nem traz respostas. Interroga a expe-

---

9. Merleau-Ponty, "Eloge de la philosophie", *in Eloge de la philosophie et autres essais*, Paris: Gallimard, 1960, p. 25.
10. Merleau-Ponty, "Preface" de *Signes*, *op. cit.*, p. 47.
11. Merleau-Ponty, *Le visible et...*, *op. cit.*, Gallimard, p. 236; Perspectiva, p. 176.

riência individual e coletiva, o sensível e o inteligível, o *punctum caecum* da consciência, aquilo que necessariamente ela não pode "ver", sob pena de deixar de ser consciência. A filosofia de Merleau-Ponty interroga a experiência da própria filosofia e a cegueira da consciência porque se volta para o mistério que faz o silêncio sustentar a palavra, o invisível sustentar a visão e o excesso das significações sustentar o conceito.

No entanto, se a filosofia é interrogação e se o pensamento merleau-pontiano é interrogativo, estamos postos diante de uma dificuldade talvez insuperável: como escrever sobre o pensamento de Merleau-Ponty sem reduzir o que era questão a um conjunto mais ou menos coerente de "respostas"?

Essa dificuldade não é figura de retórica nem fingimento de quem, tendo decidido escrever, sabe que a escrita é possível. Discutida de maneiras diferentes por Lefort, Blanchot e Castoriadis[12], foi interrogada pelo próprio Merleau-Ponty.

A filosofia posta em livros deixou de interpelar os homens e, de modo insólito e quase insuportável, escondeu-se na vida decente dos grandes sistemas. Essas palavras são ditas no *Eloge de la philosophie*, exatamente no momento em que Merleau-Ponty alcançava a máxima consagração acadêmica, a cátedra de filosofia no Collège de France.

Porém, justamente por tê-las proferido, Merleau-Ponty se põe a interrogar as difíceis relações do filósofo com a academia, interrogação que o conduzirá, por intermédio das figuras de Sócrates e de Galileu, às difíceis relações do filósofo com a Cidade.

---

12. Claude Lefort, "Posface", *in Le visible et l'invisible, op. cit.*; Maurice Blanchot, "Le discours philosophique", *L'Arc*, n.º 46, 1971; Cornelius Castoriadis, "Le dicible et l'indicible", *L'Arc*, n.º 46, 1971.

As palavras que dão início ao *Eloge* são reveladoras.

> Aquele que é testemunha de sua própria busca, isto é, de sua desordem interior, não pode sentir-se herdeiro dos homens completos cujos nomes estão gravados nestas paredes. E se, além disso, for filósofo, isto é, se souber que nada sabe, como se sentiria fundado a ocupar essa cátedra, como pôde até mesmo desejá-la? A resposta a essas questões é simples: o que o Collège de France, desde sua fundação, encarregou-se de dar a seus ouvintes não são verdades adquiridas, mas a ideia para uma investigação livre.[13]

Palavras de circunstância? Justificativa para ocupar um lugar que sua concepção da filosofia recusava? Ao psicólogo e ao biógrafo, a tarefa de responder. A nós, que pretendemos enfrentar a dificuldade de escrever, correndo o risco de converter em "tese" o que originariamente era questão, interessa acompanhar nesse discurso dirigido à academia a passagem da "desordem interior" à "vida decente dos grandes sistemas".

Essa passagem ocorre quando o filósofo se transforma em professor e, consequentemente, em funcionário, mas também quando goza da liberdade de ser escritor porque essa liberdade tem o mesmo preço pago pelo funcionário-professor: entrar imediatamente "num universo acadêmico no qual as opções de vida estão amortecidas e as condições de pensamento, veladas"[14]. O patrono dos

---

13. Merleau-Ponty, *Eloge...*, *op. cit.*, p. 1. Consta que Merleau-Ponty deu título ao texto após a conferência inaugural, num ambiente em que circulava, irônica, a sempiterna pergunta "para que filósofos?", à qual, com filosófica ironia, ele respondera: "para não dar assentimento às coisas sem considerandos".

14. *Idem, ibidem*, p. 4.

filósofos não era funcionário, nem era professor e nunca foi escritor.

Todavia, a passagem da desordem interior à decência do sistema não é um fato bruto, nem algo que possamos deixar na periferia do trabalho filosófico, mas uma de suas questões. É verdade que a academia protege. Mas também persegue. Não é curioso, então, que Descartes, que não era funcionário nem professor, não tivesse tomado partido entre o Santo Ofício e Galileu? O acadêmico dirá que Descartes se comportou como filósofo, pois este "não deve preferir entre dogmatismos rivais; ocupa-se com o ser absoluto, para além do objeto do físico e da imaginação do teólogo"[15]. Mas, retruca Merleau-Ponty, recusando-se a falar, Descartes recusa o lugar da filosofia onde o querem colocar. Calando-se, não ultrapassa erros rivais, deixa-os engalfinharem-se e encoraja o vencedor do momento. A filosofia e o absoluto não estão fora nem acima das lutas e dos erros do século, participam deles e, para que fosse possível uma filosofia liberada do cientificismo e da teologia, teria sido preciso que Descartes falasse, que "falasse contra e, neste caso, contra a imaginação"[16].

A academia e a vida decente dos sistemas só afetam a filosofia quando ela própria acredita que, graças a eles, está protegida da difícil relação com a Cidade, e que, neles, o absoluto filosófico encontrou uma sede propícia porque, nesses asilos, filosofar não irrita a certeza moral do filisteu, pois "o que irrita a certeza moral – e que ela quer reduzir a todo custo – é a incontrolável ambiguidade da experiência e a anarquia discursiva que ela abre"[17].

---

15. *Idem, ibidem*, p. 8.
16. *Idem, ibidem*, p. 8.
17. Bento Prado Jr., "Por que rir da filosofia?", *loc. cit., op. cit.*, p. 96.

Dizer que Descartes guardou silêncio para proteger o absoluto e que Aristóteles fugiu de Atenas para evitar um segundo crime de lesa-filosofia é supor que a filosofia seja um ídolo e o filósofo seu guardião. Mas a filosofia está em toda e em nenhuma parte, instala-se na relação viva do filósofo com a Cidade, nessa "obediência desrespeitosa" que é sempre tida por impiedade. Por isso, esteja onde estiver, ensine ou escreva, ou simplesmente fale, o filósofo sabe que sua relação com os outros homens será sempre difícil. Não porque saiba mais ou melhor do que eles, pois sabe que enfrenta o mesmo mundo que os outros, mas porque lhes causa um secreto mal-estar e os força a colocá-lo à margem da Cidade mesmo quando, do alto da cátedra, parece ocupar o centro.

Como Swann, deleitado com o balbucio de Albertine adormecida, se irrita ao ouvi-la dizer, desperta, "Dormi", os homens se irritam com "o homem que desperta e fala", isto é, com o filósofo. "Situação irritante e confusa", escreve Merleau-Ponty em *La prose du monde*, "de um ser que é aquilo de que fala", que vai sendo à medida que vai falando. É que os homens jamais perdoarão ao filósofo a ofensa irreparável de fazê-los duvidar de si mesmos se também quiserem testemunhar sua própria desordem interior, "a incontrolável ambiguidade da experiência e a anarquia discursiva que ela abre".

Esteja onde estiver, o filósofo é aquele que não pode dar aos outros exatamente o que lhe pedem: "o assentimento à própria coisa e sem considerandos"[18]. Esteja onde estiver – dentro ou fora da academia, professor ou escritor –, alguém perderá a relação com a filosofia se deixar de interpelar o mundo, os homens e a si mesmo, dan-

---

18. Merleau-Ponty, *Eloge...*, *op. cit.*, p. 15.

do assentimento imediato a eles. Quando o fizer, viverá na vida decente dos grandes sistemas.

Assim, não é tanto escrever sobre um filósofo que interrogava a dificuldade maior. Esta se apresenta quando nos damos conta do que pretende Merleau-Ponty ao invocar, no *Eloge*, o "sei que nada sei". Evidentemente, "que nada sei" não é um evento psicológico. No entanto, como questão do conhecimento, além de circunscrever o espaço da filosofia, ainda apela secretamente, diz *Le visible et l'invisible*, para a certeza absoluta das ideias e para a esperança de uma elucidação completa da realidade, desde que procedamos a uma "reforma do intelecto" ou a uma "crítica da razão". Há secreta segurança no "sei que nada sei" porque nos faz crer que estamos destinados a tudo saber. A tentação pelo sistema se inscreve no interior da humildade filosófica. Mais do que modéstia, é *hybris*. Para que o apelo à certeza absoluta se desfizesse seria preciso passar da afirmação – sei que nada sei – à interrogação: que sei eu?, dirigida muito menos ao "eu" que pergunta e muito mais ao "quê" da pergunta. Assim, a questão filosófica se altera profundamente, pois não indaga "que posso saber?", mas interroga: que há para saber? Esse *há*, geração inesgotável de seres, ideias, acontecimentos e situações, se abre para a experiência não como objeto de pensamento, mas como experiência de pensar. A interrogação filosófica não tem fim. Pode fechar-se definitivamente pelo golpe de força da morte, ou pode fechar-se provisoriamente quando o filósofo toma a decisão de escrever. "O término de uma filosofia é a narração de seu começo."[19]

---

19. Merleau-Ponty, *Le visible et...*, *op. cit.*, Gallimard, p. 231; Perspectiva, p. 172.

O filósofo é o homem que desperta e fala, exprimindo o que os outros homens também enfrentam, embora num semissilêncio. A linguagem, diz Merleau-Ponty, é o tema universal da filosofia.

É enigmática, escreve ele inúmeras vezes, porque exprime perfeitamente sob a condição de não exprimir completamente, toda a sua força estando nessa maneira paradoxal de acercar-se das significações, aludi-las sem jamais possuí-las. É misteriosa: usa o corpo dos sons e dos sinais para nos dar um sentido incorpóreo, só alcançado pela virtude da corporeidade sonora e gráfica. É "coesão sem conceito". Enigmática e misteriosa, também é uma totalidade simultânea e aberta. Quando alguém fala, põe em movimento todo o sistema de diferenças que constituem a língua e das quais depende o sentido proferido; alude a significações passadas e vindouras numa constelação significativa essencial para o sentido presente; relaciona-se com outrem, de cuja escuta e resposta depende seu próprio investimento como sujeito falante; corporifica seu pensamento à medida que o vai dizendo. Enigmática, misteriosa e totalidade aberta, a linguagem é apavorante, desde que o filósofo se distancie do comportamento dos falantes para acercar-se da experiência da fala como nascimento da expressão subindo do fundo silencioso da percepção. A palavra nasce numa dupla reflexão: por um lado, enlaça os movimentos da garganta, da boca e do ouvido desvendando um corpo que é sonoro como os cristais e os metais, mas que "ouve de dentro sua própria vibração", pois é sonoro para si; por outro, esse ser sonoro e ouvinte também é sonoro para outros e ouvido por outros à medida que se ouve e os ouve, e a linguagem é o poder assustador de criar um locutor que é, simultaneamente, alocutório e delocutório. A experiência da fala é apavorante porque é emergência de um ser que se ouve falando e se duplica porque se diz a si mesmo, vai sendo à medida que se vai dizendo, como aquele que, ao despertar, diz: "Dormi."

A linguagem é o tema universal da filosofia porque a filosofia pretende dizer o que sabemos a fim de aprender a saber o que já sabemos. Não é, insiste Merleau-Ponty, um substituto verbal para o mundo, não é léxico nem característica universal, e também não pode, como a música e a poesia, ser puramente linguagem, viver no mundo sonoro. Quer que o silêncio fale sem que se perca como silêncio, quer a linguagem não como máscara, porém como testemunho do mundo, e testemunho de si mesma, pois, se o ser da linguagem é diferença entre sons, sinais e sentido que se enlaçam e se entrecruzam sem se confundir, se falar é relacionar-se com uma totalidade aberta tanto quanto relacionar-se consigo e com os outros, a linguagem ensina à filosofia que a verdade não é coincidência de uma consciência consigo mesma nem adequação do intelecto às coisas, mas centro virtual a que se dirigem as palavras e as ideias, sem jamais possuí-lo porque, não sendo representação, não se presta à posse intelectual. A filosofia é interrogação porque é linguagem e a linguagem é seu tema privilegiado de interrogação.

Merleau-Ponty dedica quase todos os seus textos à experiência da palavra, desde as questões trazidas pela linguística, pela lógica e pela psicologia até as pretensões insensatas da filosofia e da ciência de inventar uma linguagem pura e universal. Preocupa-se com as várias formas de expressão – a pintura, o diálogo como advento da intersubjetividade e, particularmente, a literatura como experiência da escrita e da leitura e de sua assimetria fundamental. Um livro como *La prose du monde* não é meditação sobre a melancolia da história enquanto ruína e vestígio do Espírito. É interrogação da diferença entre a linguagem prosaica (como era prosaico o Estado Romano, em Hegel) e a linguagem poética, o morto e o vivo. É procura do livro interpelante, "arte de captar um sentido jamais objetivado até então para torná-lo, doravante, acessível a todos os que falam a mesma língua".

O livro interpelante é "máquina infernal, aparelho de criar significações"; o momento da expressão, aquele em que o escritor, tendo imprimido uma torção inusitada no léxico disponível, o faz "secretar uma significação nova", deixando-a à disposição do leitor não prevenido de quem se apodera e de cuja cultura passa, daí por diante, a fazer parte. A linguagem instituinte não é apenas alusiva, como toda linguagem, é ainda astuciosa. O escritor não convida quem o lê a reencontrar o que já sabia, mas toca nas significações existentes para torná-las destoantes, estranhas, e para conquistar, por virtude dessa estranheza, uma nova harmonia que se aposse do leitor, fazendo-o crer que existira desde sempre e que desde sempre lhe pertencera. Escrever é essa astúcia que priva a linguagem instituída de centro e de equilíbrio, reordena ou reorganiza os signos e o sentido e ensina tanto ao escritor como ao leitor o que sem ela não poderiam dizer nem pensar, pois a palavra não sucede nem antecede o pensamento porque é sua contemporânea. O filósofo, como o escritor, lemos em *Le visible et l'invisible*, fala não porque vise a um inefável intraduzível, mas porque não sabe de antemão o que dizer. A torsão e o reequilíbrio operados pela escrita ensinam por que o *Cogito* existe vagamente em Santo Agostinho e só plenamente na meditação de Descartes, quando um campo de sentido foi preparado pelo filósofo para instituir essa palavra, desde sempre existente, numa significação inédita e, doravante, instituída.

O escritor se empenha na sedução, o leitor se abandona à fascinação. Buscam cumplicidade e disputam o lugar da realeza, mas só podem ser cúmplices e rivais porque foram captados pelo poder da linguagem, que reina sem competição. A assimetria entre escrever e ler não nasce da diferença empírica entre escritor e leitor, mas da diferença interna à própria linguagem quando transita na reversibilidade do instituinte e do instituído. Dessa maneira, Merleau-Ponty se localiza e nos localiza. Porém, ao fazê-lo, retira o véu da sedução e da fascinação, desnudando o poder da linguagem e destroçando a inocência da escrita e da leitura. Falando delas, as arranca do lugar onde operavam serenamente, no semissilêncio da linguagem. No entanto, talvez nos ajude a enfrentar nossa dificuldade para escrever sobre ele se o procurarmos ali onde sua situação se assemelha à nossa, isto é, na condição de leitor.

***

Ao percorrer algumas das leituras feitas por Merleau-Ponty não nos ocupamos com os pensadores que o instigaram nem com aqueles que foram por ele criticados. Também não nos referimos àqueles que foram lidos na esteira da discussão de alguns temas determinados – Marx e o movimento da história como luta de classes e o ocultamento das divisões sociais pela ideologia, Freud e o estatuto do inconsciente como tempo simultâneo e linguagem, Saussure e o surgimento da linguística estrutural apreendendo a língua como sistema de puras diferenças internas, Mauss e Lévi-Strauss na contribuição para instituir a antropologia social, descobrindo o pensamento selvagem e a estrutura como inteligibilidade nascente, Watson e os behavioristas ou os psicólogos da Gestalttheorie na discussão do comportamento como práxis, Descartes e o legado da dicotomia coisa-consciência ou a cisão do campo da metafísica. Estamos interessados naqueles que o filósofo leu procurando captar o movimento de um pensar que se fazia pensamento: Husserl, Bergson, Montaigne, Maquiavel e Einstein.

Nessas leituras, o que parece ocupar Merleau-Ponty não é tanto o lado sistemático das obras. Evidentemente, não negligencia a lógica interna e a coerência conquistadas por elas. Porém, seu interesse maior parece estar voltado para os impasses, os paradoxos, as súbitas guinadas do pensamento que, no entanto, estavam preparadas pelo caminho percorrido. Interroga esses pensadores em múltiplas direções: o que suscita uma certa ideia? que movimento secreto anima as palavras do pensador? que interrogação o move, levando-o mesmo a mudar o curso de seu discurso? que inquietações o fazem seguir numa direção e enfrentar becos sem saída? Se Merleau-Ponty oferece respostas a essas perguntas, é porque deseja saber o que as engendrou, qual o contexto que dava sentido às questões e às soluções, quem era aquele que interrogava e escrevia.

Diferentemente do que se passa em matemática,

> na compreensão de outrem, o problema é sempre indeterminado porque apenas a solução fará os dados aparecerem retrospectivamente como convergentes; somente o *motivo central* de uma filosofia, uma vez compreendido, dá aos textos do filósofo o valor de signos adequados. Há, pois, retomada do pensamento de outrem através da palavra, *reflexão em outrem* que enriquece nossos próprios pensamentos (...). Começo a compreender uma filosofia deslizando para dentro dela, na maneira de existir desse pensamento, reproduzindo seu tom, o sotaque do filósofo (...). No caso da prosa e da poesia, diferentemente da música e da pintura, a potência da palavra é menos visível do que a dos sons e a das cores porque, conhecendo o

sentido comum dos vocábulos, temos a ilusão de possuir em nós tudo quanto é preciso para compreender qualquer texto.[20]

Merleau-Ponty fala em *motivo* central de uma filosofia, e não em *conceito* central. Como numa tapeçaria, numa renda, num quadro ou numa fuga, nos quais o motivo puxa, separa, une, enlaça e cruza fios, traços ou sons, configura um desenho ou tema a cuja volta se distribuem os outros fios, traços ou sons, e orienta o trabalho do artesão e do artista, assim também o motivo central de uma filosofia é constelação de palavras e de ideias numa configuração de sentido. O motivo é o que vai surgir e, ao mesmo tempo, o que guia esse surgimento. Donde seu segundo sentido: o motivo como origem. Não como uma "causa" passada, mas como inquietação que motiva a obra, sustentando seu fazer-se no presente.

Se considerarmos reflexão a inerência psicológica ou a imanência transcendental, a volta da consciência sobre si para coincidir consigo numa presença plena, então a expressão merleau-pontiana *reflexão em outrem* soará como não senso. Para Merleau-Ponty, no entanto, a reflexão é

---

20. Merleau-Ponty, *Phénoménologie de la perception*, Paris: Gallimard, 1945, pp. 208-9 (grifos meus, MC). [Trad. bras. *Fenomenologia da percepção*, São Paulo: Martins Fontes, 2.ª ed., 1999.] Numa nota de trabalho de *Le visible et l'invisible*, Merleau-Ponty fala numa leitura que seja *percepção* dos outros filósofos, de modo que ler não seja posse intelectual de uma totalidade de teses, mas relação por perfis e horizontes, aberta e inacabada. Além do inacabamento e da latência do ausente no que está presente, a percepção se realiza por transgressão e transitividade entre os sentidos (o olho apalpa) sem que cada um deles se confunda com os outros ou se reduza a um deles, donde a nota prosseguir: "invasão intencional de seus domínios, pensamento próprio que não os liquida, seja ao ultrapassá-los, seja ao copiá-los". *Le visible et...*, *op. cit.*, Gallimard, p. 251; Perspectiva, *op. cit.*, p. 187.

movimento rumo a um centro virtual sempre a distância, é a reversibilidade simultânea da união e da separação, passagem da unidade à diferenciação, numa palavra, não coincidência. A presença a si se realiza sobre um fundo essencial de ausência, pois só estamos junto a nós estando entre as coisas e com os outros. No caso da leitura, o que possibilita o paradoxo da reflexão em outrem é que ler não é inspeção intelectual do pensamento de um outro nem coincidência com ele. É manter a distância deslizando para o interior de uma obra a fim de aprender a pensar nela e com ela, aprendendo seu jeito de falar. As ilusões complementares do sobrevoo intelectual e da coincidência, isto é, de uma exterioridade e de uma interioridade igualmente impossíveis, possuem, neste caso, a mesma origem, qual seja, a crença de que é possível dispor das ideias e das palavras de um outro porque as idealidades são sempre idênticas e as palavras, instrumentos inertes a serviço da identidade do pensamento. Pensar, diz Merleau-Ponty, não é possuir uma ideia, mas circunscrever um campo de pensamento.

É bem verdade que sempre começamos a ler partindo daquelas ilusões, no entanto,

> pouco a pouco, por uma reviravolta, a princípio insensível, a palavra do filósofo se assenhora de sua linguagem e é o emprego que faz dela que acaba por afetar esta última com uma significação nova e que lhe é própria.[21]

Essa reviravolta, experiência do pensamento do filósofo, é o que a leitura retoma e nessa retomada efetua-se como reflexão em outrem.

---

21. Merleau-Ponty, "Sur la phénoménologie du langage", *in Signes, op. cit.*, pp. 113-4.

A ilusão da posse – seja da linguagem, seja do pensamento de outrem – é a outra face, agora real, de uma perda. Perdemos a indeterminação do outro para nós e a indeterminação de sua experiência para ele mesmo. Perdemos o que nos leva a ler e o que levou um outro a escrever. Essa perda, dissimulada no sentimento de posse, torna possível declarar Husserl um idealista transcendental, Bergson um intuicionista, Montaigne um cético, Maquiavel um cínico, Einstein um destruidor da razão clássica.

Não é assim que Merleau-Ponty se aproxima desses pensadores. Não procura o idealismo, o intuicionismo, o ceticismo, o cinismo ou a relatividade, cujas expressões particulares se encontrariam nas obras lidas. Interroga o sentido desses termos quando retomados por aqueles pensadores como motivo central de seu pensamento. Indaga a que vieram, por onde passaram e aonde podiam chegar.

A filosofia husserliana é, sem dúvida, um idealismo transcendental, mas este é um problema para Husserl e não uma verdade estabelecida. São os paradoxos e impasses da constituição transcendental, do "projeto insensato de posse intelectual do mundo" que conduzirão a fenomenologia, gradualmente, da consciência constituinte à questão da gênese pré-reflexiva. Porque o motivo central de Husserl, o enigma da "tese natural do mundo" ou o mistério das relações entre a razão e a natureza, é que a descoberta da intersubjetividade transcendental e da dupla relação de *Fundierung* "desloca e transforma a situação do ponto de partida e a mola da constituição já não pode ser encontrada nem em seu começo nem em seu término"[22].

---

22. Merleau-Ponty, "Le philosophe et son ombre", *in Signes, op. cit.*, p. 218 (adaptada).

Montaigne duvida. Mas do que e por que duvida? Sua dúvida nasce do espanto e da perplexidade diante de algo cuja chave não possuímos: o paradoxo de um ser consciente que não pode permanecer dentro de si nem fora de si. A dúvida de Montaigne, tão diferente da cartesiana, ensina que

> toda verdade se contradiz e que, talvez, acabemos reconhecendo que a contradição é verdade. "Eu me contradigo muito, mas a verdade, como dizia Demades, não a contradigo nunca." A primeira e mais fundamental das contradições é aquela na qual a recusa de cada verdade descobre uma nova espécie de verdade.[23]

Porque o motivo central de Montaigne era o homem, animal e consciência, "monstro" e "milagre", não podia resolver o problema, mas apenas descrevê-lo. O que se convencionou designar como ceticismo de Montaigne é a coragem de uma busca sem descoberta, de uma caçada sem a presa, isto é, a liberdade sem condição "que torna possível aderir ao absoluto"[24].

---

23. Merleau-Ponty, "Lecture de Montaigne", in *Eloge...*, *op. cit.*, p. 322.
24. *Idem, ibidem*, p. 347. "A reflexão que distancia todas as coisas, descobre-se, pelo menos, como dada a si mesma no sentido de que não pode pensar-se como suprimida, manter-se à distância de si mesma. Mas isto não quer dizer que a reflexão, o pensamento sejam fatos primitivos simplesmente constatados. Como Montaigne o vira muito bem, pode-se ainda questionar este pensamento todo carregado de sedimentos históricos e atravancado com seu próprio ser, pode-se duvidar da própria dúvida, considerada modalidade definida do pensamento e consciência de um objeto duvidoso e a fórmula da reflexão radical não é 'nada sei' – forma facilmente pega em flagrante delito de contradição – mas 'que sei eu?'." Merleau-Ponty, *Phénoménologie...*, *op. cit.*, p. 457.

Bergson inquietava e se inquietava na conquista das coisas, no contato com elas. O apaziguamento fugaz dessa inquietação, momento silencioso e efêmero da plena coincidência, chamou de *intuição*. O bergsonismo, em contrapartida, virou intuicionismo, segurança, justificativa e conjunto de opiniões. Entretanto, o leitor de *Matéria e memória** e de *Duração e simultaneidade* não encontra em suas páginas o bergsonismo. Encontra, por exemplo, algo espantoso numa filosofia da intuição: uma das mais perfeitas descrições da percepção encravada no ser bruto, num circuito no qual

> o ser seja "para mim" espectador, mas, em retorno, o espectador seja "para o ser" (...). Desvendando a duração nascente, Bergson reencontra no coração do homem um senso pré-socrático e "pré-humano" do mundo.[25]

Porque intuição e duração constituem o motivo central de Bergson, este precisa enfrentar o enigma da percepção como movente e não como pura petrificação.

Maquiavel é tentado pelo cinismo e pela crueldade, por uma visão da vida coletiva como inferno ou "comunhão dos santos negra". Mas, ao desvendar a política

---

* Trad. bras. São Paulo: Martins Fontes, 2.ª ed., 1999.

25. Merleau-Ponty, "Bergson se faisant", *in Eloge...*, *op. cit.*, p. 295. "Bergson dissera muito bem que o saber fundamental não é o que quer pegar o tempo como que com pinças (...), mas, pelo contrário, é o próprio tempo que se oferece a quem deseja apenas 'vê-lo' e, precisamente porque renunciou a apreendê-lo, alcança seu impulso interior por visão; a ideia de fusão ou de coincidência substitui frequentemente estas indicações que recorriam a uma teoria da perspectiva ou da visão filosófica como o máximo de proximidade em relação a um Ser em deiscência." Merleau-Ponty, *Le visible et...*, *op. cit.*, Gallimard, p. 171; Perspectiva, p. 125.

como lógica das relações de força, por isso mesmo revela que a moral pura é cruel e cínica e que a política pode ser uma moral. O que o torna um pensador difícil é que une incompossíveis: o sentimento agudo da contingência e da irracionalidade no mundo e o gosto pela consciência e pela liberdade no homem. Por esse motivo, *fortuna* e *virtù* aparecem em constelações contraditórias nas quais ora a primeira decide toda a vida coletiva, ora a segunda é fundadora do político. Nessa medida,

> Maquiavel não é um humanista. Mas, se designarmos como humanismo uma filosofia que enfrenta como problema a relação do homem com o homem e a constituição, entre eles, de uma situação e de uma história comuns, então é preciso dizer que Maquiavel formulou algumas condições de todo humanismo sério.[26]

Há uma maneira muito fácil de reduzir Maquiavel ao cinismo: basta que sejamos "maquiavélicos". Isto é, basta voltarmos nossos olhos para o céu dos puros princípios e forçar os outros a olharem nessa mesma direção para que não vejam o que efetivamente estamos fazendo. Há, porém, uma outra maneira de ler Maquiavel, aquela que se desfazendo das representações sobre a obra perceba nela o motivo central que articula *fortuna* e *virtù*, força e poder, constrangimento e liberdade, isto é, "a contribuição para a clareza política"[27].

A Teoria da Relatividade abalou de tal modo a ideia de razão e de ciência, embaladas pelo final do século XIX e pelo início do século XX, que, introduzindo o observador no observado, Einstein parece ter rompido as fron-

---

26. Merleau-Ponty, "Note sur Machiavel", *in Eloge...*, *op. cit.*, p. 376.
27. *Idem, ibidem*.

teiras que separavam a ciência física e a especulação metafísica. No entanto, quando se lê o discurso especulativo einsteiniano, percebe-se que Einstein é um espírito clássico, se "chamarmos clássico um pensamento para o qual a racionalidade em si do mundo é inquestionável"[28]. Todavia, porque o motivo central de Einstein é não abdicar dessa racionalidade, seu pensamento se desdobra em paradoxos infindáveis que acabam impossibilitando a harmonia da física e da metafísica, apanágio da razão clássica. O que é extraordinário em Einstein, escreve Merleau-Ponty, é a coexistência do físico criador que usa o humor como expressão das certezas arriscadas com o metafísico que não admite um Deus irônico ou maldoso. O que é espantoso é vê-lo conservar uma ontologia negada pela física que descobrira e que era incompatível com a razão clássica em que acreditava. Para ele, a física não é expressão matemática nem linguagem, mas, classicamente, "notação direta do real". Que acontece quando, abandonando o classicismo de Einstein, cientistas e epistemólogos procuram apagar o motivo central desse "pensamento selvagemente especulativo", isto é, seus paradoxos? A domesticação da Teoria da Relatividade como explicação completa e coerente do real só pode transformá-la em superstição.

---

28. Merleau-Ponty, "Einstein et la crise de la raison", in *Eloge...*, *op. cit.*, p. 310. "Na ausência dessa análise, onde o direito relativo e os limites da objetivação clássica sejam reconhecidos, uma física que conservasse intacto o equipamento filosófico da ciência clássica e projetasse na ordem do saber absoluto seus próprios resultados viveria em estado de crise permanente (...) e Einstein não dissimula que essa certeza de uma adequação entre as operações da ciência e o Ser é nele anterior à sua física. Até sublinha com humor o contraste entre sua ciência 'selvagemente especulativa' e sua reivindicação para ela de uma verdade em si." Merleau-Ponty, *Le visible et...*, *op. cit.*, Gallimard, pp. 35-6; Perspectiva, pp. 28-9.

Não é reclamando para a ciência um gênero de verdade metafísica ou absoluta que se irão proteger os valores da razão ensinados pela ciência clássica. O mundo, além dos neuróticos, conta com um bom número de "racionalistas" que são um perigo para a razão vivente. E, ao contrário, o vigor da razão está ligado ao renascimento de um senso filosófico que justifica a expressão científica do mundo, mas em sua ordem e em seu lugar no todo do mundo humano.[29]

Leitor, Merleau-Ponty busca o duplo movimento no qual um pensamento abre caminho no contato com uma experiência a ser decifrada, e se degrada num conjunto de opiniões, num sistema decente, ou numa superstição. Entre o trabalho do pensamento e sua posteridade, intercalam-se, de um lado, o universo acadêmico, que amortece opções de vida e oculta as inquietações, e, de outro, o efeito *extramuros* dessa neutralização acadêmica, isto é, a opinião pública.

Merleau-Ponty não está empenhado em restaurar a boa imagem dos filósofos. Não carecem disto. Aliás, se tal fosse a finalidade da leitura, ela recairia exatamente naquilo que é objeto de sua crítica: a perda do pensamento numa *representação* da obra. Tanto a "má" como a "boa" imagem petrificam a obra e esta, convertida em representação, está pronta para entrar no museu ou na biblioteca, "cujas funções não são benfazejas"[30]. Permitem que se veja o conjunto das obras e que se possa percebê-las como momentos de um esforço único, mas perdem o essencial, isto é, o trabalho que as animava. Ficam ali, penduradas nas paredes ou enfileiradas nas estantes, para o prazer dos

---

29. *Idem, ibidem*, p. 320.
30. Merleau-Ponty, "Le langage indirect et les voix du silence", *in Signes, op. cit.*, p. 77.

visitantes, espetáculos tão ao gosto do olhar burguês. Necrópoles, o museu e a biblioteca transformam em coisas o que um dia foi tentativa, "como se tantas alegrias e dores, tanta cólera e tanto trabalho estivessem *destinados* a se refletir na luz triste"[31] dessas salas e corredores.

Essa neutralização da filosofia, seu aspecto embalsamado, fortifica o estado de não filosofia e a radicalidade da crise presente porque as obras, convertidas em representações, nos poupam da exigência de que a filosofia se interrogue a si mesma nos trabalhos dos outros e nos nossos. Tradição decente, limita nossa tarefa à "opção" entre um sistema ou outro e porque pouco pensamos "optamos" segundo nosso ressentimento, amando poucas obras e detestando quase todas.

Leitor, Merleau-Ponty se debruça sobre as filosofias cuja escrita é relato de seu começo. Uma reflexão que é acolhimento da interpelação tácita e opaca da experiência pessoal e cultural, ruptura com tradições e, por seu turno, nova interpelação aos outros. Procura uma história da filosofia que escape da formulação hegeliana, mas que também escape da sociologia do conhecimento e ultrapasse o modelo de uma história objetiva das ideias, inaugurado, na França, por Guéroult e Goldschmidt.

Incorporando as filosofias como momentos de um único processo contínuo, a história da filosofia hegeliana quer "incorporá-las numa filosofia integral, como se pudesse conduzir o empreendimento filosófico melhor e mais longe do que elas o fizeram"[32]. Essa tentativa, pretendendo ultrapassar uma filosofia de seu próprio interior, não só lhe rouba a alma, mas ainda lhe faz a afronta de guardá-la despojada de "limitações" cujo critério de-

---

31. *Idem, ibidem*, p. 78.
32. Merleau-Ponty, "Partout et nulle part", *in Signes, op. cit.*, p. 172.

pende apenas de Hegel como juiz. Os filósofos do passado não permanecem como momentos de um sistema final, que recolhe apenas suas verdades, mas "duram com suas verdades e com suas loucuras, como tentativas totais, ou não duram de jeito nenhum"[33].

Por sua vez, a sociologia do conhecimento, querendo evitar a interioridade hegeliana e a interioridade *tout court* de cada filosofia, busca nas condições sociais e históricas as causas de uma obra. Essa perspectiva é apenas o avesso daquela que pretende combater. Dando à exterioridade o lugar do fundamento que, no caso anterior, se pretendia outorgar à interioridade, a sociologia do conhecimento é uma alternativa imaginária para o problema. Antes de mais nada, seria preciso indagar o que se entende por exterior e por interior e, sobretudo, qual é o pressuposto filosófico da noção de fundamento. Porque essas questões não são postas, essa história das ideias não pode perceber que uma filosofia, como toda experiência de pensamento, nasce no fluxo e refluxo da história pessoal e social, na tentativa de alcançar a inteligibilidade dessas experiências, e, portanto, não é um resultado, uma coisa ou fato, mas começo e recomeço, um instrumento de trabalho.

Quanto à chamada "análise estrutural dos sistemas", seria preciso, diz uma nota de *Le visible et l'invisible*, fazer uma história da filosofia "paralela à de Guéroult" e na qual, por exemplo,

> as teses de Descartes sobre a distinção do corpo e da alma e sua união não podem ser expostas no plano de entendimento e justificadas em conjunto, mas por um *movimento*

---

33. *Idem, ibidem*, p. 172.

do pensamento. Não podem ser afirmadas juntas a não ser que as aceitemos com seu *subentendido*. Na ordem do subentendido, a busca da essência e a da existência não são opostas, são a mesma coisa (...). O que proponho não é uma "visão" da história da filosofia. Ou é história, mas estrutural: isto é, não a ocorrência de tal filosofia como criação e solução de "problemas", mas *esta* filosofia situada no conjunto hierático do Ser e a eternidade existencial, isto é, num conjunto *interrogativo* que, como o *Maquiavel* de Lefort, não é um dogmatismo.[34]

Ler não é fechar uma filosofia (seja na interioridade da consciência de si, do sistema total das figuras da consciência ou da ordem das razões, seja na suposta exterioridade dos condicionamentos sócio-históricos), mas abri-la. Rechaçar a obra como representação acabada e, com isto, interrogar o impulso que comanda, tanto do lado do escritor como do lado do leitor, a emergência da atitude representadora. Em outras palavras, indagar de onde vem o desejo da síntese completa buscada pelo escritor e reencontrado no leitor.

Do lado do escritor, o desejo da síntese completa, de onde nasce a obra, é o esforço do pensamento para conjurar a indeterminação da experiência, "suas ambiguidades" e a "anarquia discursiva" dela resultante. Do lado do

---

34. Merleau-Ponty, *Le visible et...*, *op. cit.*, notas de trabalho de junho de 1959 e de maio de 1959, Gallimard, pp. 188 e 180; Perspectiva, *op. cit.*, pp. 187 e 189. E ainda: "De acordo com a ideia de transcendência (como pensamento de distância e não posse de objeto) buscar definir uma história da filosofia que não seja o 'achatamento' da história no interior da 'minha' filosofia e que não seja idolatria: retomada e repetição de Descartes, único meio de restituir-lhe *sua* verdade, pensando-a de novo, quer dizer, a partir de nós." *Idem, ibidem*, Gallimard, p. 241; Perspectiva, *op. cit.*, p. 187.

leitor, manifesta-se tanto no desejo de coincidir "por dentro" com a obra lida, quanto na tentativa de dominá-la "de fora" – no primeiro caso, o leitor perde a diferença temporal e a assimetria constitutiva de escrever e ler; no segundo, toma o que era trabalho como uma positividade observável.

Essas atitudes do leitor engendram um problema insolúvel, qual seja, o da multiplicidade das interpretações, incompatível com a aspiração pela síntese completa, que diria de uma vez por todas a verdade da obra e seu sentido. O problema da multiplicidade das interpretações, entretanto, é ilusório. Ou melhor, é consequência das ilusões da coincidência e da inspeção intelectual, que bloqueiam a percepção daquilo que constitui o ser da própria obra. Com efeito,

> há na carne da contingência uma estrutura do acontecimento, uma virtude própria do cenário que não impedem a pluralidade das interpretações, que são mesmo sua razão profunda (...). Quanto à história das obras, em todo caso, se forem grandes, o sentido que se lhes dá de imediato saiu delas. Foi a própria obra que abriu o campo no qual ela aparece numa outra luz, é ela que *se* metamorfoseia e *se* torna a sequência; as reinterpretações intermináveis de que ela é *legitimamente* suscetível não a transformam senão nela mesma; e, se o historiador reencontra por sob o conteúdo manifesto o excesso e a espessura do sentido, a textura que lhe preparava um longo porvir, esta maneira ativa de ser, essa possibilidade que ele descobre na obra, esse monograma que nela encontra, fundam uma meditação filosófica.[35]

---

35. Merleau-Ponty, *L'oeil et l'esprit*, Paris: Gallimard, 1964, pp. 62-3; Abril Cultural, *op. cit.*, p. 292.

Uma obra não é coisa nem ideia, não é fato nem representação, não é um dado empírico nem posição intelectual, mas "uma maneira ativa de ser" que a faz criar, de dentro de si mesma, a posteridade vindoura de seus leitores-intérpretes.

No entanto, não apenas a pluralidade de interpretações encontra legitimidade na própria obra, mas também sua passagem à condição de representação. Esta não é engano do entendimento nem ilusão da razão, porém resultado necessário daquilo que, após Husserl, Merleau-Ponty designa como *sedimentação* do sentido.

A sedimentação é o modo de ser de uma idealidade ou o momento em que a instituição de um sentido se incorpora à cultura, tornando-se "disponível", uma ideia da inteligência que usamos sem mais pensar em sua origem. Um sentido, porém, é vertical. É e está presente porque carrega consigo dimensões passadas e vindouras, significações que não estão atualmente dadas e de cuja ausência depende o prestígio absoluto de sua presença. O documento é esse sentido vertical presente no texto como investimento passado e atual de uma cultura e apelo a textos futuros, articulando-se com os precedentes e com os seguintes de modo indireto e alusivo.

Entretanto, a sedimentação também é, literalmente, superposição de camadas significativas que endurecem e formam um bloco compacto e sem dimensões. A "disponibilidade" de uma palavra, de um sentido ou de um texto, essa impressão que nos dão de terem estado sempre ali, ao alcance de nossa fala ou do nosso pensamento, é o esquecimento do tempo da obra – tempo de seu fazer-se e tempo de suas retomadas por outras. Esse bloco sedimentado em que se convertem toda obra e toda práxis quando passam de instituintes a instituídas permite tomar uma filosofia na pura atualidade de sua "ordem das razões", ou considerá-la efeito de um conjunto positivo de causas sócio-históricas. A interioridade temporal hegeliana, ao pretender ultrapassar essa atualidade achatada, no entanto, o faz atribuindo a cada filosofia um "lugar" num tempo que ainda lhe é exterior.

A sedimentação pede o que Merleau-Ponty chama de "geologia transcendental", uma escavação que traga o espaço histórico e o tempo geográfico das significações e permita reativar seu sentido.

Reativação do sentido é uma noção husserliana inscrita no projeto de uma fenomenologia capaz de explicitar completamente as significações, graças a uma eidética universal. Este, todavia, não é o propósito de Merleau-Ponty, e nos arriscamos a cair numa interpretação equivocada, se o confundirmos com o de Husserl.

Ao concluir *Le philosophe et son ombre*, Merleau-Ponty dizia que a fenomenologia desejara conduzir à expressão completa o mundo tácito de nossas experiências ainda mudas. Ora, dirão alguns, "esta experiência só é muda perante o que o filósofo ainda não disse sobre ela"[36], tornando a filosofia uma aposta perigosa, pois há experiências falantes – a ciência, a literatura, o cotidiano. Pressupor um mutismo primitivo seria considerar "que aquilo que já foi dito, que teve ou pode ter sentido, deve ser posto de lado"[37] para que o filósofo, até então silencioso, se ponha a falar e abra um discurso rigorosamente inaugural. Ora, dirá Merleau-Ponty, foi justamente com essa pretensão que a fenomenologia husserliana esbarrou numa

---

36. Jean Toussaint Desanti, *La philosophie silencieuse*, Paris: Seuil, 1975, p. 74.
37. *Idem, ibidem*.

dificuldade intransponível, pois, no caso da filosofia, fazer falar não é tornar proferido o que era mudo, mas pôr-se à escuta de um silêncio que se transfigura em linguagem. A experiência da expressão não é a relação da filosofia com outras falas, mas a relação de *toda* palavra com o mundo sensível. Cada cientista, artista, artesão, homem "comum" ou filósofo realiza a reativação do sentido quando reabre o campo do pensar, do ver ou do dizer. Caso contrário, o termo *re*-ativação seria *flatus vocis*, e a filosofia, posse intelectual e discursiva do mundo, enunciando-se a si mesma num texto original[38].

Estaremos duplamente equivocados se não compreendermos que Merleau-Ponty aceita instalar-se no interior de uma *tensão* sem inversão dialética entre a declaração de Husserl, isto é, a filosofia como expressão da experiência ainda muda, e a de Valéry, para quem a linguagem é tudo, pois não é a voz de ninguém, é voz das coisas, das ondas e dos bosques. Que tensão é essa?

---

38. "Ora se expulsarmos de nosso espírito a ideia de um *texto original* do qual nossa linguagem seria a tradução ou a versão cifrada, veremos que a ideia de uma expressão *completa* é não senso, que toda linguagem é indireta ou alusiva, é, se se quiser, silêncio. A relação do sentido com a palavra não pode ser essa correspondência ponto por ponto que sempre temos em mira (...). Dizer não é colocar uma palavra sob cada pensamento: se o fizéssemos nada seria jamais dito, não teríamos o sentimento de viver na linguagem e permaneceríamos no silêncio, porque o signo se apagaria tão logo estivesse diante de um sentido que seria seu, e o pensamento reencontraria apenas outros pensamentos, os que deseja exprimir e os que formaria numa linguagem inteiramente explícita (...). A linguagem diz peremptoriamente quando renuncia dizer a própria coisa (...). Comecemos por compreender que há uma linguagem tácita e que a pintura fala a seu modo." Merleau-Ponty, "Le langage indirect et...", *op. cit., loc. cit.*, pp. 54-5 e 59.

O interesse de Merleau-Ponty pela pintura, pela literatura, pela política e pelas ciências humanas não nasce do propósito de explicá-las, mas de aprender com elas. Sua crítica não se dirige à prática da ciência, mas ao ideal (filosófico) da *explicação* científica, o que é muito diferente. A ciência, lemos numa nota de trabalho de *Le visible et l'invisible*, "não é *exaustão*, mas retrato fisionômico (...) explicita estruturas, pivôs, certos traços da membrura do mundo"[38a]. Essa verdade, prossegue a nota, não inutiliza a filosofia, mas convida a retomar a questão do sujeito e do objeto da ciência numa ontologia. Se a filosofia deseja pôr-se à escuta do ser bruto, escreve em *Signes*, não pode afastar-se daqueles que nunca o abandonam – o pintor, o escritor, o poeta, o revolucionário e, em certos casos, o cientista. O conhecimento que temos de uma obra, de seu modo de cavar por dentro seu próprio ser, jamais substituirá a *experiência da obra* ou o seu fazer-se, diz *Le langage indirect et les voix du silence*.

Se a obra de pensamento ou de arte é geradora de sua posteridade e se pode haver reativação do sentido sedimentado, é porque a obra *se* transcende, antecipando as vindouras, e nós *a* transcendemos reabrindo seu sen-

---

38a. No "Prefácio" de *Signes* escreve: "A filosofia que desvela o quiasma do visível e do invisível é o contrário do sobrevoo. Mergulha no sensível, no tempo, na história, rumo às suas junturas, não os ultrapassa por forças que teria como propriedades suas, só os ultrapassa em seu sentido (...). A filosofia é rememoração desse ser-aí com o qual a ciência não se ocupa porque concebe as relações do ser e do conhecimento como as de um geometral e suas projeções e esquece o Ser de envolvimento, aquilo que poderíamos chamar uma topologia do Ser (...). A filosofia não conserva o mundo prostrado a seus pés, não é um ponto de vista superior onde se abarcariam todas as perspectivas locais; procura o contato com o Ser bruto e instrui-se junto àqueles que nunca o abandonaram."

tido, liberando o que ali estava cativo. Essa dupla transcendência, que articula leitura e escrita revelando sua assimetria justamente quando desvenda seu parentesco, nos ensina que a positividade irrecusável da obra dissimula o que a conserva viva para os outros. No caso da obra de pensamento, dissimula o impensado que sustém o seu e o nosso pensar.

A noção de impensado prestou-se a muitos equívocos tanto da parte daqueles que dela se apropriaram como da parte dos que a criticaram.

Muitos a empregaram como uma espécie de substituto antinômico para a síntese completa; ou melhor, como possibilidade de chegar a esta última, embora por vias tortas. O impensado seria a distância entre o espírito e a letra que o "bom" leitor é capaz de vencer. Para outros, seria uma espécie de inspeção intelectual de "sintomas" com o fito de estabelecer definitivamente o que o escritor quis dizer, embora não o tivesse dito. Alguns, enfim, acreditaram que seria aquilo que filosofia e ciência deveriam dizer, se obedecessem a uma lógica ou a uma epistemologia cujos cânones ignoram. Em todas essas versões, o impensado oscila entre a curiosa função de "completar" o "incompleto" e a de uma norma, espécie de regra certa e fácil para bem conduzir a leitura.

Aqueles que criticaram essa noção a tomaram como metáfora imprecisa que não pode dar conta das rupturas e continuidades no plano de uma história das ideias. Outros a consideraram pretensão do filósofo de pensar (e pensar melhor) o que os demais – filósofos ou não – teriam sido incapazes de pensar. Na primeira crítica, há dificuldade para apanhar o sentido de uma noção dotada daquela ambiguidade que Espinosa atribuía à palavra "infinito", isto é, uma palavra negativa que exprime um sentido positivo. Ora, esse sentido só pode ser alcançado quando, abandonando a ilusão de que já possuímos *todo* o vocabulário para ler qualquer texto, buscarmos sua emergência no campo de pensamento da filosofia merleau-pontiana. Entre outras coisas, perceberemos que o impensado é articulação-diferenciação entre passado, presente e futuro e, no caso, entre cultura e criação. Na segunda crítica, Merleau-Ponty é colocado justamente no lugar que sua filosofia não cessou de recusar, isto é, na posição do observador absoluto, capaz de expressão completa porque possuidor do texto original.

Tanto na apropriação como na recusa da noção de impensado, a face petrificada da sedimentação foi privilegiada: nos dois casos, o impensado é apanhado como positividade negativa, como buraco e lacuna a serem preenchidos pelo saber, igualmente positivo, do leitor.

Numa filosofia da indivisão e diferenciação simultâneas, na qual a relação entre espírito e letra não é de exterioridade, mas também não é de identidade e sim de envolvimento e extravasamento recíprocos, na qual a linguagem não traduz significações, mas as encarna, não as possui mas alude indiretamente a elas, na qual o pensamento não é posse intelectual de um *noema*, porém delimitação aberta, o impensado não é o que não foi pensado, nem o que tendo sido pensado não soube ser dito, nem muito menos o que teria sido pensado e não pôde ser proferido. Não é o "menos"; é o *excesso* do que se quer dizer e pensar sobre o que se diz e se pensa. É o que, no pensamento, faz pensar e dá o que pensar – é o que no ensaio sobre Husserl, *Le philosophe et son ombre*, Merleau-Ponty nomeia como *l'ombre portée*, inseparável da figura e projetando-se à sua frente ou além dela. O impensado diferencia internamente escrita e leitura, mantém uma obra aberta, sustenta sua temporalidade e cria seu porvir na posteridade dos que irão retomá-la.

O impensado não é o que estaria ausente como privação, mas aquilo cuja ausência é promessa e antecipação. Como todo invisível, o impensado é uma ausência que conta no mundo porque não é um vazio, mas ponto de passagem. Não é buraco. É poro. Não é lacuna que preenchemos, mas trilha que seguimos. Ausente estando presente na trama cerrada de um discurso, sem entretanto oferecer-se sob a forma de teses completamente determinadas, é aquilo que sem o tecido atual desse discurso não poderia vir a ser pensado por um outro que o lê. Pensar é uma experiência que nos inicia às significações iniciando-se no campo criado pelo pensamento de outrem.

Nem positivo nem negativo, o impensado é *dimensão* do pensamento, diferenciação operada em seu interior por força de sua distância consigo mesmo e de sua distância conosco. Como todo invisível, é um "negativo-referência" e um dos fios no motivo central de uma filosofia que interroga a si mesma ao interrogar a fé perceptiva e a tradição.

Recusando que o modo de questionar filosófico seja o do "conhecimento", isto é, a determinação do desconhecido por suas relações reguladas com o já conhecido, Merleau-Ponty também recusa que ele seja uma modalidade da "tomada de consciência", isto é, ato de uma consciência legisladora que descobriria em seu próprio interior a significação do real oferecida por definições nominais que encontrariam nas coisas o que o sujeito nelas teria posto.

Trabalhando com a oposição herdada entre faticidade e essência ou entre experiência e conceito, Merleau-Ponty nos encaminha para o interior do que chama *mun-*

do operante onde a essência não é *eidos* ou *noema*, não é produto de operações intelectuais desligadas de nossa pertencença ao mundo, não é correlato de nossos atos e posições, não é tese, mas relação e articulação entre pensamento e mundo. A ideia, emigração do sensível para um corpo mais tênue e diáfano, não é um duplo positivo e inteligível ou uma outra ordem de realidade, mas o invisível *deste* mundo. É um "afastamento definido"situado pouco além dos *visibilia*, ou "nervura comum do significante e do significado, aderência e reversibilidade de um no outro"[39]. A experiência, portanto, longe de ser imediateza e exterioridade, possui interior. Em contrapartida, a essência, longe de ser síntese acabada e pura interioridade, abre-se para o exterior e para o tempo. Mas não só isto. A experiência é o que nos inicia ao que não somos e, assim, é o que se abre também para a essência.

Essa reviravolta da linguagem herdada nos faz perceber que uma obra de pensamento, quer seja tomada como faticidade, quer como essência, reenvia sempre ao outro polo; como experiência, é sentido; como essência, é inacabamento. Aliás, essa polarização ainda não é satisfatória porque, imperceptivelmente, confunde a diferença entre experiência e essência com a suposição de exterioridade entre ambas. Em termos merleau-pontianos, deveríamos dizer que experiência e essência são como círculos concêntricos, levemente decentrados. Ou melhor, que a essência é uma dimensão da experiência e que uma obra de pensamento é experiência de pensar.

A noção de impensado se inscreve, portanto, numa trama semântica múltipla e simultânea. Nela são inter-

---

39. Merleau-Ponty, *Le visible et...*, *op. cit.*, Gallimard, p. 158; Perspectiva, p. 116.

rogadas as relações entre faticidade e idealidade, temporalidade e pensamento, contingência e necessidade, criação sócio-histórica e petrificação cultural. Essa noção é um dos fios da tecelagem em que se desenha a questão do instituinte e do instituído para uma filosofia que abandonou o desejo da autofundação e do enunciado de seu próprio começo.

Se há uma idealidade, um pensamento que tem um porvir em mim, que até mesmo perfura o espaço da consciência e tem um porvir para outros e que, enfim, *tornada escrita tem um porvir em todo leitor possível*, só pode ser porque esse pensamento, que não me sacia e que também os deixa famintos, que indica uma torção de minha paisagem e abre para o universal, *é antes e sobretudo um impensado*. As ideias muito possuídas já não são ideias, já nada penso quando falo nelas.[40]

Por isso, a filosofia se ilude quando crê ser autoinstauração, mas se perde quando, dentro ou fora da academia, é possuída na vida decente dos grandes sistemas, no catálogo dos museus e no fichário das bibliotecas.

***

Havíamos dito ser muito difícil escrever sobre Merleau-Ponty porque corremos o risco de converter suas questões em teses. Quando o acompanhamos, vemos que a experiência não é um "conceito", mas uma maneira de ver, ler, escrever, pensar que orienta seu interesse para direções abandonadas pelo filistinismo. O filisteu fala sobre *a* pintura, *a* literatura, *a* ciência, *a* história, *a* filosofia.

---

40. *Idem, ibidem,* Gallimard, p. 159; Perspectiva, p. 117; grifos meus.

Merleau-Ponty, fiel à recusa das facilidades da representação, envereda por outro caminho. Olha o pintor, lê o escritor, acompanha o cientista, escava o acontecimento, interroga o filósofo. São as experiências que o inquietam, comovem e perseguem. Não se trata, evidentemente, de psicologismo, mas de uma interrogação precisa: se ver não é falar, falar não é pensar, pensar não é ver, se a experiência do sensível não é a experiência do pensamento, como, então, essas diferenças internas nascem do mesmo mundo e se dirigem ao mesmo mundo? Que é esse "mesmo" habitado por "outro"? Que direções são essas? Donde vem a enigmática ubiquidade que faz o pintor sentir-se visto quando pinta, o escritor falado pelo que escreve, a obra de pensamento viver em seu texto e no nosso?

Mas, justamente por ser essa a direção do pensamento de Merleau-Ponty, torna-se extremamente difícil escrever sobre ele. Evidentemente, não se trata de irredutibilidade de "suas vivências" às "nossas vivências" – afinal não estamos numa terapia à espera do "aquecimento". Também não se trata da distância incomensurável entre "seu espírito" e o "nosso espírito" – afinal não estamos à espera de Pentecostes. Trata-se simplesmente da dificuldade nascida do corpo de seu discurso como corpo de seu pensamento.

Merleau-Ponty busca o fundamental e critica o fundamento. Declara que toda expressão é perfeita e que não há expressão completa. Mostra que a sedimentação é o modo de ser de toda idealidade e que por isso mesmo é o que nos permite ir além, mas também é o que nos imobiliza. Que o corpo é um sensível exemplar, a carne é protótipo de uma maneira geral de ser, mas que não conduzem a uma antropologia filosófica na qual tudo é projeção do que não se encontra sob máscara humana. Escreve que "ver é um pensamento que não precisa pensar para possuir uma essência" e que "pensar, como ver, não é identidade, mas não diferença; não é distinção, mas clareza à primeira vista", transformando o léxico e a ordem das razões cartesianos, mas também nos transformando, pois afirma que ver não é pensar, pensar não é ver e, todavia, define um pelo outro para assinalar essa diferença. Recusa que o sujeito seja atitude e posição, afirma que os sujeitos percipiente, falante e pensante são práxis e indaga: que é a subjetividade? Retira da filosofia a pretensão de autoinstituir-se, faz dela um "discurso sem direito", como diz Blanchot, e, no entanto, não abandona o direito à interrogação, conduz a linguagem à fronteira do silêncio perceptivo e da idealidade para vê-la como experiência irredutível.

Poderíamos prosseguir, mas não há necessidade.

Diante desses incompossíveis (e de tantos outros que não mencionamos), não basta dizer que se tornam inteligíveis desde que desmanchemos os pares, pois para Merleau-Ponty "o par é mais real do que cada um dos termos". Não é satisfatório dizer que um dos lados vai numa direção enquanto o outro se encaminha noutra, pois, para ele, "lado" ainda é uma maneira de falar e pensar cativa do espaço euclidiano onde o relevo, a diferenciação e a simultaneidade são achatados numa multiplicidade plana e projetiva. Não há pares nem lados: há avesso e direito.

Merleau-Ponty declara em algumas passagens de *Le visible et l'invisible* que se endereça a uma experiência para a qual não há nome na filosofia tradicional, embora seja nomeada em todas as línguas (caso contrário, a filosofia merleau-pontiana seria inauguração absoluta). Trata-se da experiência da simultaneidade de presença e ausência, visibilidade e invisibilidade, perfeição e inacabamento, totalidade e abertura, tecido conjuntivo e diferenciado do mundo, experiência que foi sempre recalcada pela filosofia que não podia, então, nomeá-la. É ela que Merleau-Ponty nomeia como *carne* e *quiasma*, procurando assim, para a primeira, um equivalente na velha palavra "elemento" – água, ar, terra, fogo – e, para o segundo, uma figura de linguagem – o entrecruzamento. Assim como o *Cogito* fora entrevisto por Santo Agostinho (ou até mesmo em alguns textos aristotélicos) e, todavia, só vem à existência filosófica pela meditação cartesiana, também a *Carne* é adivinhada no *der Leib* de Husserl vindo, porém, à existência filosófica apenas com a instauração merleau-pontiana de *la Chair*. O quiasma vivia na linguagem e, sob certos aspectos, aparecera de relance em Leibniz, mas é somente com a descoberta da experiência como reversibilidade, transitividade e reflexão carnal que encontra plena expressão filosófica. Merleau-Ponty resgata a língua para instituir uma linguagem nova.

Assim, uma das dificuldades para escrever não advém da presença insólita dos incompossíveis, mas de estarmos perante um resgate que imprime uma direção inesperada nas palavras, fazendo nascer um idioma sem equivalente em nosso repertório linguístico. Mas não só isto. Descobrimos que para aprender a falá-lo é de pouca valia o que já poderíamos saber da história passada da filosofia, pois não podemos "traduzir" o que está sendo dado à experiência da leitura. Se ler Merleau-Ponty é essa experiência do novo, como escrever sem repetir seu discurso?

Todavia, a dificuldade é maior. Como Husserl, mas muito além de Husserl, Merleau-Ponty vê a linguagem como corpo do pensamento. Donde a pergunta: como escrever sem descarnar esse corpo e sem desfigurar esse pensamento?

Deslizemos para o interior de seu discurso, não para efetuarmos a reflexão em outrem, mas, por enquanto, para vê-la efetuar-se em Merleau-Ponty. Tomemos, por exemplo, o capítulo sobre o *Cogito*, na *Phénoménologie de la perception*.

A leitura merleau-pontiana como reflexão em outrem dá ao discurso uma peculiaridade embaraçosa para quem entra em contato com ele pela primeira vez. O filósofo nunca apresenta sua concordância ou discordância sem ter, antes, trilhado a necessidade interna que sustenta o pensamento de um outro e sem ter, antes, incorporado o movimento discursivo das ideias de outrem. Ao mesmo tempo, entretanto, desenovela cada ideia em muitos fios simultâneos que puxam outros, à primeira vista bastante distantes dos anteriores. Um desenho inesperado começa a surgir e, imperceptivelmente, uma nova tecelagem vai sendo iniciada. O leitor, que tivera a impressão de acompanhar o desdobramento de uma ordem das razões, repentinamente, percebe que o texto lido por Merleau-Ponty estava abrindo caminho para um texto novo, para uma escrita nascida no correr da leitura. A reflexão em outrem não é, portanto, apropriação intelectual do pensamento de um outro; é o modo como esse pensamento, por sua própria força e paradoxo, suscita o de Merleau-Ponty. É o trabalho da reativação sobre a sedimentação.

No capítulo sobre o *Cogito* assistimos à proliferação de "Cogitos" que se encaixam uns nos outros, ao mesmo tempo em que são a retomada uns dos outros: o Cogito de Descartes, o de Kant, o de Husserl. E a arborização de cada um deles em direções de pensamento que aí nasceram, como o amor intelectual do Deus espinosano ou a visão de Deus malebranchiana – na árvore do *Cogito* cartesiano – ou o Espírito *bei sich* hegeliano – na árvore do Eu Transcendental kantiano – ou a tensão pascaliana entre pensamento e mundo, retomada pela dupla *Fundierung* husserliana. Essa proliferação arborizante é apresentada de modo que marca a distância insuperável entre o momento em que cada filósofo pensou seu pensamento e o escreveu e o momento no qual, escritos, são repensados "de fora" pelo leitor (no caso, Merleau-Ponty cogitando os demais *Cogito*). Esse movimento vai desvendando algo insólito: cada um dos *Cogito*, que fora posto como presença absoluta de si consigo de cada filósofo que o efetuou, ao passar de *Cogitans* a *Cogitatum*, isto é, a pensamento proferido, escrito e inscrito na cultura europeia, retomado pelos pósteros e por Merleau-Ponty, não é um "Cogito propriamente dito", pois o "Cogito propriamente dito" é aquele que cada um experimentou na solidão silenciosa da presença a si. Para quem o lê como reflexão *de* outrem, o "Cogito propriamente dito" não é o ponto máximo da reflexão e sim um irrefletido. Chegamos, assim, à noção paradoxal e aparentemente impensável de *Cogito tácito*, de onde a *Phénoménologie de la perception* pretende falar. A reflexão em outrem sobre a reflexão de outrem nos dá a irreflexão.

Mas, indagamos agora, que fizemos ao descrever esse capítulo? Simplesmente o destruímos. Não apenas porque o resumimos, perdendo o movimento que o constitui como texto e pensamento, mas porque destruímos seu engenho e arte. Apontamos nomes (Descartes, Kant, Husserl, Espinosa, Malebranche, Hegel, Pascal), enquanto no texto de Merleau-Ponty esses nomes só aparecem quando já foi configurado o campo de pensamento que os designa. Assim, por exemplo, um pedaço de cera, que não é de ninguém, é trabalho até que possamos reconhecê-lo como o-pedaço-de-cera-de-Descartes. Antes que seja pronunciado o nome de Kant, a Analítica Transcendental já se pusera a responder às *Meditações*. Antes que seja escrito o nome de Husserl, a *epochê* já retomara as *Meditações* e a *Crítica da razão pura*. É a linguagem própria de cada filósofo, seu estilo de pensar, que nos arrasta insensivelmente em direção ao seu nome. O debate de suas ideias, aproximando e distanciando seus textos, chama-se: *O Cogito*, título do capítulo, e capítulo da história do pensamento europeu.

Nossa "tradução" reduziu um pensamento rigoroso ao *rigor mortis*. Essa, cremos, a grande dificuldade para escrever sobre Merleau-Ponty. Donde a tentação, em todo leitor-em-via-de-escrever: deslizar para o interior do discurso merleau-pontiano, ouvir seu tom e, por fim, imitar seu sotaque.

Recorrendo a Merleau-Ponty como leitor, esperávamos um auxílio para enfrentar a dificuldade da escrita. É preciso confessar que esse recurso transformou-se em armadilha. Merleau-Ponty lê para escrever como filósofo. Por isso, o impensado localiza sua obra na esteira de outras que lhe deram a pensar. Nós estamos lendo para escrever como intérpretes (quando possível) e como comentadores (o que é sempre muito fácil). O que resultava de sua tentativa era imprevisível, pois era o fazer de sua obra. O que resultará da nossa é previsível, pois é apenas um esforço para efetuar a reflexão em outrem provavelmente sem conseguir sair do recinto de seu discurso.

Se, em vez de simplesmente comentar a obra, fôssemos capazes de acompanhar a trilha do impensado deixado por Merleau-Ponty, tentaríamos, por exemplo, indagar até que ponto a descoberta do corpo reflexionante, feita nas duas últimas obras do filósofo, está na origem de textos tão diferentes (quando não opostos) como *A questão do olho*, de Lefort, a descrição das máquinas desejantes no *Anti-Édipo*, de Deleuze e Guattari, a história dos corpos dóceis no *Vigiar e punir*, de Foucault. São textos díspares, frequentemente contrários entre si, mas que possuem em comum algo que devem a Merleau-Ponty, isto é, o desvendamento da dissimulação do corpo no pensamento europeu, metafísico e cristão. Curiosamente, esses textos possuem em comum também um outro aspecto: discordantes, concordam em não atribuir ao corpo aquilo que fora fundamental na obra de Merleau-Ponty, ou seja, a harmonia corporal (o parentesco e a concordância originária do corpo consigo mesmo, com as coisas e com os outros corpos). Lefort, Deleuze e Foucault, por caminhos e motivos diversos, se empenham na descrição da desarmonia corporal, do corpo dividido, cindido, separado de si e dos outros, fragmentado, unificando-se precária e provisoriamente na arte (Lefort), no desejo (Deleuze) ou sob a ação da disciplina normalizadora (Foucault). E, no entanto, talvez seja isso exatamente o impensado merleau-pontiano, algo já vislumbrado em *L'oeil et l'esprit* e *Le visible et l'invisible* quando assinalam a revolução filosófica implicada pela descoberta do corpo como impossibilidade de reflexão completa, como diferenciação que jamais se tornará coincidência, proximidade tecida na distância e no afastamento.

Sob essa perspectiva, poderíamos considerar a preocupação com a divisão e a separação, encontrada nos pósteros, um prolongamento da recusa merleau-pontiana da onipotência e onipresença do sujeito absoluto que, despojado de corpo, sobrevoa o espetáculo mundial. Ora, esse sujeito nasce do privilégio conferido à coincidência e à identidade consigo, à consciência como puro espírito. Que ocorreria se essa identificação fosse transferida do espírito ao corpo, matando o ensinamento corporal profundo, fechando sobre si a experiência corporal essencialmente aberta? Cremos que a resposta a essa questão se encontra num texto de Claude Lefort que, por um lado, retoma a meditação de La Boétie sobre a tirania e, por outro, ultrapassa o sentido ainda psicológico da fragmentação de Deleuze e reencontra obliquamente os corpos dóceis de Foucault. Estamos nos referindo às análises do campo de concentração, da sociedade e do Estado totalitários como corpos coincidentes e identificados em *Un homme en trop*[41].

Se soubéssemos acompanhar o impensado, poderíamos, talvez, seguir os avatares da noção de estrutura em pensadores tão diferentes como Lévi-Strauss, Granger, Lacan e Derrida, especialmente nos textos publicados no final da década de 1960 e início dos anos 1970, descortinando itinerários guiados pela aceitação ou pela recusa das esperanças que Merleau-Ponty depositara naquela noção como instrumento de trabalho para um pensamento liberado do cientificismo causalista e mecanicista. Nesses pensadores, o *solo* onde fincam os termos da discussão é merleau-pontiano, particularmente no que tange à articulação entre estrutura, linguagem e inconsciente e sobretudo na apreensão da estrutura como totalidade feita de puras relações de diferenças internas e não como sistema de elementos positivos e isoláveis, articulados por causalidades mecânicas ou funcionais. O pres-

---

41. Claude Lefort, *Un homme en trop*, Paris: Gallimard, 1976.

tígio que a noção de diferença ganhou no pensamento francês foi herança – frequentemente malbaratada – de Merleau-Ponty. No entanto, a contribuição trazida pela noção de estrutura, isto é, a possibilidade de uma dessubstancialização do Ser ou a apreensão das realidades como totalidades de pura diferenciação interna, malogrou. Esse malogro chamou-se: Estruturalismo. E Merleau-Ponty já o pressentira quando criticara o engano dos psicólogos em naturalizar e geometrizar a "boa" forma (retornando à física e à matemática como paradigmas da experiência), dos linguistas em imaginar "oposições pertinentes" que voltavam a positivizar a língua (restaurando a língua como fato observável ou como coisa), e dos antropólogos em supor uma "causalidade estrutural" (que repunha a exterioridade que a noção de estrutura teria sabido vencer).

Porque não somos capazes de descer até os sulcos abertos pelo impensado, tentaremos receber de Merleau-Ponty um outro legado ou aquilo que nos ensina enquanto leitor e que podemos tentar praticar ao lê-lo.

Suas leituras se interessam pelo pensamento como debate e combate. Husserl às voltas com o positivismo e com o logicismo do início do século XX; Montaigne às voltas com as certezas herdadas e às quais não contrapõe um "discurso do método", mas experiências, relatos e meditações que as desautorizam como verdades; Bergson, como Husserl, às voltas com o cientificismo e com a necessidade de reencontrar um lugar filosófico irredutível à inteligência científica; Maquiavel rompendo com a política providencialista e a racionalista, que esperam de Deus ou da boa Razão o advento do bom governante e da boa sociedade, opondo-lhes um outro saber da política no qual o *imperium* se determina no jogo e na lógica da contingência e da necessidade; Einstein arriscando novas certezas sem desejar perder a metafísica clássica e, por isso mesmo, perdendo-a malgrado seu esforço, pois não se pode conservar sem ultrapassar.

Assim, se não somos capazes de prosseguir Merleau-Ponty, podemos pelo menos lê-lo buscando o debate (inacabado) que sua obra travara com algumas questões que permanecem ainda hoje como solo de nossos próprios debates. Em certo sentido, a interrogação filosófica de Merleau-Ponty, tanto a filosofia se interrogando a si mesma como interrogando a fé perceptiva, desenvolve um motivo central: a preocupação com a tendência do pensamento a enrijecer a face espontaneamente realista da fé perceptiva ou, numa vertente contrária, a intumescer a face espontaneamente subjetivista. E, nos dois casos, seu impulso de possuir intelectualmente o mundo, desde que possa recalcar sua inerência ao sensível e, portanto, ao que o faz pensar. Como e por que empirismo e idealismo, naturalismo e espiritualismo, mecanicismo e intelectualismo brotam na passagem da experiência sensível à experiência de pensamento? Haveria uma outra maneira de acercar-se delas sem que a experiência sensível caia no realismo nem perca o *ser bruto*? e sem que a experiência de pensamento caia no intelectualismo nem perca o *espírito selvagem*? Poderia a interrogação não sucumbir ao fascínio da teoria?

Cremos não ter sido casual o ressurgimento na linguagem de Merleau-Ponty de uma palavra que o Grande Racionalismo do século XVII e a Ilustração haviam banido ou tentado banir do pensamento: *mistério*. Quando já não houver o *Ens Realissimum* e quando a racionalidade já não se deixar circunscrever por definições, quando, imersos na experiência, o olho e o espírito nos fizerem ver totalidades abertas sem possibilidades de síntese, mais velhas e mais novas do que eles, mas também contemporâneas deles, existindo numa simultaneidade de dimensões visíveis e invisíveis, numa concordância feita de diferenças irredutíveis, nesse momento, aceitaremos ser iniciados ao mistério do mundo e da razão.

A obra como debate

Na última nota de trabalho de *Le visible et l'invisible*, Merleau-Ponty traça o esboço da obra que permaneceria inacabada.

> Meu plano: I – o Visível, II – a Natureza, III – o Logos. Deve ser apresentado sem nenhum compromisso com o humanismo, nem, além disso, com o naturalismo, nem, enfim, com a teologia. Trata-se precisamente de mostrar que a filosofia já não pode pensar segundo esta clivagem: Deus, o homem e as criaturas – *que era a clivagem de Espinosa**. Portanto, não começamos *ab homine* como Descartes (a primeira parte não é "reflexão"), não tomaremos a Natureza no sentido dos Escolásticos (a segunda parte não é a Natureza em si, da Natureza, mas descrição do entrelaçado homem-animalidade) e não tomamos o Logos e a verdade no sentido do Verbo (a terceira parte não é lógica nem teologia da consciência, mas estudo da linguagem possuindo o homem). É preciso descrever o visível como algo que se realiza através do homem, mas que não é de modo algum antropologia (portanto, contra Feuerbach-Marx, 1844); a Natureza como o outro lado do homem (como carne, de modo algum como "matéria"); o Logos também como se realizando no homem, mas de nenhum

---

* Grifo meu.

modo como *propriedade*. De forma que a concepção de história a que se chegará não será *ética* como a de Sartre. Estará bem mais próxima de Marx: o Capital como *coisa* (não como objeto parcial de uma pesquisa empírica parcial como Sartre o apresenta), como "mistério" da história, exprimindo os "mistérios especulativos" da lógica hegeliana. O *Geheimnis* da mercadoria como "fetiche" (todo objeto histórico é fetiche). Matéria-trabalhada – homens = quiasma.[42]

Essa nota de trabalho circunscreve criticamente a tradição filosófica que busca e institui pontos de partida e, em especial, a atitude espinosana ou a dedução geométrica da realidade, diante da qual não basta contrapor, à maneira hegeliana, a efetuação da substância que se põe como sujeito. Três são as modalidades tradicionais dos pontos de partida recusadas por Merleau-Ponty: a naturalista, que põe a Natureza como absoluto em si ou como *omnitudo realitatis* de onde os seres são inferidos por relações de gênero, espécie e diferença específica; a tradição da subjetividade, que põe a consciência como ponto de partida, seja na análise *ab homine* de Descartes, seja na constituição transcendental husserliana, ou que põe o homem como começo, à maneira das antropologias filosóficas de onde nascem os vários humanismos; e a tradição lógico-teológica que põe o Verbo como princípio, seja na versão espinosana da *causa sui*, seja na hegeliana, na qual a *Ciência da lógica* confere sentido à *Fenomenologia do espírito*, seja, enfim, à maneira husserliana, que faz da

---

42. Merleau-Ponty, *Le visible et...*, *op. cit.*, Gallimard, p. 328; Perspectiva, p. 245. Preferimos traduzir "le langage *qui* possède l'homme" por "a linguagem *possuindo* o homem" em virtude da ausência, em português, da distinção francesa entre *qui* e *que*.

teleologia da consciência a doadora de sentido para as *Investigações lógicas*. Não se trata, porém, de contrapor essas tradições a uma outra, supostamente materialista, que viria corrigir as primeiras pela humanização da matéria (a Natureza como objeto e instrumento de trabalho) ou pela historialização do homem (o mundo como universo cultural e social desenvolvido pelo trabalho, pela linguagem e pela consciência), correndo o risco de desembocar numa ética, à moda sartriana, em lugar de alcançar a história e a política.

O visível não é um fato como não é um feito do homem, nem essência humana objetivada. A Natureza não é coisa nem matéria inerte, não é substância alienada à espera da humanização operosa. A linguagem não é propriedade do homem, seja como característica de sua natureza, seja como atributo de sua essência, seja como instrumento de sua consciência, mas nem por isso o Logos é ciência da lógica ou ardil contra a humanidade imediata, nem posse intelectual do sentido por uma consciência dotada de fins imanentes. O visível está além e aquém do homem, ao mesmo tempo em que se efetua no e através do homem. A Natureza, carne e matéria trabalhada ou internamente diferenciada pelo quiasma, é o outro lado do homem, o entrelaço homem-animal. O Logos não se manifesta pelo e para o homem, mas se fala nele ao ser falado por ele. Encruzilhada no devir do sentido, o homem não é consciência soberana nem efeito na superfície do ser, não é liberdade desencarnada nem figuração singular do absoluto, é experiência corporal que se sublima em experiência espiritual. O Visível, a Natureza e o Logos são matrizes simbólicas irredutíveis à positividade das coisas e das ideias. São *mistério*. E, frequentemente, se transformam em fetiches.

Procurando romper com a tradição do ponto de partida, Merleau-Ponty não reata laços com uma outra, de estilo leibniziano, que proclamasse a pluralidade dos pontos de partida. "A filosofia", escreve em *Le visible et l'invisible*, "só será ela própria se recusar tanto as facilidades de um mundo com entrada única, como as facilidades de um mundo com entradas múltiplas, todas acessíveis ao filósofo."[43] Não se trata, evidentemente, de passar de uma teologia negativa para uma ontologia positiva, mas de perceber o pressuposto das teologias (negativa e positiva) e de uma ontologia positiva. A filosofia "só será ela própria" quando já não oscilar entre a alternativa de uma única entrada e a pluralidade de entradas possíveis, pois, do uno ao múltiplo, permanece sem nenhuma contestação o pressuposto da própria ideia de ponto de partida, isto é, a soberania do filósofo. Romper com a tradição dos pontos de partida significa romper com a ideia da filosofia como autofundação, posse intelectual do mundo que se enuncia a si mesma pela coincidência entre o discurso teórico e a realidade por ele determinada.

Essa ruptura é produzida por duas recusas que percorrem *Le visible et l'invisible*: a do sujeito como atitude ou posição e, consequentemente, a do ser como ser-posto. Não havendo tese inicial, não há ponto de partida nem poderá haver ponto de chegada, pois não há síntese final. O mundo não é, como queria Leibniz, produto de um cálculo dos possíveis que passam ao real por uma posição infinita, mas criação real de seus possíveis próprios. Também não é unidade dos objetos postos pela unidade sintética da consciência transcendental, mas transcendência ou totalidade de horizonte sem síntese.

---

43. *Idem, ibidem*, Gallimard, p. 212; Perspectiva, p. 157.

Enfim, essa ruptura confere sentido à noção de *carne*, que não é substância nem espírito, mas interioridade sensível e elemento, quase como a *physis* pré-socrática. Não é projeção humana resvalando para uma antropologia filosófica, mas "protótipo de uma maneira geral de ser". O *quiasma*, entrelaço ou entrecruzamento reversível do mundo, da animalidade e do homem, anula a ideia de *principium* ou de *principia*.

O interesse dessa nota não decorre de que seja a última, pois é "última" por uma contingência irredutível. Também não interessa porque seria uma espécie de síntese do pensamento que tentamos acompanhar. Tomá-la como "síntese" seria violentar no âmago a filosofia de Merleau-Ponty. Seu interesse é duplo. Por um lado, oferece balizas para seguirmos os capítulos redigidos (ainda que a redação fosse provisória) e, por outro, mostra que a abertura de um campo novo de pensamento não passa apenas pela crítica de discursos "externos" ao de Merleau-Ponty, mas ainda pela de suas obras passadas. O debate com os outros, como veremos, também é debate da obra consigo mesma.

A recusa dos pontos de partida se realiza duplamente nos capítulos iniciais. Cada filosofia, tendo aspirado pelo ponto de partida e pela autofundação, surge pondo-se a si mesma como começo absoluto do empreendimento filosófico, de sorte que, para evidenciar essa pretensão filosófica, Merleau-Ponty começa cada capítulo com a retomada dos mesmos problemas e pelo exame das novas respostas. No entanto, mantendo-se fiel à ideia de que cada filosofia deve ser tomada como empresa total, com suas verdades e loucuras, cada uma das filosofias é apreendida como um todo e, portanto, como recomeço do que já havia sido tentado por outras. Dessa maneira, os capítulos iniciais oferecem as aventuras da filosofia em suas duas faces: como mitologia da autofundação e como recomeço perpétuo.

É, porém, no capítulo "L'entrelacs – le chiasme" que se realiza a abolição vigorosa do ponto de partida. Numa das primeiras notas de trabalho do manuscrito, Merleau-Ponty afirma ser impossível uma "ontologia direta" e traça o esboço da ontologia indireta que pretendia escrever. Enfatiza o estilo circular da obra: "tudo o que é dito em cada 'nível' antecipa e será retomado (...) haverá, pois, toda uma série de camadas do ser selvagem. Será preciso recomeçar muitas vezes"[44]. Quando redige o capítulo sobre o entrelaçamento, recomeça pelo menos seis vezes o percurso no interior do sensível. O discurso, enquanto corpo de pensamento e corpo sutil da percepção, efetua em ato a verticalidade e a circularidade que são seus temas.

Começa pelas "famílias sensíveis" até chegar às coisas sensíveis como campos diferenciados e diferenciadores, ou como interioridade e, portanto, como carne. Recomeça pela intercomunicação ou transitividade dos sentidos no corpo e sua irradiação ou propagação pelas coisas (a palpação pelo olhar, o tato visual, a motricidade do ver e do tocar), chegando ao corpo como massa sensível segregada na e da massa do sensível, portanto como carne. Recomeça ainda uma vez do narcisismo fundamental do corpo, que realiza uma reflexão sobre si no interior das coisas (a relação corpo-coisas como relação entre círculos concêntricos levemente descentrados, ou como entre dois espelhos postos frente a frente que refletem imagens encaixadas e indefinidamente), chegando à visibilidade,

---

44. *Idem, ibidem*, Gallimard, p. 232; Perspectiva, pp. 172-3.

à tangibilidade e à motricidade como generalidades, isto é, como carne em sinergia. Começa novamente, partindo da generalidade corpo-coisas e corpo reflexivo ou narcísico, e encontra na sinergia corporal a abertura para outrem até chegar à carne como ser intercorporal e à emergência da expressão no trabalho silencioso e paciente do desejo. Começa outra vez com o nascimento apavorante da vociferação em nós e em outrem, como sonoridade comum ao nosso corpo e às coisas cristalinas e metálicas, voltando a descobrir a reflexão corpórea porque, assim como somos videntes-visíveis, tangentes-tangíveis, ouvimos nossa sonoridade por dentro, nosso ouvido escutando os movimentos da garganta e da boca. Chega, pois, à carne da palavra como corpo sutil do sensível. Recomeça pela "última" vez com a encarnação das ideias sensíveis ou "coesão sem conceito", que dá à idealidade a mesma textura cerrada que aquela que une as partes de nosso corpo, iniciando, então, a emigração para o *intuitus mentis* ou a "sublimação da carne" num corpo mais diáfano e transparente que é carne do pensamento. Assim, a cada começo regressa à carne, que fora desvendada justamente ali onde não há começo: no talismã das cores e das superfícies. E, a cada vez, o corpo ressurge como "sensível exemplar", isto é, não como ponto de partida, mas como expressão do sensível.

Cada "começo" risca o anterior sem anulá-lo. Não é superação-conservação, pois a experiência não é movimento espiritual de negação da negação. A carne e o corpo percorrem o texto de ponta a ponta não como pontos de partida e de chegada, mas como nervura que sustém o percurso.

Não é apenas a crítica do ponto de partida, que o capítulo sobre o quiasma evidencia, o que ocupa Merleau-

-Ponty. Dissemos, há pouco, que a última nota de trabalho de *Le visible et l'invisible* retoma criticamente as obras passadas de Merleau-Ponty, as quais, em outras notas, são consideradas por ele ainda prisioneiras das filosofias reflexivas.

Desde *La structure du comportement* e da *Phénoménologie de la perception*, a crítica do empirismo e do idealismo, do mecanicismo causalista e do intelectualismo retomava constantemente as consequências do dualismo substancial inaugurado pela metafísica clássica[45], isto é, o dilema coisa-consciência que redundaria na cisão sujeito-objeto, consumada em proveito do primeiro no criticismo kantiano e em proveito do segundo no dogmatismo empirista. No entanto, o trabalho de Merleau-Ponty

---

45. "Fomos habituados pela tradição cartesiana a nos desprendermos do objeto: a atitude reflexiva purifica simultaneamente a noção comum do corpo e da alma definindo o corpo como soma de partes sem interior e a alma como um ser inteiramente presente a si sem distância. Essas definições correlativas estabelecem a clareza em nós e fora de nós: transparência de um objeto sem dobras, transparência de um sujeito que não é senão o que pensa ser. O objeto é objeto de ponta a ponta e a consciência é consciência de ponta a ponta. Há dois sentidos e apenas dois da palavra existir: existe-se como coisa ou existe-se como consciência. A experiência do corpo próprio, ao contrário, nos revela um modo de existência ambíguo." Merleau-Ponty, *Phénoménologie...*, *op. cit.*, p. 231. E na última obra: "Ao mesmo tempo em que 'idealizava' o mundo físico, definindo-o por propriedades inteiramente intrínsecas, por aquilo que ele é em seu puro ser de objeto diante de um pensamento ele também purificado, o cartesianismo, querendo ou não, inspirou uma ciência do corpo humano que também o decompõe num entrelaçamento de processos objetivos, prolongando essa análise juntamente com as noções de sensação, até o 'psiquismo'. Ambas as idealizações são solidárias e devem ser destruídas juntas." *Le visible et...*, *op. cit.*, Gallimard, p. 46; Perspectiva, p. 36.

se realizava no interior de um campo de pensamento aberto pela fenomenologia husserliana, pela Psicologia da Forma e pelo existencialismo de Heidegger, portanto no interior de referenciais que não estavam livres do risco do essencialismo (como aquele que espreita a fenomenologia quando crê na possibilidade da variação completa e numa *Wesenschau* inteiramente desligada da faticidade por arte do sujeito absoluto), do objetivismo (como aquele em que cairá a Psicologia da Forma, seduzida pela geometria e pelas ciências naturais) nem do humanismo (como aquele que ronda o existencialismo, quando identifica existência e homem, confundindo a finitude do ser-para-a-morte com as limitações empíricas "vividas").

La structure du comportement e a *Phénoménologie de la perception* situavam-se fora do campo de uma psicologia eidética e de uma fenomenologia das essências psíquicas preliminares à explicação científica dos fatos psíquicos. Também não se situavam no interior de uma constituição universal efetuada pelo sujeito filosófico. Pelo contrário, contestavam a explicação científica e a análise reflexiva. Por um lado, procuravam essências – do comportamento e da percepção – mas, por outro, não as procuravam em regime de redução. Como considerava impossível a constituição transcendental como ato do sujeito constituinte, Merleau-Ponty não trabalhava com a separação entre *noema-noesis* e a tese do mundo natural, mas buscava a essência do comportamento e da percepção no interior da faticidade ou do que chamava de existência. As essências eram descritas muito mais como as essências operantes de Heidegger do que como os *noemas* de Husserl. Interessava-se, portanto, menos pela essência como significação pura ou síntese lógica e muito mais pela intencionalidade operante. Buscava, como toda fenomenologia, a "*aparição* do ser para a consciência" sem, contudo, à maneira do idealismo transcendental, considerá-la um ato centrífugo de significação ou pura *Sinngebung*. Esforçava-se, pois, para não fazer da compreensão uma construção nem da constituição uma síntese atual. Consequentemente, também não tomava o ser que aparece como tese ou modalidade ou correlato da consciência, mas como enraizamento e solo originário da consciência, que será sempre, e em última instância, consciência perceptiva.

Conservava de Husserl a ideia de que a fenomenologia é *descrição* e não explicação (científica) nem análise (reflexiva), mas não praticava a *epochê*. Interessava-lhe a fenomenologia do último Husserl, daquele que se preocupava com a gênese do sentido, que abandonara a suposição de que a descrição fenomenológica é uma preliminar à filosofia, pois havia descoberto que a exploração sistemática do *Lebenswelt* seria inútil se o sujeito filosófico fosse consciência constituinte e se o modo de presença dos objetos ao sujeito, na reflexão, fosse mera "elucidação em grau superior" do modo de presença do sujeito aos objetos, na experiência. A fenomenologia só seria prefácio à filosofia se esta pudesse ser uma ideação completa, dominando sem resto a experiência, a práxis perceptiva e comportamental e a faticidade. Como não pode sê-lo, tomá-la dessa maneira seria "arrogância subjetiva".

Escrevendo na *Phénoménologie de la perception* que "a questão, em última análise, é compreender qual é, em nós e no mundo, a relação entre o sentido e o não senso"[46], Merleau-Ponty inseria no mesmo campo de preocupa-

---

46. Merleau-Ponty, *Phénoménologie...*, *op. cit.*, p. 490.

ções os ensaios de *Sens et non-sens*. Aqui, o existencialismo dava a tônica.

A existência, descrita nas duas primeiras obras, não era um acontecimento empírico na superfície lisa do ser e cujo sentido seria doado por um *Cogito*. Antes de ser "penso, logo sou", a existência é "sou e posso". Era descrita como transfiguração de uma situação de fato num sentido novo, que transtorna as relações entre o necessário e o contingente, fazendo com que, por exemplo, El Greco converta seu astigmatismo em pintura, Valéry, sua melancolia em poesia, o proletário, sua situação de classe em revolução. Relação simbólica do corpo com o mundo e com os outros, abertura para o ausente e para o possível, a existência era descrita como transcendência ou temporalidade viva. Por seu turno, os ensaios de *Sens et non-sens* procuravam essa existência em Marx, Hegel, Cézanne, no novo cinema e na nova literatura francesa, nas experiências do nazifascismo e da guerra, nas ciências humanas, que tentavam, sem conseguir, ultrapassar o positivismo herdado.

La structure du comportement procurava as relações entre a consciência e a natureza física e orgânica e entre ela e o mundo psíquico e social para além da solução kantiana, do vitalismo e do mecanicismo. Na França, escrevia Merleau-Ponty na "Introdução",

> estão justapostas uma filosofia que faz da Natureza uma unidade objetiva constituída diante da consciência e ciências que tratam o organismo e a consciência como duas ordens de realidades e, em suas relações recíprocas, como "efeitos" ou como "causas".[47]

---

47. Merleau-Ponty, *La structure du comportement*, "Introduction", Paris: Presses Universitaires de France, 1944.

Assim, entre um certo kantismo, que abolia o problema da Natureza reduzindo-a à construção permitida pela analítica transcendental, um vitalismo, prestes a converter-se em espiritualismo, e um mecanicismo reducionista, para o qual certos acontecimentos físicos no cérebro tinham a peculiaridade de aparecerem como conscientes, Merleau-Ponty retornava às questões clássicas das relações entre a alma e o corpo (título do capítulo final do livro) e encontrava na noção de *estrutura do comportamento* uma via para ultrapassar a ilusória alternativa em que se debatiam mecanicistas e vitalistas, ou a alternativa entre as causas e efeitos "observáveis" e os fins "inobserváveis".

Liberada da "quinquilharia positivista" que lhe acrescentara o behaviorismo, a noção de comportamento se apresentava filosoficamente estratégica, porque, além de não trazer em si mesma a distinção entre o "psíquico" e o "orgânico", também era usada em física, biologia e psicologia, permitindo redefinir as próprias ideias de físico, vital e psíquico. Além disso, nos três empregos, estava referida à noção de estrutura e tornava possível um tratamento dialético e não causal do comportamento. De Watson, Merleau-Ponty conservava a visão do comportamento como luta e relação (significativa) do corpo com o ambiente, irredutível aos processos mecânicos em terceira pessoa; da *Gestalttheorie*, mantinha a noção de forma como relação de isomorfismo entre ordens diferentes de fenômenos e que, privilegiando a estrutura como sistema autorregulado de correspondências a-causais, abria um campo inédito para pensar o corpo sem o causalismo nervoso e fisiológico, e o psíquico sem recorrer à introspecção nem ao "fluxo da consciência". Revelando o comportamento como estrutura, isto é, como totalidade autorregulada de relações dotadas de finalidade imanente, tornava possível afastar a causalidade mecânica e a finalidade externa.

Desfazendo a suposição de que o comportamento fosse um mosaico arbitrário de elementos externos vinculados pelo reflexo e pelo reflexo condicionado ou fosse um todo graças a uma teleologia oculta chamada "vida", a *gestalt* comportamental, entendida como fonte de estruturação, permitia dessubstancializar o em-si (*partes extrapartes*) tanto quanto o para-si (*partes intrapartes*) porque recusava a individualização de "partes" elementares positivas, autônomas e separáveis e trazia uma totalidade feita de diferenças e de relações internas, qualitativamente diversificada segundo o comportamento fosse físico, vital ou humano. Três aspectos simultâneos marcavam a inovação introduzida pela *forma*: princípio unificante, diferenciante e articulador da unidade e da diferença. Sob o primeiro aspecto, a forma ou estrutura exprimia propriedades descritivas de certos conjuntos que, de imediato, nos aparecem como dados ou em si. Noutros termos, a estrutura exprime um processo global e imanente das forças e dos acontecimentos que constituem a ordem física, vital e simbólica. Sob o segundo aspecto, justamente por oferecer processos globais imanentes ao todo descrito e não mosaicos, a estrutura impedia a redução das diferentes ordens de comportamento a um modelo explicativo único, mostrando que a diferença entre as ordens de fenômenos é imanente a elas porque resultante do modo como forças e acontecimentos se distribuem e se autorregulam. A estrutura deveria operar como a profundidade opera na visão, que é condição da visibilidade e imanente ao visível, não podendo, por isso mesmo, ser vista. Como a profundidade, que não é a terceira dimensão do espaço objetivo, mas suporte invisível da visibilidade, a estrutura não é coisa nem ideia, mas inteligibilidade nascente, estruturação. Enfim, desfazendo a oposição entre exterior e interior, a articulação entre o aspecto unificante e o diferenciante permitia que a forma desse conta da passagem qualitativa do físico ao biológico e deste ao psíquico. Em outros termos, a passagem da estrutura física como *lei* de relações entre campos atuais de forças em ação e reação à estrutura como *norma* ou adaptação do organismo na atividade global com o meio enquanto campo de sinais atuais e virtuais e, finalmente, à estrutura como *sentido* ou relação simbólica do homem com o possível e com o ausente, graças aos quais o comportamento (linguagem, trabalho, cultura) se transforma em práxis.

Enfatizando a dimensão expressiva e aberta da totalidade comportamental, *La structure du comportement* pretendia não só estabelecer a ponte entre a Natureza, organismo e psiquismo para além da exterioridade mecanicista, mas ainda repor a relação homem-Natureza fora do kantismo (que reduzira a Natureza às representações do entendimento) e retomar a existência sem cair no hegelianismo (no qual a Natureza fora conservada como pura exterioridade e alienação) nem nos riscos das abstrações do *Dasein* heideggeriano. Preparava a *Phénoménologie de la perception* porque visava alcançar a investigação filosófica abaixo e aquém da consciência reflexiva que, como dizia a conclusão, não é a única e, sobretudo, não é a primeira manifestação da consciência, pois, antes dela, e com dimensão propriamente fundadora, encontra-se a consciência perceptiva.

O capítulo final, dedicado à clássica questão das relações entre a alma e o corpo, preparava uma fenomenologia da percepção voltada para a descrição do campo pré-reflexivo, para uma fundação perceptiva do mundo realizada pelo corpo próprio e no corpo próprio enquanto corpo cognoscente ou princípio estruturante. A reflexão aparecia como ato segundo porque não pode anular sua dependência ao pré-reflexivo em que se efetua a gênese do sentido, mas este, por seu turno, não dispensa a reflexão porque esta explicita e exprime o que existe tacitamente no simbolismo do corpo e do mundo. A reflexão despontava como exposição de uma posição pré-reflexiva originária.

Em sua segunda obra, praticamente contemporânea da primeira, Merleau-Ponty procurava um caminho que lhe permitisse abandonar o recinto husserliano, sem contudo consegui-lo plenamente. Enfatizando que o adágio de Husserl da "volta às próprias coisas" implicava "retornar ao mundo antes do conhecimento, esse mundo de que o conhecimento sempre *fala* e diante do qual toda determinação científica é abstrata"[48], Merleau-Ponty deslizava rumo à paisagem onde, antes da geografia, aprendemos o que são uma planície, uma floresta ou um riacho.

Apesar das dificuldades insolúveis criadas pela perspectiva fenomenológica, há nesse livro, com a introdução da noção de *campo transcendental*, duas ideias que não serão abandonadas por Merleau-Ponty e que, justamente, estão na raiz das alterações que seu itinerário iria sofrer. A primeira delas é que a filosofia só se faz radicalmente filosofia quando toma a si mesma como questão e interroga o postulado ou a "presunção da razão" de explicitar totalmente o saber ou ser essa explicitação total. A segunda, que a "experiência antecipa uma filosofia assim como a filosofia é apenas uma experiência elucidada"[49].

---

48. Merleau-Ponty, *Phénoménologie...*, op. cit., "Prólogo", p. III.
49. *Idem, ibidem*, p. 77. E na última obra: "A decisão de seguir a experiência daquilo que existe, no sentido originário, fundamental ou inaugural, nada supõe além de um encontro entre 'nós' e 'aquilo que existe' – tomadas essas palavras como simples índices de um sentido a

Essa declaração ilumina a peculiar inversão expositiva do livro. Começava pelo corpo, dirigia-se depois ao mundo natural como mundo percebido ou campo fenomenal e intersubjetivo e só descrevia o pensamento reflexivo, a temporalidade e a liberdade quando da descrição do para--si como ser-no-mundo. Não desdobrava uma ordem das razões (não começava pela dúvida nem pela consciência reduzida) nem uma ordem das matérias (não começava pela Natureza); não estabelecia uma sequência entre uma estética e uma analítica transcendentais (tanto assim que, no capítulo dedicado ao *Cogito*, descrevia o *"logos* do mundo estético"); não expunha o desenvolvimento das figuras do espírito na "experiência da consciência" (o capítulo final sobre a liberdade não era o retorno do espírito a si, mas seu "escapamento" pelo mundo).

No entanto, havia – e há – ordenação. O corpo, que não é coisa nem ideia, mas espacialidade e motricidade, recinto ou residência e potência exploratória, não é da ordem do "eu penso", mas do "eu posso". É ser sexuado, pois o sexo não é causa nem efeito de manifestações físicas do desejo, mas atmosfera sexual, maneira de existir com ou contra os outros, de viver neles ou por eles (como no sonho e na neurose), de resgatar ou de perder o pas-

---

precisar. O encontro é indubitável, pois que sem ele não nos proporíamos nenhuma questão (...). Não temos que escolher entre uma filosofia que se instala no mundo mesmo ou em outrem e uma filosofia que se instala 'em nós', entre uma filosofia que toma a experiência 'de dentro' e uma filosofia que, se possível for, a julgue do exterior, por exemplo em nome de critérios lógicos: estas alternativas não se impõem, pois que talvez o si e o não si sejam como o avesso e o direito, e a nossa experiência é talvez esta reviravolta que nos instala bem longe de nós, no outro, nas coisas." *Le visible et...*, *op. cit.*, Gallimard, p. 211; Perspectiva, p. 156.

sado na criação ou na repetição do presente. É expressivo, pois a linguagem não é processo impessoal do aparelho fonador nem tradução sonora de essências silenciosas, mas gesticulação vociferante, dimensão da existência corporal em que as palavras encarnam significações, e a fala exprime nosso modo de ser no mundo intersubjetivo. A realidade natural não é multiplicidade plana de coisas nem caos, mas mundo sensível, que não é um fim nem uma ideia reguladora, mas ser a distância, fulguração, em cada aqui e agora, de uma promessa indefinida de experiências. Não é espaço geométrico, mas topológico, onde há o "alto" celeste e da moral elevada, o "baixo" infernal e da baixeza de caráter, o "lado" esquerdo agourento e o "lado" direito dos bons augúrios. Não possui propriedades métricas, pois perto e longe nascem da nossa pressa, fadiga ou esperança; aberto e fechado exprimem nossa ousadia ou pavor. Traz essências afetivas como o lugar onde nascemos, onde mortos queridos estão enterrados, onde um amor começou ou terminou, onde uma guerra aconteceu. É antropológico, mítico e onírico; pode ser paranoico ou esquizofrênico. Não é a *facies totius universi* de Espinosa, mas mistério absoluto, pois além de cada paisagem e de cada horizonte só há outra paisagem e outro horizonte. Mas só é *mundo* se for experimentado pelos outros. Uma vez que a consciência, de fato e de direito, não pode nos dar outrem, pois, para constituí-lo como outra consciência, o sujeito teria que lhe dar algo que o destitui como sujeito no exato momento em que institui outro como subjetividade, outrem só advém por seu corpo. Seu comportamento me diz que há ali outro animal, outra sensibilidade; sua palavra me ensina que há ali outro pensamento, outro homem.

Uma atenção especial era dada à patologia corporal. A doença não só permitia vislumbrar com maior nitidez a saúde como possibilidade de criar ou inventar novas normas vitais, o corpo ampliando sua capacidade significativa e expressiva, mas ainda permitia descobrir o sentido da vida intersubjetiva, ainda que sob a forma da recusa. A afonia, por exemplo, não é o silêncio de quem não quer falar e se cala, pois só pode calar quem pode falar e o afônico é justamente aquele que *não pode* falar. Seus laços com outrem estão de tal forma comprometidos ou rompidos que o silêncio não é causa nem efeito de sua doença, mas é sua doença em ato. Pensamos, porém, que o ponto mais alto do interesse de Merleau-Ponty pelo patológico estava no modo como conferia à patologia o estranho poder de nos ensinar o que seriam o corpo, a vida e o mundo se a psicologia mecanicista ou a filosofia reflexiva tivessem razão. Noutros termos, se fôssemos o feixe de processos nervosos e fisiológicos de que falam os psicólogos, ou se fôssemos o esquema corporal extremamente simples comandado de fora pelo pensamento, como imaginam os filósofos, então seríamos exatamente como a patologia descreve os doentes.

A *Phénoménologie de la perception* descrevia *ek-stases* e não operações reflexivas. Por isso a chegada ao *Cogito* não só invertia a fórmula cartesiana, exprimindo-se como "sou, logo penso", pois a consciência está atada por dentro à existência, como ainda desembocava no *Cogito tácito*. O *Cogito* não é inerência psicológica nem imanência transcendental, não é unidade sintética, como queria Kant, mas, como dizia Heidegger, é coesão de vida. É precedido e sustentado por um irrefletido irredutível. Não está junto a si senão estando fora de si, pois o *Cogito* explícito não se realiza no silêncio, mas exprimindo-se e, portanto, como linguagem. Assim como o sujeito da geometria é um "sujeito motriz", também o sujeito da reflexão é um "sujeito falante", de modo que o corpo não é um suporte ou um instrumento do espírito, mas corpo *de* um espírito pelo qual este pode ser espírito. O *Cogito* desencarnado não seria *Cogito*, seria Deus. Como *ek-stase* ou transcendência, o *Cogito* abria, assim, para a descrição do tempo que não era deduzido das consequências da subjetividade, mas descoberta de que o sujeito é temporalidade. O tempo, transcendência e síntese (o sistema das retenções e pretensões husserlianas), é "lançamento de uma potência indivisa num termo que lhe é presente"[50]. A transcendência inscrita no coração da subjetividade levava, por fim, à descrição da liberdade. Esta, muito mais do que situada, era descrita por Merleau-Ponty como *encarnada*.

A "Introdução", passando criticamente em revista as noções de sensação, associação, atenção e juízo como preconceitos que formam o tecido cerrado da psicologia intelectualista e da filosofia reflexiva, chegava ao campo fenomenal como *campo transcendental* e empurrava para longe o Ego transcendental, que pretendia constituir a Natureza como representação e fazer dos demais sujeitos variantes empíricas de um sujeito universal que não é ninguém nem todos, pois não é um ser, mas uma unidade ou um valor. Fazendo do campo transcendental a articulação originária entre o exterior e o interior e do pensamento uma saída de si, Merleau-Ponty transformava a ideia de verdade. O *eidos* não é essência separada cujo requisito é "uma absoluta posse de si no pensamento ativo, sem a qual este não conseguiria se desenvolver numa série de operações sucessivas e construir um resultado válido para sempre"[51]. Contra a imanência transcenden-

---

50. *Idem, ibidem*, p. 487.
51. *Idem, ibidem*, p. 76.

tal, Merleau-Ponty fazia intervir a noção husserliana de dupla *Fundierung*, baralhando a separação clássica entre verdades de fato e de razão. Dizia, então, que

> a relação entre a razão e o fato, a eternidade e o tempo, a reflexão e o irrefletido, o pensamento e a linguagem ou entre o pensamento e a percepção é essa relação em duplo sentido que a fenomenologia chamou de *Fundierung*: o termo fundante – o tempo, o irrefletido, o fato, a linguagem, a percepção – é primeiro no sentido de que o fundado se dá como uma determinação ou explicitação do fundante, o que lhe proíbe reabsorvê-lo, entretanto, o fundante não é primeiro no sentido empirista e o fundado não é simplesmente derivado, pois é através do fundado que o fundante se manifesta.[52]

Isso significa, por um lado, que as verdades são de mesma ordem que as percepções, ou seja, feitas de pressupostos que não podemos explicitar até o fim para obter uma evidência sem lugar e sem tempo, e, por outro, que a reflexão ou o pensamento de pensar já não está às voltas com o dogmatismo ou com o criticismo, mas com a descoberta de sua "espessura temporal" e de seu "engajamento corporal", com o fato de que não somos nenhum de nossos pensamentos particulares e, todavia, só nos conhecemos através deles. Ou, dizia Merleau-Ponty, perante a questão de saber como a subjetividade pode ser, ao mesmo tempo, dependente e indeclinável.

Pascal dissera que, sob certa relação, compreendemos o mundo e, sob outra, ele nos compreende. Merleau-Ponty dizia não se tratar de duas relações alternantes, mas

---

52. *Idem, ibidem*, p. 451.

de uma só – compreendemos o mundo porque ele nos compreende. A subjetividade concreta é inseparável do mundo e, portanto, do corpo.

> O mundo e o corpo ontológicos, que reencontramos no coração do sujeito, não são o mundo em ideia ou o corpo em ideia, é o próprio mundo contraído numa tomada global, é o próprio corpo como corpo cognoscente.[53]

Longe, portanto, de a reflexão e de o pensamento em geral serem resposta para os enigmas da relação entre experiência e verdade, eram antes ocasião para que a própria racionalidade surgisse como problema. Isto é, se a unidade do mundo e do conceito não estiver fundada numa Natureza em si, nem no Espírito absoluto e tampouco numa consciência constituinte, como explicar, perguntariam os filósofos, que as perspectivas se reúnam e as aparências se juntem em coisas, ideias e verdades? Como a racionalidade é possível? A crença na realidade em si, no espírito absoluto e no sujeito constituinte foram racionalizações de nossa fé na racionalidade. Mas, acrescentava Merleau-Ponty, porque se conservaram como fé, não puderam radicalizar essa crença. Indagando agora: por que acreditamos na razão como possibilidade de expressão completa do ser e do saber?, a filosofia se radicaliza e abre a questão do presente.

Dessa maneira, a conclusão de *Phénoménologie de la perception* nos convidava a reler seu "Prólogo", no qual Merleau-Ponty apresentava a fenomenologia husserliana como projeto de uma filosofia radical e examinava os conceitos husserlianos – intencionalidade, descrição, re-

---

53. *Idem, ibidem*, p. 467.

dução e constituição – em duas direções. Retomava, de um lado, o projeto de Husserl e, de outro, discutia seu fracasso aparente. A intencionalidade enraizava a consciência, em lugar de separá-la do mundo; a redução eidética, na tentativa de captar as essências para além da "tese natural do mundo", descobria a faticidade irredutível que funda o possível sobre o real; a constituição mergulhava num solo de postulados que desvendam tudo quanto não constituímos. A impossibilidade da intencionalidade pura e da redução completa era, portanto, impossibilidade da constituição transcendental. Em seu lugar, surgiam o mistério do mundo e o mistério da razão e desaparecia o "problema" da racionalidade.

Concluindo o "Prólogo", Merleau-Ponty escrevia:

> A verdadeira filosofia é reaprender a ver o mundo (...). A fenomenologia como revelação do mundo repousa sobre si mesma ou, ainda, funda a si mesma. Todos os conhecimentos se apoiam sobre um solo de postulados e, finalmente, sobre nossa comunicação com o mundo como primeiro estabelecimento da racionalidade. A filosofia como reflexão radical priva-se, em princípio, desse recurso. Como também está na história, também usa o mundo e a razão constituída. Será preciso, pois, que dirija a si mesma a interrogação que dirige a todos os conhecimentos e, portanto, ela se reduplicará indefinidamente, será, como diz Husserl, um diálogo ou uma meditação infinita e, na medida em que permaneça fiel a si mesma, nunca saberá onde vai. O inacabamento da fenomenologia, seu compasso incoativo não são signos de fracasso. Eram inevitáveis porque a fenomenologia tinha como tarefa revelar o mistério do mundo e o mistério da razão.[54]

---

54. *Idem, ibidem*, "Prólogo", p. XVI.

A fidelidade da fenomenologia ao projeto husserliano de radicalização filosófica, operando uma reviravolta nas expectativas iniciais de Husserl, coloca o projeto transcendental ou de autofundação perante obstáculos intransponíveis que a filosofia, além de não poder ignorar, deve ainda tematizar. Em nosso entender, a primeira tematização dos limites intransponíveis para a redução perfeita e a constituição plena chama-se, precisamente: *fenomenologia da percepção*.

Como fenomenologia do corpo cognoscente, da intercorporeidade e do mundo natural como campo fenomenal e transcendental, a fenomenologia da percepção descrevia a linguagem como fala ou como prática de um sujeito falante, criadora de uma ponte entre perceber e pensar ou de uma comunicação entre percebido e ideado. Como o comportamento, a linguagem também era estratégica para uma filosofia que pretendesse ultrapassar o causalismo da explicação científica (no caso, a linguística e a psicologia da linguagem) e o idealismo da análise reflexiva (no caso, as *Investigações lógicas* de Husserl).

Salientando a diferença entre as *Investigações* e textos como *Lógica formal e transcendental* ou *Origem da geometria*, Merleau-Ponty procurava mostrar como a fenomenologia da linguagem alterara o projeto inicial de Husserl. Este havia pretendido constituir uma eidética universal da linguagem ou uma gramática universal de todas as línguas empíricas possíveis, de sorte que os atos da fala e as línguas existentes fossem apenas a exibição factual da essência da linguagem. Todavia, a partir do momento em que a linguagem começa a aparecer para Husserl como "maneira original de visar certos objetos, como corpo do pensamento ou ainda como operação que confere aos pensamentos valor intersubjetivo e, finalmente, existência ideal"[55], a relação entre a filosofia como eidética e a fenomenologia como descrição fenomenal se transforma e a segunda, em lugar de ser "acréscimo" à primeira, incorpora-se nela como investigação necessária.

Ora, desde que falar não seja mero acontecimento psicológico nem caso particular do uso da língua, a fenomenologia da palavra torna possível descrever a emergência da intersubjetividade.

Em *Sur la phénoménologie du langage*, Merleau-Ponty observava que, na *Quinta meditação cartesiana*, Husserl se depara com uma contradição de que parece não fazer o menor caso. Com efeito, sendo impossível para as filosofias da reflexão dar conta de outrem, visto que a consciência, por princípio de fato e de direito, não pode constituir outra consciência, a *Quinta meditação cartesiana* deveria tropeçar no problema da alteridade. No entanto, Husserl prosseguira como se tal problema não existisse, ou melhor, como se não houvesse descoberto um sujeito que vivesse a contradição consciência-alteridade como definição da presença de outrem. Esse sujeito, dizia Merleau-Ponty, é o corpo. Husserl chegaria mesmo a descrever a relação eu-outro como "fenômeno de acasalamento" (*Kopulation*) e como "transgressão intencional", isto é, saída necessária do interior da consciência numa espécie de permutação entre a intencionalidade e os objetos intencionais. Entre os "casos" mais eminentes do acasalamento e da transgressão intencional, escrevia Merleau-Ponty, encontra-se justamente o fenômeno da fala ou da palavra, que inverte as relações costumeiras com os objetos e

---

55. Merleau-Ponty, "Sur la phénoménologie du langage", *loc. cit.*, *op. cit.*, p. 106.

faz com que alguns deles tenham valor de sujeitos. Esses "objetos-sujeitos" são os outros.

Como intenção significativa, modulação da existência e relação intersubjetiva, a fala ou palavra revela que "o fenômeno central da linguagem é ato comum do significante e do significado"[56]. Isso quer dizer, por um lado, que Saussure tem razão quando descreve significante e significado como direito e avesso da palavra e a língua como sistema de puras diferenças, e, por outro, que a eidética universal não tem razão, pois o fenômeno e as significações desapareceriam se a linguagem e os significados se realizassem como puros *noemas* num "céu das ideias" anterior à fala e se efetuassem nesse "céu" as operações expressivas que são a virtude própria do ato de falar.

E não só isso. Criando um "duplo inteligível", encarregado de fundar as operações expressivas reais sobre o possível ideal, a fenomenologia se veria a braços com o argumento do "terceiro homem". Em outros termos, teria também que fundar ou constituir esse "duplo" para explicar "como nosso aparelho de conhecimento se dilata até compreender o que nele não está contido"[57]. Aqui, não adiantaria a análise transcendental invocar o empírico, pois essa invocação não ajudaria a esclarecer como cada fala e cada verdade abrem um campo de conhecimento no instante exato em que concluem um devir de conhecimentos. Assim, não é somente o outro que é *teoricamente* impossível, mas ainda a própria verdade, que "só se conhece pela práxis que a *faz*"[58]. Ou, como dizia Merleau-Ponty, *chegar a uma verdade* não é metáfora, mas

---

56. *Idem, ibidem*, p. 119.
57. *Idem, ibidem*, p. 119.
58. *Idem, ibidem*, p. 120.

expressão carregada de sentido. Chega-se a uma verdade quando se captura, no presente, algo que desde sempre estivera cativo no ser, na espessura do tempo pessoal e interpessoal, pois "a verdade é o outro nome da sedimentação que, ela mesma, é presença de todos os presentes no nosso"[59]. O sujeito falante e pensante, como sujeito percipiente, é práxis e não pode ser posto por uma teoria.

Ao falar, o sujeito se relaciona simultânea e obliquamente com o todo da língua, de cujas diferenças internas depende o sentido do que prefere; alude a significações passadas e vindouras ao visar na palavra uma significação presente; corporifica seu pensamento à medida que o pensa falando; se relaciona como outrem de cuja escuta e resposta depende seu próprio investimento como sujeito. Enquanto palavra operante que apanha indiretamente o todo da língua, a transcendência temporal ou a abertura da significação, as ideias e a intersubjetividade, a linguagem é *pars totalis* e *tota simul*.

Uma fenomenologia liberada do engano da dualidade entre sincronia e diacronia, porque alcança o universal num laço com o particular e se desfaz do historicismo, mas também liberada do logicismo, porque abandona o fantasma de uma linguagem pura, situada entre a insensatez de Leibniz e a paranoia da filosofia analítica, e procura alcançar a língua como expressão da cultura e criadora de cultura, e que ainda seja capaz de liberar-se do psicologismo, porque admite que a linguagem não verbaliza uma percepção "natural", pois toda percepção está enraizada num solo histórico, numa palavra, uma fenomenologia liberada de todo dogmatismo se ocupará com a *gênese* do sentido, dando concreticidade ao que Kant

---

59. *Idem, ibidem*, p. 120.

chamava "afinidade transcendental" entre os momentos do tempo e as temporalidades. Não foi por acaso que as considerações sobre tal fenomenologia da linguagem e sobre a linguística de Saussure levassem Merleau-Ponty, no *Eloge*, a afirmar que a teoria do signo linguístico poderia ser um caminho privilegiado para uma filosofia do sentido histórico.

***

> A consciência constituinte é a impostura profissional do filósofo (...) e não o atributo espinosista do Pensamento.
> *Le philosophe et son ombre*

Em *Le philosophe et son ombre*, Merleau-Ponty articula pela primeira vez o Ser Bruto e o Espírito Selvagem à experiência da verticalidade do corpo e do mundo e atribui a Husserl a tentativa de "reabilitação ontológica do sensível", nascida das dificuldades impostas pela constituição transcendental. Nesse ensaio, as referências aos inéditos de Husserl dão relevo aos textos em que aparece o termo *Leib* como simultaneidade da Natureza, do corpo e do espírito enquanto intersubjetividade transcendental, termo que se tornará, em *L'oeil et l'esprit* e *Le visible et l'invisible*, o núcleo irradiante da ontologia merleau-pontiana – a *Carne*[60].

---

60. Tomamos "Le philosophe et son ombre" como mudança na direção de pensamento de Merleau-Ponty não pretendendo com isto estabelecer um "corte epistemológico" entre juventude e maturidade. Simplesmente confrontamos o "Prólogo" da *Phénoménologie* – em que se lê que o maior mérito da fenomenologia husserliana fora o de haver reunido o máximo de objetivismo com o máximo de subjetivismo – e a declaração de "Le philosophe et son ombre" sobre a insensatez ou

Merleau-Ponty estende e distende a fenomenologia até o limite entre dois extremos que podem aniquilá-la. Numa ponta, examinada na primeira parte do ensaio, encontra-se a redução transcendental, que não consegue reduzir a Natureza, descobrindo que esta, afinal, é irrelativa. A redução, portanto, deve contentar-se em ser redução eidética e a fenomenologia precisa admitir que a infra-estrutura secreta e selvagem onde nascem nossas teses não pode ser produzida pelos atos da consciência absoluta. Na outra ponta, examinada na terceira parte do ensaio, encontra-se a constituição transcendental, que não consegue fundar a própria reflexão, mas apenas usá-la e transformá-la num artefato filosófico, de modo que a consciência constituinte, não podendo efetuar uma reflexão-da-reflexão que a pusesse a si mesma, precisa contentar-se em ser constituída vagarosa e dificultosamente por nossa experiência. Entre esses dois extremos, a reabilitação ontológica do sensível é empreendida pela segunda parte do ensaio.

A primeira parte termina declarando que Husserl se sentira igualmente atraído pela "ecceidade da Natureza" e pelos "turbilhões da consciência" e que descobrira haver alguma coisa *entre* a transcendência e a imanência, cabendo a quem retomasse o empreendimento fenomenológico prosseguir caminho nesse *entre-dois*. A terceira parte culmina na afirmação de que o projeto de Husserl como projeto de posse intelectual do mundo é insensato e que o próprio filósofo disso soubera quando, em 1912, falara na simultaneidade do real – Natureza, animais, espíritos.

---

hybris dessa reunião. Além disso, nas notas de trabalho de *Le visible et l'invisible*, à medida que Merleau-Ponty vai-se tornando cada vez mais severo com a *Phénoménologie*, várias vezes encontramos a seguinte anotação: "retomar Ph. O.".

Para que a terceira parte possa discorrer sobre a *hybris* husserliana é preciso, antes, trilhar o entre-dois, o espaço cavado entre a redução e a constituição, isto é, urge passar pela reabilitação ontológica do sensível. Visando à imanência, a redução e a constituição redescobriram a transcendência; entre ambas, o sensível *se* descobre como ser a distância, fulguração, aqui e agora, das lembranças e promessas de outras experiências.

As dificuldades da redução, escreve Merleau-Ponty, não são preliminares à investigação filosófica, mas seu começo, e como são dificuldades insuperáveis, o começo é contínuo. A redução é contraditória porque, se não é "natural" e sim o contrário da Natureza, esta deve ser inteiramente constituída pela consciência e ser relativa, enquanto o espírito deve ser absoluto, mas, em contrapartida, a Natureza não é produzida pelo espírito e a imanência transcendental não é mera antítese da atitude natural.

Nas *Ideias II*, Husserl considerara problemática a passagem do "objetivo" ao "subjetivo", pois o Eu teórico puro que visa as puras e nuas coisas não é o sujeito filosófico, mas a ciência da Natureza, herdeira de um naturalismo filosófico. O sujeito procurado por Husserl o conduzia "abaixo" desse naturalismo, a um "meio ontológico diverso do em-si e que na ordem constitutiva não pode ser derivado deste último"[61], visto ser primeiro. Na verdade, a atitude natural não é "atitude" (conjunto de atos judicatórios e proposicionais), não é tética, mas síntese aquém de toda tese ou "mistério de uma *Weltthesis* anterior a todas as teses"[62]. É *Urglaube* (fé primordial) e *Urdoxa* (opi-

---

61. Merleau-Ponty, "Le philosophe et son ombre", *in Signes, op. cit.*, p. 206.
62. *Idem, ibidem*, p. 207.

nião originária), opondo ao originário da consciência teórica o originário de nossa existência. Resulta dessa descoberta que a atitude natural não se relaciona com a transcendental como o antes e o depois, nem como passagem do obscuro e confuso ao claro e distinto, nem como supressão da aparência pela verdade da essência. A atitude transcendental está preparada na atitude natural como *Vorgreifen* e *Vorhaben*, antecipação e preparação intencionais. Justamente por isso, a redução descobre que o espírito precisa da Natureza para ser espírito, enquanto a Natureza dele não carece para ser Natureza. A coisa natural pode ser inteiramente compreendida por si mesma, enquanto o espírito, por ser intencional, não pode ser autossuficiente e, como disseram as *Ideias II*, um espírito sem corpo não será espírito.

As duas faces da redução impedem que a fenomenologia seja um materialismo, mas também impedem que seja uma filosofia do espírito. É desvendamento da "camada pré-teorética" como solo irredutível das "camadas teoréticas" (a idealização da Natureza e do espírito) e que, por antecedê-las e explicá-las, pode ultrapassá-las. No entanto, essa "arqueologia", escreve Merleau-Ponty, não deixa intactos os instrumentos de trabalho da fenomenologia porque modifica o sentido da intencionalidade, do *noema* e da *noesis* e talvez não permita que se continue procurando numa analítica dos atos da consciência a mola de nossa vida e do mundo. Apontando para a "constituição pré-teorética dos pré-dados", Husserl vislumbrava uma intencionalidade operante e espontânea, latente, mais velha e mais nova do que a intencionalidade dos atos de consciência. Percebia que os fios intencionais se agrupam ou se enovelam em torno de certos nós sem, contudo, terminarem na posse intelectual de um *noema*, de sorte que o percurso não tem começo nem fim. Visar é aludir; não é possuir.

Longe de essas descobertas serem um empecilho para a fenomenologia, vão abrir-lhe um campo novo de investigação e configurar a reabilitação ontológica do sensível, desde que rumar para a camada sensível não implique permanecer cativo de seus enigmas e, sim, decifrá-los.

Acercando-se dos tateios de Husserl na descrição do sensível, Merleau-Ponty pretende apanhar o impensado husserliano. Por conseguinte, a segunda e a terceira partes de *Le philosophe et son ombre* já oferecem as primeiras balizas do que virá a ser um novo caminho anunciando, através do sensível como Ser Bruto, a crítica à ideia de posição e de ser-posto, pois o sensível é

> o ser que me atinge no que sou mais secretamente, mas que também atinjo em estado bruto ou selvagem, num absoluto de presença que detém o segredo do mundo, dos outros e do verdadeiro.[63]

Está em questão, portanto, a ideia de Natureza. Deixando de tomá-la como unidade constituída e como "unidade dos objetos dos sentidos", Husserl passara a defini-la como "totalidade dos objetos que podem ser pensados originariamente e que, para todos os sujeitos comunicantes, constitui um domínio de presença originária"[64]. A Natureza, deixando de ser *omnitudo realitatis* e construção do entendimento, tornava-se, afinal, *mundo* sensível de que dependem as evidências e a universalidade das relações de essência. Noutros termos, a relação fato-essência foi transtornada. Mas a Natureza não é só presen-

---

63. *Idem, ibidem*, p. 215.
64. *Idem, ibidem*, p. 216.

ça originária do que pode ser originariamente pensado. É ainda o que se oferece como presença a "sujeitos comunicantes", sendo, portanto, inseparável da linguagem. Assim procedendo, Husserl ampliava indefinidamente o sensível, pois este não é apenas as coisas, mas "tudo o que nelas se desenha, mesmo no oco, tudo o que nelas deixa vestígio, tudo o que nelas figura, mesmo a título de afastamento e como uma certa ausência"[65].

Essa ampliação desenha no tecido do sensível o perfil de outras sensibilidades – os *animalia* – e de outros pensamentos – os animais humanos –, isto é, "seres absolutamente presentes que têm uma esteira de negativo"[66]. No caso dos homens, é o comportamento (visível) que nos ensina haver ali um outro espírito (invisível). O sensível é, pois, o universal[67].

Podemos adivinhar o que sucederá à constituição transcendental. Num primeiro momento, porque a encarnação da consciência transtorna as relações entre o constituído e o constituinte, corre-se o risco de tentar conservar a fenomenologia deslizando-se para o psicologismo ou para a antropologia filosófica, isto é, confundindo-se empírico e transcendental ou caindo-se no "sono antropológico" de que viria a falar Michel Foucault. Esse risco pode ser evitado se o filósofo, além de compreender o que Husserl chamara de dupla *Fundierung*, também se voltar para a articulação entre constituição e sedimentação.

Merleau-Ponty se interessa por um aspecto da sedimentação que irá ocupá-lo em várias notas de trabalho de *Le visible et l'invisible*: a sedimentação como *Selbstver-*

---

65. *Idem, ibidem*, p. 217.
66. *Idem, ibidem*, p. 217.
67. *Idem, ibidem*, p. 217.

gessenheit[68]. Entendida como autoesquecimento ou como olvido de si, a sedimentação permite compreender o movimento de constituição das idealidades enquanto derivação da intersubjetividade carnal (o sensível como pre-

---

68. Com essa noção, que para ele é a descoberta da verdadeira redução e constituição, esboça-se o plano circular do livro (nota de fevereiro de 1959, sugestivamente intitulada "genealogia da lógica, história do ser e história do sentido"). Na conclusão do esboço escreve: "Não poderei tomar posição em ontologia, como pede a introdução, e precisar exatamente suas teses, senão depois da série de reduções que o livro desenvolve. E que estão todas incluídas na primeira, mas só se realizam verdadeiramente na última. Essa inversão *circulus viciosus deus* não é propriamente hesitação, má-fé ou má-dialética, mas retorno a *Sigé*, o abismo." Em "Le philosophe et son ombre", como nas primeiras notas de trabalho do último livro, como a que citamos acima, Merleau-Ponty ainda crê numa retomada da fenomenologia como base da ontologia, ideia que irá sendo pouco a pouco abandonada à medida que a noção de experiência for sendo refeita. Todavia, há um aspecto da *Selbstvergessenheit* que será descoberto em "Ph. O." e mantido na obra final: a ideia de continuidade-descontinuidade da passagem de uma experiência para outra graças à retomada como esquecimento-interiorização. Em "Ph. O." escreve: "Nem simples desenvolvimento de um porvir implicado em seu começo nem simples efeito de uma regulação exterior, a constituição está livre da alternativa do contínuo e do descontínuo. É descontínua, pois cada camada é feita do esquecimento das precedentes; é contínua de ponta a ponta porque tal esquecimento não é uma simples ausência, como se o começo não tivesse sido, mas esquecimento daquilo que foi justamente em proveito daquilo que se tornou na sequência, interiorização no sentido hegeliano, *Erinnerung*" – "Ph. O.", p. 222. Essa noção também subjaz à crítica dos possíveis lógicos leibnizianos e à concepção do esquecimento em Bergson e Sartre. Enfim, o vínculo entre o que Merleau-Ponty denomina arqueologia (o escavamento das camadas de sentido sedimentado) e o que denomina geologia transcendental (apreensão de um nexo que não é "histórico" nem "geográfico" em sentido empírico, mas "paisagem histórica" e "inscrição quase geográfica da história") explica por que, na última nota de trabalho de sua última obra, recusa a teleologia da consciência husserliana tanto quanto o *Logos* hegeliano, abrindo para outros a possibilidade de escrever sobre as *epistemai* europeias.

sença original para sujeitos comunicantes), desde que esta seja esquecida como inerência ao mundo em virtude de sua própria capacidade para se esquecer de si mesma. Esse poder de esquecimento aparece num outro ensaio de *Signes*: é um dos fios condutores da noção de historicidade em *Le langage indirect et les voix du silence*. É essa mesma noção que, em *La prose du monde*, durante a análise do devir de sentido no interior das estruturas "imóveis" da matemática, conduz à afirmação paradoxal de que, no percurso do verdadeiro, "a consciência da verdade caminha como o caranguejo: sempre voltada para o ponto de partida". Ilumina-se o sentido da abertura de *Le philosophe et son ombre*, cuja primeira frase enuncia que "A tradição é esquecimento das origens".

A constituição desemboca em círculos – das coisas com as pessoas, destas com o corpo, que também é, sob certos aspectos, uma coisa; da Natureza impessoal com um todo que engloba pessoas que, por seu turno, enquanto sujeitos comunicantes, irão constituir em comum a própria Natureza. Cada camada, no ponto onde se constitui, retoma as precedentes e invade as seguintes, é anterior e posterior a si mesma, de modo que a constituição não tem começo nem fim, levando Husserl a falar em simultaneidade. O texto mencionado e comentado por Merleau-Ponty diz: "die 'Natur' und der Leib". A simultaneidade descoberta com os círculos é a Carne.

A constituição nascera para igualar pela reflexão nossa atitude natural, que é espontaneamente naturalista *e* personalista, "excêntrica" e "egocêntrica", passando tranquilamente de uma posição à outra sem o menor problema. A reflexão deveria dar conta do trânsito entre as atitudes naturais e do transitivismo entre elas; deveria, a partir da própria interioridade, explicar a passagem do interior ao exterior, e vice-versa. Para ser reflexão absoluta teria, além dessa explicação, que fundar a própria interioridade fundadora da explicação e, portanto, teria que pôr-se a si mesma como reflexão, efetuando uma reflexão-de-reflexão. Dessa autoposição radical depende a possibilidade da gênese transcendental. E isso a reflexão não consegue efetuar; não consegue reflexionar-se. Não é capaz de se pôr como inteligência de todas as intelecções. Sendo forçada a admitir que a consciência constituinte é constituída, a fenomenologia deve tomá-la como artefato (*Künstlich*), como impostura profissional do filósofo e não como atividade do atributo espinosano do Pensamento. É o "sujeito presuntivo ou suposto de nossas operações"[69], mas não a gênese delas nem de si mesma.

Quando, em certas ocasiões, Husserl reivindicara o privilégio do *Lebenswelt* sobre a Física, isso poderia parecer *hybris* filosófica, pretensão de conservar os direitos da consciência quando ela já os perdera (se é que algum dia os tivera). Isso parece, escreve Merleau-Ponty, "un peu fort et tout à fait fou". No entanto, prossegue, quando Husserl faz declarações tão estapafúrdias, não se dirige à consciência, mas se endereça à *experiência* para confirmá-las. O que Husserl pretendia, portanto, era que o pensamento fosse capaz de compreender a junção simultânea da Natureza, do corpo e do espírito, já que somos essa junção. A tarefa da fenomenologia começava, agora, pela admissão dessa existência simultânea e pela necessidade de pensar sua relação com a não fenomenologia. Teria, finalmente, que abdicar da gênese transcendental e encaminhar-se para uma ontologia.

Portanto, "tout à fait fou" e *hybris* eram o projeto inicial. Ao contrário,

---

69. Merleau-Ponty, "Ph. O.", *op. cit.*, p. 227.

> à medida que o pensamento de Husserl amadurece, a constituição torna-se cada vez mais o meio para revelar um avesso das coisas que não constituímos. Foi preciso a tentativa insensata de tudo submeter às conveniências da consciência, no jogo límpido de suas atitudes, de suas intenções, de suas imposições de sentido, foi preciso levar até o fim o retrato de um mundo bem-comportado, que herdamos da filosofia clássica, para revelar todo o resto: os seres aquém de nossas idealizações e objetivações, que as nutrem secretamente e nos quais temos dificuldade para reconhecer os *noemas*. Seres como a Terra, por exemplo, que não está em movimento como um corpo objetivo nem em repouso, pois não vemos onde estaria "pregada". A Terra, solo ou cepa de nosso pensamento como de nossa vida, que poderemos muito bem deslocar ou transladar quando habitarmos outros planetas porque, então, teremos ampliado nossa pátria e não poderemos suprimi-la.[70]

Husserl, conclui Merleau-Ponty, despertou um mundo selvagem e um espírito selvagem, nos quais as coisas não estão em perspectiva como no espaço euclidiano, mas estão de pé, insistentes e arranhando o olhar, reivindicando uma presença absoluta que só terão juntamente com as outras, em configuração. Mundo onde estão os outros, não como espíritos nem como entidades psíquicas, mas tais como são quando os enfrentamos na cólera e no amor, isto é, como fisionomias e gestos que respondem aos nossos. Mundo no qual o sentido não é concessão do espírito à Natureza, mas está em toda parte e em toda parte pedindo para ser criado.

As primeiras obras sobre a sombra husserliana nos fariam supor que a fenomenologia ainda poderia ser uma nova primavera da filosofia. Essa ilusão, porém, se desfaz

---

70. *Idem, ibidem*, p. 227.

no capítulo "Interrogation philosophique et intuition", de *Le visible et l'invisible*, quando se consuma a ruptura de Merleau-Ponty com Husserl e a filosofia reflexiva.

Preparado ao longo de quase todas as notas de trabalho[71], esse capítulo é curioso e, como observa Lefort,

---

71. Na *Phénoménologie*, a temporalidade era o ser do sujeito como transcendência, mas também o momento da coincidência, ainda que efêmera, definidora da subjetividade. Merleau-Ponty escrevia que o tempo é a zona onde sujeito e Ser coincidem. Embora a temporalidade heideggeriana sustentasse boa parte da descrição, esta se apoiava em Husserl. Na quarta nota de trabalho de maio de 1959, Merleau-Ponty critica o subjetivismo do tempo husserliano, criticando a ideia de preenchimento (porque pressupõe um Si diferente do presente e que o recebe de fora), a série temporal (que faz não haver tempo, mas tempos à espera da síntese egológica) e a ideia de *Ur-erlebniss* como fusão e realidade intransponível, pois é transcendência e possui horizontes sem os quais não existiria. É percepção-impercepção ou presença-ausência e jamais presença absoluta. A presença a si é "presença a um mundo diferenciado". Na sétima nota de maio de 1959, é criticado o objetivismo do diagrama temporal. Sendo uma representação, o diagrama toma o tempo como sucessão de "agoras" dispostos numa linha e impede a compreensão do fundamental, isto é, o escoamento. Merleau-Ponty opõe ao diagrama a *gestalt* como direção e centro de forças abertas. A sucessão é substituída, portanto, pelos campos temporais. Proust contra Husserl. Enfim, na segunda nota de abril de 1960, é feita a crítica da análise intencional. Essa nota é bastante sugestiva porque retoma uma questão que já aparecera anteriormente – a do esquecimento – e invoca a psicanálise contra a fenomenologia. Por um lado, esquecer não é "não retenção", nem é aniquilamento (Bergson, Sartre), nem o contrário da memória – é desdiferenciação ou perda do relevo (uma *gestalt* que perdeu figura *e* fundo). Por outro lado, a psicanálise mostra que não há verdadeiramente "esquecimento", mas "passado indestrutível" cuja indestrutibilidade vem justamente de *não ser visado* como passado pelo presente. E (novamente Proust) a lembrança não é retenção ou ato intencional, pois o corpo é o guardião do passado. Nessa medida, o presente já não se define pela presença absoluta de si consigo, nem o passado é retenção, nem o futuro é protensão: não há *o local* de onde a consciência realize os atos intencionais vi-

possui todas as marcas de um rascunho. Assim, por exemplo, boa parte dos argumentos contra a dúvida metódica e a *epochê* já foram desenvolvidos nos capítulos precedentes, além da principal crítica às filosofias reflexivas, e muitos dos argumentos pró e contra Husserl já se encontram em *Le philosophe et son ombre*. Em nosso entender, o aspecto mais paradoxal do texto, porém, parece estar num uso indiscriminado da essência como *Wesen* verbal, no sentido heideggeriano, e como *noema*, no sentido do *Wesen* husserliano[71a]. Enquanto o primeiro sentido

---

sando os tempos como "agoras" presentes, passados e futuros. Ao perspectivismo euclidiano do diagrama, Merleau-Ponty opõe a verticalidade, isto é, a simultaneidade temporal de presente, passado e futuro. Todavia, a nota considera que Husserl já se encaminhava nessa direção ao descobrir um "turbilhão espaçotemporal" anterior ao espaço e ao tempo e que não é um *noema* diante da consciência.

71a. Essa indistinção é comentada pelos tradutores brasileiros (cf. *O visível e o invisível*, Perspectiva, *op. cit.*, p. 224), que remetem o leitor tanto a este capítulo que comentamos como ao texto husserliano de *Ideias I*. Cremos, além da interpretação que proporemos a seguir, que o estilo de Merleau-Ponty leva a supor "oscilação". Não queremos dizer com isto que as notas de trabalho, sendo rascunhos e lembretes, "diziam" a Merleau-Ponty o que não podem "dizer" a nós, parecendo-nos confusas ou indecisas. As indecisões de Merleau-Ponty são frequentes nas notas, mas possuem um sinal para o leitor: são acompanhadas de pontos de interrogação. Ao falarmos aqui na dificuldade do estilo, nos referimos ao modo de escrever que apontamos brevemente ao comentarmos o capítulo sobre o *Cogito*. Ou seja, Merleau-Ponty passa de um filósofo para outro, ou de uma filosofia para outra, sem nos "avisar" diretamente, mas pela introdução de certas palavras ou conceitos que nos indicam a passagem. Assim como, no capítulo mencionado, a palavra "analítica" nos avisa que passamos de Descartes para Kant, ou a palavra "constituição" nos alerta para a passagem de Kant a Husserl, também aqui, pensamos, as palavras "*ester*", "*actif*", "*être du rouge*" assinalam que se trata do *Wesen* heideggeriano e que a palavra "subjetividade", escrita entre aspas, assinala que estamos nos distanciando de Husserl.

permite não só a crítica do pensamento de sobrevoo e a restauração da experiência como poder ontológico último, balizando as descrições finais da experiência corporal operante, da fala operante e da ideia operante, o segundo sentido é, juntamente com a noção de fato, declarado uma abstração. Mas essa distinção, que como comentadores procuramos estabelecer, não se encontra de modo algum no texto, pois Merleau-Ponty parece deslizar indiscriminadamente de um a outro.

Pensamos, no entanto, que a "indistinção" é propositada e que Merleau-Ponty toma o *Wesen* husserliano – definido como in-variante e não como ser positivo –, de sorte que o force até converter-se no *Wesen* heideggeriano. Parece-nos que o procedimento, aqui, é semelhante ao que fora empregado na *Phénoménologie de la perception* (por motivos diversos e com resultados diferentes, evidentemente) ao empurrar o fluxo temporal husserliano até a temporalidade heideggeriana. No caso de *Le visible et l'invisible*, esse procedimento possui um único motivo: tudo indica que, para Merleau-Ponty, a *Wesenschau* husserliana desemboca por si mesma no *Wesen* heideggeriano, de sorte que não estamos diante de duas concepções antagônicas da essência, mas perante uma preparação--antecipação do *Wesen* verbal no *noema*. Assim não fosse, julgamos que seria incompreensível a seguinte passagem:

> Está claro que nem mesmo Husserl obteve uma *Wesenschau* que tenha, em seguida, retomado e retrabalhado, não para desmenti-la, mas para obrigá-la a dizer o que de início não dissera inteiramente, de sorte que seria ingênuo procurar a solidez num céu de ideias ou num fundo de sentido: ela não está nem acima nem abaixo das aparências, mas na sua juntura, sendo o elo que liga secretamente uma experiência às suas variantes (...). Numa

filosofia que leva em consideração o mundo operante, em funcionamento, presente e coerente tal como é, a essência não constitui de modo algum um escolho: possui seu lugar como essência operante, em funcionamento. Já não há essências acima de nós, objetos positivos, oferecidos a um olho espiritual; há, porém, uma essência sob nós, nervura comum do significante e do significado, aderência e reversibilidade de um no outro, como as coisas visíveis são dobras secretas de nossa carne e de nosso corpo, embora este também seja uma das coisas visíveis.[72]

Não se trata, pois, de rejeitar as essências, nem muito menos de considerá-las um efeito da experiência, mas de percebê-las como textura da experiência efetuada numa experiência. São, diz Merleau-Ponty, o estilo proferido da experiência. Nem empirismo nem idealismo, experiência e essência não são rivais destinados à luta mortal. São dimensões do mesmo Ser. Em contrapartida, trata-se de rejeitar uma intuição de essência, pois "não há uma visão positiva que nos dê a essencialidade da essência"[73].

O pensamento de Merleau-Ponty se desenrola em dois movimentos. No primeiro, indaga se a fenomenologia poderia ser a radicalização do cartesianismo, como pretendera Husserl. No segundo, procura a origem da separação entre fato e essência para, ao desvendá-la, oferecer um caminho que possa riscá-la. Por essa via, o texto passa da essência-*noema* à essência-operante.

O primeiro movimento se desdobra em três outros, ou em três interrogações: pode a essência ser considerada acabamento de um saber? pode-se alcançar a essên-

---

72. Merleau-Ponty, *Le visible et...*, *op. cit.*, Gallimard, pp. 155 e 158; Perspectiva, pp. 115 e 117.
73. *Idem, ibidem*, Gallimard, p. 150; Perspectiva, p. 111.

cia da experiência? quem é o sujeito que intui essências desligadas da faticidade? A primeira questão é respondida negativamente, pois a essência, sendo essência "de alguma coisa", só pode ter certeza de seu conteúdo e de sua adequação ou verdade supondo a existência daquilo de que é essência, porém essa suposição era o que deveria ser explicado por ela em vez de ser sua justificação. Como a dúvida metódica, a *epochê* é um positivismo clandestino, ainda que deliberado. A essência é apenas um in-variante e não um ser positivo. A segunda questão também é respondida negativamente. Para que a essência não tivesse nenhum pressuposto e fosse inteiramente pura teria que realizar a variação completa da experiência e pagar um preço que não pode pagar, pois a experiência-em-essência será tudo quanto se queira menos essência da experiência. Liberada das "impurezas" da faticidade, a experiência terá perdido o que a faz ser experiência: a inerência sensível, o inacabamento ou a transcendência, em suma, a abertura. Despojando-a, pela imaginação transcendental, de todo solo e de todo apoio, sua essência será "um recuo para o fundo do nada". E não há possibilidade de conservar em pensamento sua adesão ao mundo, porque, neste caso, já não será essência. À terceira pergunta, Merleau-Ponty responde descrevendo a figura do *Kosmotheoros* como poder absoluto de ideação que sobrevoa o mundo e domina o espetáculo, fazendo do real uma variante do possível.

Com essa descrição, passamos ao segundo movimento do capítulo, uma vez que a posição de um observador absoluto é a origem da dicotomia fato-essência, ou da suposição de duas modalidades opostas de existência: a do que existe individualizado num ponto do espaço e do tempo, e a do que existe para sempre em parte alguma. Na verdade, não temos aí duas existências, mas duas positividades abstratas, as essências sendo duplicação inteligível dos fatos.

O espectador absoluto supõe uma multiplicidade plana onde coisas se distribuem como indivíduos completos e acrescenta a ela um sistema de significações sem local e sem data que corta transversalmente a ordem dos fatos. Separadas as duas ordens, somente a perspectiva euclidiana ou o espaço projetivo poderia permitir ao espectador "costurá-las" numa única intuição. E isso sempre foi impossível, ou um "mistério". Donde a questão: somos o observador absoluto *fora* do espaço e do tempo? ou estamos *no* espaço e *no* tempo? No primeiro caso, dir-se-á que o sujeito é essência; no segundo, fato. E, em ambos, reabre-se o problema que a posição de um observador tinha justamente a finalidade de resolver. A separação entre a superfície plana dos fatos e o corte transversal das essências, esse espaço geométrico da perspectiva aérea da Renascença[74], não dá passagem à experiência e à

---

74. "O quadro todo é no passado, no modo do remoto e da eternidade; tudo ganha um ar de decência e de discreção; as coisas não me interpelam e não estou comprometido por elas. E se acrescento a esse artifício da perspectiva geométrica a perspectiva aérea, como o fazem particularmente tantos quadros venezianos, sente-se a que ponto aquele que pinta a paisagem e aquele que olha o quadro são superiores ao mundo, como o dominam, como o abarcam pelo olhar. A perspectiva é muito mais do que um segredo técnico para representar uma realidade que se daria dessa maneira a todos os homens: ela é a própria realização e a invenção de um mundo dominado, possuído de ponta a ponta, num sistema instantâneo do qual o olhar espontâneo nos oferece apenas um esboço quando tenta, em vão, conservar juntas todas as coisas, cada qual existindo por inteiro. A perspectiva geométrica já não é a única maneira de ver o mundo sensível tanto quanto o retrato clássico não é a única maneira de ver o homem." Merleau-Ponty, "Le langage indirect", *in La prose du monde*, Paris: Gallimard, 1969, p. 75.

essência. É que o sujeito não é espectador: é vidente. Seu espaço não é o da geometria euclidiana, nem seu tempo o da mecânica clássica, ambos perfeitamente convenientes à metafísica do *ens realissimum*.

Deslocando-se do espectador para o vidente, Merleau-Ponty desfaz a abstração dos fatos. Não há fatos. Há o sensível vindo a si em cada coisa como textura e espessura visual, tátil, sonora, presente ao nosso corpo como uma extensão e uma duplicação dele. Também não há coisas como indivíduos espaciais e temporais, cada qual em seu lugar e data, como atores bem treinados para entrar e sair do palco, nele ocupar um ponto fixado de antemão e repetir falas ensaiadas previamente. Porque não estão num palco, as coisas não são objeto de contemplação de um espectador cujo olhar varreria totalmente o cenário, cujo pensamento alcançaria os bastidores e cujo discurso seria posse do texto original. Coisas e vidente são "um relevo do simultâneo e do sucessivo, polpa espacial e temporal onde os indivíduos se formam por diferenciação"[75]. Experimentadas por nós de seu interior e de nosso interior, as coisas não são objetos sólidos que se converteriam em puras essências, passando para o palco do espírito preparado pelo grande espectador. Com isto, se desfaz também a abstração das essências.

O visível tem prestígio absoluto sobre nós como *presente* porque a visibilidade é feita de horizontes e de latência, de invisibilidade ontológica (e não por miopia do olhar espiritual). Está perpetuamente grávido, perpetuamente partejando existências e essências brutas. O sensível é o universal; a experiência, poder ontológico último; a essência, limite máximo de afastamento no interior do

---

75. Merleau-Ponty, *Le visible et...*, *op. cit.*; Perspectiva, p. 113; Gallimard, p. 153.

sensível. Ver, falar e pensar não se realizam fora – acima ou abaixo – do Ser, mas no meio dele, e a essência, como *logos* proferido, reorganiza segundo seu próprio estilo a lógica perceptiva.

Ver não é falar, falar não é pensar, pensar não é ver nem falar, mas cada uma dessas experiências e todas juntas possuem um parentesco fundamental: não põem o Ser, apenas o desvendam.

Não sendo posição nem visão espiritual, a filosofia é interrogação da experiência. "Interrogation Philosophique et Intuition" não é título de um capítulo, e sim o nome de dois estilos filosóficos contrapostos: aquele, inaugurado pelo Grande Racionalismo, que acreditara ter aprisionado a Esfinge decifrando todos os seus enigmas, e aquele que reabre sem cessar a experiência para deixar seus enigmas renascerem. O debate com Husserl se realiza contra ele e graças a ele, deslocando paulatinamente a luz natural do olho espiritual para a diferença entre o olho e o espírito. Doravante, a filosofia abandona a luminosidade ofuscante do sujeito e das essências e penetra no lusco-fusco em que as coisas, os corpos, as palavras e as ideias vêm à luz.

***

Chama a atenção na leitura merleau-pontiana de Husserl a insistência com que volta aos mesmos temas e dificuldades: a transcendência irredutível da experiência, a sedimentação do sentido e a simultaneidade mundo-corpo-outrem-espírito[76]. Esses temas, surgindo desde as

---

76. Cf. para esses temas, respectivamente, *Phénoménologie de la perception, op. cit.*, pp. 453, 454, 465, 469, 481.

primeiras obras e passando por uma reformulação profunda nas duas últimas, especialmente no que concerne à experiência e ao papel anteriormente reservado à síntese-abertura temporal, mostram que a discussão com a fenomenologia como campo de pensamento envolve a obra de Merleau-Ponty, cava em seu interior uma distância consigo mesma que a faz existir ou, exatamente, revela a obra interrogando-se a si mesma e se fazendo como *reflexão* num sentido inteiramente novo, pois essa reflexão é concordância sem coincidência, diferença sem exterioridade, presença que é retomada e escapamento.

Ao concluir *Le philosophe et son ombre*, Merleau-Ponty dizia que as descobertas tardias de Husserl e a tranquilidade com que as expunha, demolindo muitas de suas antigas certezas, não deviam surpreender nem escandalizar os leitores, pois estavam anunciadas como problemas desde suas primeiras obras. O mesmo podemos nós dizer agora de Merleau-Ponty. Dá-se com sua obra o que ele dissera sobre a gênese do espaço pictórico:

> ainda quando é possível datar a emergência de um princípio para si, este já se encontrava anteriormente presente na cultura a título de inquietação ou de antecipação e a tomada de consciência que o põe como significação explícita apenas completa sua longa incubação num sentido operante. A cultura nunca nos dá significações absolutamente transparentes, a gênese do sentido nunca está acabada. O que chamamos nossa verdade só é contemplado por nós num contexto de símbolos que datam nosso saber.[77]

---

77. Merleau-Ponty, "Le langage indirect et...", *op. cit.*, *loc. cit.*, p. 52. Não se trata, evidentemente, de afirmar a preexistência das ideias ao pensamento do filósofo, mas de assinalar a experiência instituinte desse pensamento, pois, como escreve nas derradeiras páginas de *Les Aventures de la Dialectique*, "qualquer um que tenha publicado

Nas primeiras obras, a recusa da constituição transcendental e da explicação científica, a descrição do corpo cognoscente e da consciência perceptiva como instância última do verdadeiro levavam à linguagem e ao pensamento como prolongamentos da percepção e, portanto, dotados da mesma estrutura transcendente desta última, especialmente como campo intersubjetivo. Linguagem, reflexão e pensamento, preparando-se no campo fenomenal e aí nascendo, conservam suas marcas: não há texto original nem expressão completa, mas excesso de significações por virtude do próprio significante e do caráter alusivo de toda linguagem; a consciência não coincide consigo mesma numa inerência psicológica ou numa imanência transcendental, mas está implicada em toda vida corporal e o *Cogito*, antes de ser explícito, é tácito e a reflexão se realiza como reflexão-sobre-um-irrefletido; as ideias não são conceitos acabados constituídos e possuídos pelo pensamento ativo, mas gênese e devir de sentido, cristalizando-se provisoriamente em sedimentações que se reabrem com a reativação das significações. A distinção entre constituinte e constituído na percepção espacial e motriz, na linguagem e no pensamento, isto é, a distinção entre o operante e o adquirido resultava na des-

---

suas opiniões sobre problemas vitais é obrigado, se elas mudaram, a dizê-lo e a dizer por quê. Neste ponto, não se pode dar ao autor o direito de produzir suas ideias como a locomotiva a fumaça. É preciso que coloque no devido lugar aquilo que pensava ontem naquilo que pensa hoje. Estaria errado se procurasse em seus escritos de ontem todas as suas ideias de hoje – pois seria confessar que não viveu, que nada adquiriu entretempo –, mas por isso mesmo deve explicar a passagem. É sua razão de ser. Que ontem tenha pensado aquilo e hoje pense isto, não interessa a ninguém. Mas seu caminho, suas razões, a maneira como compreendeu o que acontecia, isto sim, deve ao leitor e pode dizê-lo sem dificuldade desde que tenha permanecido ele mesmo".

crição do sujeito como corpo cognoscente e como temporalidade e na distinção entre o transcendental e o empírico, o primeiro como essência operante e o segundo como petrificação. Essa distinção permitia explicar a origem do idealismo transcendental – a face operante da experiência conduz à ilusão da consciência constituinte – e o empirismo objetivista – a face operada da experiência leva à ilusão da exterioridade em si. Dessa maneira, o pensamento aparecia como dissimulação ou ocultamento da experiência, suscitados pela própria duplicidade da intencionalidade operante.

Porém, se tudo estava preparado nas primeiras obras, ainda que como inquietação, qual a diferença entre elas e as "últimas"? Pergunta cabível quando lemos, na "Apresentação" de *La prose du monde*, que Merleau-Ponty pretendia prosseguir seus primeiros trabalhos num outro que deles recebia o itinerário e o método e aos quais daria "fundamentos filosóficos rigorosos", pois se ocupava como uma "teoria da verdade"[78]. Esse novo trabalho se desdobraria em dois livros: *Introduction à la prose du monde* e *Origine de la vérité*. O primeiro, iniciado provavelmente em 1951, foi deixado de lado, e o segundo reaparece em 1959 em notas de trabalho do que viria a ser *Le visible et l'invisible*. A continuidade entre os trabalhos iniciais e os projetados era explicitamente estabelecida pelo filósofo e, nas primeiras notas de um trabalho que ainda recebia o título de *Origine de la vérité*, falava na necessidade de "retomar, aprofundar e retificar"[79] os primeiros livros.

---

78. Veja-se *La prose du monde*, apresentação de Claude Lefort, p. III, *op. cit.*

79. São as seguintes notas: terceira nota de janeiro de 1959, sexta nota do mesmo mês e ano, quarta nota de fevereiro de 1959, oitava nota do mesmo mês e ano, primeira nota de julho de 1959.

Ora, o leitor de *L'oeil et l'esprit* e de *Le visible et l'invisible* notará que não houve retificação, aprofundamento nem retomada, mas reviravolta das primeiras obras, uma vez que haviam levantado problemas insolúveis por terem permanecido no quadro das filosofias reflexivas, como dirá explicitamente Merleau-Ponty. Provavelmente, ao dizê-lo pensava em passagens como estas:

> As leis de nossos pensamentos e de nossas evidências são fatos, mas inseparáveis de nós, implicados em toda concepção que possamos formar do ser e do possível. Não se trata de nos limitarmos aos fenômenos, de encerrar a consciência em seus próprios estados, reservando-lhe a possibilidade de um outro ser para além do ser aparente, nem de tratar nosso pensamento como um fato entre fatos, mas *definir o ser como o que nos aparece e a consciência como fato universal*[80],

ou então:

> mas o presente (no sentido amplo, com seus horizontes de passado e de porvir originários) tem privilégio porque ele é a *zona onde o ser e a consciência coincidem*.[81]

Para uma filosofia que chegará ao sensível como universal e à experiência como poder ontológico último, que não falará em aparição, mas em iniciação ao ser, que recusará todo vestígio das atitudes e da intencionalidade, a *Phénoménologie de la perception* não pode ser simplesmente retificada. Precisa ser inteiramente questionada. A ruptura será tão grande que, se em *Signes* já não se vê com tanta frequência a *consciência* perceptiva mas a percepção, em *Le visible et l'invisible* lê-se:

---

80. Merleau-Ponty, *Phénoménologie...*, *op. cit.*, p. 455 – grifos meus.
81. *Idem, ibidem*, pp. 484-5 (grifos meus, MC).

Excluímos o termo percepção em toda extensão em que já subentende um recorte do vivido em atos descontínuos ou uma referência a "coisas" cujo estatuto não se precisou, ou somente uma oposição entre o visível e o invisível. Não que essas distinções sejam desprovidas de sentido definitivamente, mas porque, se as admitíssemos logo de entrada, cairíamos nos impasses de onde temos que sair.[82]

Também a noção do presente, descrito como horizontes de passado e futuro, longe de trazer a coincidência do ser e da consciência, terá prestígio absoluto justamente porque "nos tapa a vista". É extraordinária, nos capítulos redigidos da "última" obra, a descrição da experiência como simultaneidade vertical sem nenhuma referência à síntese temporal.

Se, numa das primeiras notas de trabalho, Merleau-Ponty observava a insuficiência do *Cogito* tácito (que poderia explicar a não impossibilidade da linguagem, sendo incapaz de dar conta de sua emergência), em uma nota posterior falará na impossibilidade dessa noção e, por fim, em sua ingenuidade, e o dirá no momento em que discute a validade da ideia de intencionalidade operante, ou seja, do *pré*-tético e do *pré*-reflexivo.

Mas é o estatuto do próprio corpo que se alterará à medida que for sendo mergulhado na fé perceptiva e, deixando de falar em "esquema corporal", Merleau-Ponty falará em transitividade, reversibilidade e irredutibilidade de cada um dos sentidos, cada qual *pars totalis* e transgressor de suas próprias fronteiras, sem que se trate de transgressão "intencional". Essa modificação acarretará a da noção de outrem. O outro não advém: está lá desde

---

82. Merleau-Ponty, *Le visible et...*, *op. cit.*, Gallimard, p. 210; Perspectiva, p. 155.

sempre. Numa nota de trabalho, Merleau-Ponty chega mesmo a escrever que o "problema eu-outro é um problema *ocidental*"[83] e que a autoconsciência como solipsismo originário é mitologia. Na base dessas alterações encontra-se a do tempo, que deixa de ser tomado como sistema de pretensões e retenções do presente vivo para ser descrito como matriz simbólica da *Offenheit* e sistema de equivalências ou simultaneidade. Consequentemente, ganha força a essência como *Wesen* ativo ou verbo. Não sendo substantivo, mas verbo, a essência é "uma maneira de ser ativa". O ser-rosa da rosa é o que na rosa "rosifica" e não o "aquilo sem o que". O ser-sociedade da sociedade é o que nela "socializa", fazendo-a não alma do grupo, representação coletiva, espírito de um povo, mas "tecido conjuntivo", ora esgarçado (como nas brumas do cotidiano), ora cerrado (como na revolução).

Na verdade, como tentaremos mostrar adiante, é a noção de experiência que se altera, carregando consigo o surgimento de uma outra filosofia.

Todavia, pensamos que há continuidade na ruptura. Não tanto em nome da *Selbstvergessenheit*, mas porque há algo que parece não abandonar Merleau-Ponty: a experiência, o sentimento, a ideia da *harmonia*[84] que das primeiras

---

83. *Idem, ibidem*, Gallimard, pp. 274 e 322; Perspectiva, pp. 204 e 241.

84. Nossa interpretação segue um rumo bastante diferente da de Claude Lefort ("Le corps, la chair", *in L'Arc*, n.º 46, ou *in Sur une Colonne Absente*, Paris: Gallimard, 1977). A seguirmos Lefort, a passagem da fenomenologia à ontologia é descoberta do ser de indivisão (a Carne) como diferenciação infinita, recuo perpétuo da origem porque o familiar se torna cada vez mais estranho, não coincidência e abertura da filosofia como interrogação sem totalização possível. É a descoberta da filosofia como "trabalho da questão" e, portanto, como abertura ao interminável, um sentimento da falta, diz Lefort, que é consentimento

às últimas obras conduz a algo que, na falta de melhor expressão, chamaremos de harmonia na diferenciação.

Insistimos em tomá-la como harmonia na *diferenciação* porque a ontologia de Merleau-Ponty não conserva laços com a metafísica da identidade nem com a dialética da negação da negação. Mas também insistimos em tomá-la como *harmonia* da diferenciação porque a ontologia merleau-pontiana trabalha, simultaneamente, com a individualização como segregação de campos na massa compacta e diáfana do sensível e com a comunicação ou o parentesco ontológicos desses campos, isto é, a Carne como "conveniência a si mesma". É a harmonia que, da primeira à última obra, conserva a percepção como *exploração concordante*, essa fé perceptiva que nos faz crer com força inabalável que a sexta face de um cubo, aquela que nunca vimos e jamais veremos, não é um olho maléfico nem um riso perverso, mas, serenamente, a sexta face de um cubo. É a harmonia que leva a compreender por que a ilusão permite a desilusão menos como passagem do "falso" ao "verdadeiro" e mais como correção da evidência. A harmonia faz da experiência retomada do passado e promessa do porvir e, em *L'algorithme et le mystère du langage*, conduz à descrição da gênese do sentido geométrico como necessidade estrutural e como contingência criativa do *Vorhaben*, ou, em *Le langage indirect et les voix du silence*, permite falar num porvir da pintura inaugurado nas paredes da caverna.

Numa nota de trabalho de *Le visible et l'invisible*, lê-se:

à divisão. A *Offenheit* é distância, afastamento contínuo, separação, deiscência. O interesse de Lefort pela divisão e pela cisão parece levá-lo a não dar maior relevo (para não dizer: nenhum interesse) ao que em nossa interpretação designamos como harmonia na diferenciação.

o quiasma, *verdade da harmonia preestabelecida*. Bem mais exato do que ela porque ela está entre fatos locais-individuados, enquanto o quiasma liga como avesso e direito conjuntos antecipadamente unificados em via de diferenciação.[85]

Evidentemente, Merleau-Ponty não pretende seguir Leibniz, pois neste caso a nova ontologia estaria perdida[86]. Não só a carne não supõe a precedência do possível sobre o real, como também não é o equivalente merleau-pontiano para o cálculo dos possíveis do melhor dos mundos, mas ainda é "pregnância dos possíveis", infinito que não é positivo nem negativo, mas simultaneidade da conveniência a si mesma e da transcendência. Sobretudo, a distância com relação a Leibniz transparece na noção da carne como quiasma, isto é, reversibilidade do direito e do avesso, cruzamento do interior e do exterior por dentro, e que não exige "um espectador que esteja dos dois lados"[87]. Aliás, o melhor signo da diferença entre Merleau-Ponty e Leibniz encontra-se numa passagem do capítulo "L'Estrelacs – le Chiasme".

Tendo descrito a experiência da reversibilidade no corpo (a visão como palpação pelo olhar, o tato como visão pelas mãos, ambos como motricidade e atividade-passividade) e a reversibilidade no mundo (o vermelho

---

85. Merleau-Ponty, *Le visible et...*, *op. cit.*, Gallimard, p. 315; Perspectiva, p. 236 – grifos meus.
86. Cf. *Le visible et...*, quinta nota de setembro de 1959, primeira nota de dezembro de 1959, quarta nota de janeiro de 1960 e primeira nota de abril de 1960. Para a crítica dos possíveis de estilo leibniziano veja-se também, em "Le langage indirect et les voix du silence", Matisse filmado em câmera lenta enquanto pintava, *in Signes, op. cit.*, pp. 57-8.
87. Merleau-Ponty, *Le visible et...*, *op. cit.*, Gallimard, p. 317; Perspectiva, p. 237.

reenvia ao mundo colorido que também é tátil e ambos reenviam ao mundo cinestésico), Merleau-Ponty indaga: "Onde colocar o limite do corpo e do mundo, já que o mundo é carne?"[88] O vidente não está no corpo como numa caixa, nem é dessa maneira que está no mundo, e este não está no corpo e no vidente como numa caixa. Estão encaixados e não numa relação de continente e conteúdo. O encaixamento é uma relação de participação, de parentesco, de "recíproca inserção e entrelaçamento um no outro". A descrição da experiência do entrelaçamento é feita por meio de "dois turbilhões", "dois círculos concêntricos" que, quando interrogados, são percebidos como levemente descentrados, análogos à relação

> entre dois espelhos postos um diante do outro, criando duas séries indefinidas de imagens encaixadas que verdadeiramente não pertencem a nenhuma das duas superfícies, já que cada uma delas é apenas a réplica da outra, constituindo ambas um par mais real do que cada uma delas.[89]

Essa passagem torna impossível não pensarmos em Leibniz: espelhos, séries, dois. Impossível não lembrar dos dois relógios. À primeira vista, poder-se-ia argumentar contra essa aproximação dizendo que para Merleau-Ponty o "par é mais real", o que seria inconcebível na monadologia, pois isso destruiria a autossuficiência da mônada. Também se poderia dizer que não há na ontologia merleau-pontiana o relojoeiro universal, o centro absoluto dos dois círculos (estão levemente descentrados, aliás), ou o espectador absoluto dos espelhos que,

---

88. *Idem, ibidem*, Gallimard, p. 182; Perspectiva, p. 134.
89. *Idem, ibidem*, Gallimard, p. 183; Perspectiva, p. 135.

geometral de todos os pontos de vista, os vê porque não se reflete neles. Ou ainda se poderia argumentar que a experiência descrita não concerne às relações entre a substância extensa e a espiritual, mas entre a massa corporal e a massa mundial, como também não se volta para relações entre mônadas (os indivíduos locais), mas para campos de visibilidade, tangibilidade, motricidade, idealidade (os conjuntos antecipadamente unificados).

Essas diferenças, porém, são secundárias ou derivadas e os argumentos erguidos a partir delas nos dariam, no máximo, a imagem de Merleau-Ponty como um leibniziano ateu e levemente tentado pelo empirismo. A diferença fundamental passa por outro lugar: a harmonia leibniziana é uma relação entre substâncias (fundada em Deus), isto é, se realiza em si no em-si. "Mas trata-se justamente de rejeitar inteiramente a ideia do em-si."[90] Essa rejeição não deixará intacta a ideia do para-si, mas deve também rejeitá-la inteiramente. Portanto, "a retomada do tema da percepção altera o alcance da ideia leibniziana de expressão"[91].

Por que a percepção altera o alcance da ideia de expressão posta por Leibniz? Em primeiro lugar, porque a percepção (e, aqui, a *Phénoménologie de la perception* também é atingida) não é relação expressiva entre esquemas corporais e esquemas espaçotemporais graças a sínteses (corporais, linguísticas, conscientes), não é preparação ou primeiro momento confuso da *apercepção*, mas trabalho de uma diferenciação inesgotável que efetua a experiência do *mesmo* sem jamais chegar ao *idêntico*. Em segundo, porque não é relação de expressão recíproca

---

90. *Idem, ibidem*, Gallimard, p. 276; Perspectiva, p. 206.
91. *Idem, ibidem*, Gallimard, p. 276; Perspectiva, p. 206.

entre perspectivas tomadas sobre o mundo, das quais o absoluto seria autor; e isso não só porque, para Leibniz, haveria um sujeito infinito no centro do mundo, mas sobretudo porque as perspectivas, em Leibniz, emanam desse sujeito central como *pensamentos*, de modo que não há, ontologicamente, percepção. Por isso a mônada não precisa de portas nem janelas. Nossa alma, escreve Merleau-Ponty, não tem janelas porque já está inteiramente aberta. Eis por que o quiasma é a "verdade da harmonia preestabelecida, bem mais exato do que ela". Em terceiro, porque a comunicação corpo-espírito e espírito--espírito não é transposição para o espírito da *Weltlichkeit* da Natureza, como em Leibniz, para quem as pequenas percepções e Deus como geometral vêm restabelecer, do lado do espírito, uma continuidade simétrica à da Natureza. Essa continuidade, escreve Merleau-Ponty, não existe na Natureza e, *a fortiori*, não pode existir na dimensão do espírito. O visível está prenhe de invisibilidade; é poroso e lacunar. O invisível é pregnante de visibilidade, sendo transcendente e aberto. Não há *continuum* na Natureza e não será possível seu *re*-estabelecimento na dimensão do espírito, graças às pequenas percepções e ao pensamento de Deus. A continuidade teria que ser fabricada por eles nas duas dimensões. Dessa maneira, compreendemos por que, em Leibniz, os possíveis lógicos têm função ontológica (estão encarregados de produzir a continuidade do descontínuo) e por que a harmonia desfaz incompossíveis, transformando-os em discordâncias contingentes anuladas pelo pensamento. Possíveis lógicos e harmonia analítica permitem estabelecer o *mesmo* mundo porque este foi convertido numa unidade *ideal*, chegando à *identidade* que substitui a "confusão" sensível ou perceptiva por um conjunto de consciências paralelas, cada qual cumprindo sua lei, regulando-se pelo mesmo compasso, posto pelo relojoeiro universal enquanto pensamento universal imanente a todas elas. Nessa harmonia, por princípio, não há lugar para a experiência.

A harmonia na diferenciação, sendo exercício da concordância ou da conveniência da Carne a si mesma, passa pela noção de mesmo, porém anula o conceito do idêntico como fundo-em-si da expressão.

Merleau-Ponty afirma que a visibilidade e a tangibilidade só podem ser experiências transitivas ou reversíveis se se efetuarem no *mesmo* corpo; que o vidente-visível, o tangente-tangível, o movente-móvel, o ouvinte-audível só podem efetuar a experiência da reflexão (ver-se, tocar-se, mover-se, ouvir-se) se essa reversibilidade for experiência de um *mesmo* corpo; que todas essas experiências transitivas e reversíveis só podem realizar-se se forem experiências no e do *mesmo* mundo (o vidente precisa ser um "deles", isto é, visível; o tangente, o movente ou o ouvinte também precisam ser da mesma família sensível); que a relação com outrem na irradiação ou propagação da reversibilidade de nossos corpos como ser intercorporal só pode ocorrer se for experiência de sinergia no *mesmo* mundo; que as palavras e as ideias sensíveis, a expressão e a coesão sem conceito só podem realizar-se se possuírem a *mesma* carne que o sensível, ainda que emigrando para corpos mais sutis e preparando a "sublimação da Carne" no *intuitus mentis*, liberado e atado à *mesma* Carne onde nasce e vive o corpo. Parentesco, participação, aderência, envolvimento, antecipação, retomada e comunicação por dentro sustentam a harmonia do visível e do invisível. Porém, a cada passo, Merleau-Ponty retoma a *mesma* interrogação: o que é o *mesmo*?

Numa nota de trabalho escreve:

O que trago de novo ao problema do mesmo e do outro? Isto: que o mesmo seja o outro do outro e a identidade seja diferença de diferença. Isso, 1) não realiza a superação dialética no sentido hegeliano, 2) realiza-se no mesmo lugar por imbricação, espessura, *espacialidade*.[92]

O mesmo não é identidade nem diferença, mas comunidade ou o que alcançamos na experiência da diferenciação. Ver não é tocar, mas o tato nos ensina o que é a visão e as coisas visíveis estão prometidas à tangibilidade. Falar não é ver, mas os olhos nos ensinam o que é a palavra, essa maneira de tocar de longe nas significações. Pensar não é falar nem ver, mas sem a palavra e sem a visão não compreenderíamos o laço originário da filosofia com *o logos* e o *intuitus mentis*. O mesmo é generalidade diferenciada. É o que sustenta a concordância visível dos corpos e das coisas, e também a racionalidade invisível, isto é, a concordância entre os espíritos, que chegam às mesmas verdades por caminhos diferentes.

O que é diferenciação?

Claudel dizia que há um certo azul do mar tão azul que somente o sangue é mais vermelho. Valéry falava no secreto negrume do leite que só é dado por sua brancura. Proust falava numa "pequena frase" musical feita de "doçura retrátil e friorenta". Merleau-Ponty fala num olho que apalpa cores e superfícies, num pensar que tateia ideias para encontrar uma direção de pensamento, numa ideia sensível que nos possui mais do que a possuímos, como o pintor que se sente visto pelas coisas enquanto as vê para pintá-las.

Diferenciação é, simultaneamente, individuação por segregação e enigma que nos faz alcançar alguma coisa

---

92. *Idem, ibidem*, Gallimard, p. 317; Perspectiva, p. 237.

através de outra – olhos palpadores, mãos videntes, sonoridade feita de movimentos vibratórios que sobem do fundo da goela, ideias concentrando paixões, paixões feitas palavras. Diferenciação é, sobretudo, transcendência e distância a si, reflexão iminente e eminente que jamais termina em coincidência: a mão direita que toca a mão esquerda e é por ela tocada jamais se fundirá em mão única e haverá sempre duas mãos; a vibração que ouvimos por dentro não transformará a garganta em ouvido; a palavra de outrem que ensina o sentido das minhas se manterá para sempre como palavra dele; a consciência, figura-sobre-fundo do qual se destaca sem poder separar-se dele sob pena de deixar de ser consciência, é apenas o centro virtual para onde rumamos sem jamais atingi-lo. Diferenciação é o que faz o esquecimento não ser ocultamento nem aniquilamento, mas perda do relevo ou do contorno do que, uma vez, se segregara na massa carnal e porosa do tempo; é desdiferenciação. Diferenciação era o que prometia tornar, enfim, compreensível a reversibilidade do entrar em si e do sair de si, um entrecruzamento sem superposição e sem identidade que se chama, precisamente, o espírito.

Diferenciação é o mesmo passando pelos poros do outro para ser ele mesmo como pura diferença consigo e com o outro, como a palavra, que precisa ser vibração da garganta, movimento da boca e audição do som para nos dar o sentido. E cada vibração, cada movimento e cada som é apenas diferença entre vibrações, movimentos e sons. Mas diferenciação é também parentesco misterioso a fazer com que cada visível seja talhado no tangível e todo ser tátil esteja prometido à visibilidade, de sorte que haja concordância não só entre o vidente e o visível, o tangente e o tangível, mas ainda entre o tangível e o visível.

O olhar esposa as coisas visíveis, como se estivesse com elas *numa relação de harmonia preestabelecida,* como se as soubesse antes de sabê-las (...), e, entretanto, suas vistas não são quaisquer, não olha o caos, mas coisas, de sorte que não se pode dizer, enfim, se é ele ou se são elas que comandam (...). Que é essa arte de interrogá-las segundo o desejo delas, *essa exegese inspirada?*[93]

Porque há harmonia na diferenciação, a Carne é "coesão sem princípio, *mais forte do que qualquer discordância momentânea*"[94]. Cada visão e cada visível, cada palavra e cada fala que fracassam apelam para uma visão, um visível, uma palavra, uma fala mais exatos e verdadeiros, como se houvesse horror ao vazio, fazendo riscar o erro sem apagá-lo. A Carne é *pacto* de nosso corpo com o mundo e *pacto* entre as coisas, entre as palavras e as ideias, "textura que regressa a si e convém a si mesma"[95]. Harmonia. O quiasma, trabalhando a Carne por dentro,

---

93. *Idem, ibidem,* Gallimard, p. 175; Perspectiva, p. 130.

94. *Idem, ibidem,* Gallimard, p. 192; Perspectiva, p. 142 (grifos meus, MC). No momento em que interroga a experiência da intercorporeidade, Merleau-Ponty mostra que o sensível de outrem não é um mistério absoluto desde que se considere a *"operação concordante* de seu corpo com o meu".

95. Essa concepção da Carne é o que permite a descrição da experiência da desilusão como des-ilusão, isto é, "como perda de uma evidência porque é aquisição de outra evidência (...) cada percepção, mesmo falsa, verifica a pertencença ao mesmo mundo, seu poder igual de manifestá-lo a título de possibilidades do mesmo mundo (...) não são hipóteses sucessivas concernentes a um Ser não conhecível, mas perspectivas sobre o mesmo Ser familiar (...) considerá-las não como todas falsas, mas como 'todas verdadeiras', não como malogros repetidos na determinação do mundo, mas como aproximações progressivas". *Le visible et...*, *op. cit.*, Gallimard, p. 63; Perspectiva, pp. 48-9. Estamos longe de Leibniz novamente.

enlaça, cruza, segrega e agrega, reflexiona sem coincidir. Diferenciação.

O "Prefácio" de *Signes* encaminha a filosofia ao encontro de seu ponto mais alto, o reencontro dos truísmos: o pensar pensa, o olhar olha, o falar fala. Porém, logo Merleau-Ponty acrescenta: "entre esses vocábulos idênticos há, cada vez, a distância que transpomos para pensar, olhar e falar"[96]. O intervalo diferenciador é diferenciação operada por uma experiência que busca vencer a separação sem jamais conseguir repousar no feito. É signo de alerta para a ilusão da coincidência e da sedução que ela exerce. Mas é também o que nos faz ver, falar e pensar, antecipa a palavra na visão, a ideia na palavra e prepara o retorno delas ao visível num mesmo movimento que as lançou para o invisível. Essa distância feita de parentesco é o mistério do mundo.

Experiência ou iniciação ao mistério do mundo

> Interrogamos nossa experiência precisamente para saber como nos abre para o que não é nós (...), no cruzamento das avenidas.
> *Le visible et l'invisible*

"Desnudar todas as raízes. Mundo vertical."[97]

Verticalidade não é metáfora. É o que desconstrói o perspectivismo projetivo do espaço euclidiano e da pintura renascentista, isto é, o espaço horizontal da representação contemplado em sobrevoo pelo sujeito do co-

---

96. Merleau-Ponty, *Signes, op. cit.*, "Prefácio", p. 22.
97. Merleau-Ponty, *Le visible et...*, *op. cit.*, Gallimard, p. 222; Perspectiva, p. 166.

nhecimento; é também o que afasta a ideia da presença como identidade (do em-si) e coincidência (do para-si), e anula a dialética da negação da negação, ou, como lemos numa nota de trabalho de *Le visible et l'invisible,* a dialética da tese-antítese-síntese.

Verticalidade é o Ser Bruto plantado diante de nós, exposto em suas raízes na simultaneidade de suas dimensões – o sensível como famílias de estilos ou mundos de cada um dos sentidos, cada um dos quais irredutível aos outros e simultaneamente em comunicação com os outros pela equivalência das qualidades; a linguagem, invisível que não é negação do visível, mas seu avesso, experiência expressiva que não nasce contra o silêncio, mas se prepara nele com o trabalho paciente do desejo que pede expressão; as ideias sensíveis, "coesão sem conceito" ou estilo; e, enfim, as idealidades puras, afastamentos definidos ou delimitações abertas, que retomam o corpo glorioso das palavras num outro corpo, mais leve e transparente. Dimensão não é região nem esfera, não é multiplicidade do diverso cada qual com sua identidade positiva e à espera da síntese como atividade da consciência, mas é a pluralidade simultânea dos modos de ser que são puras diferenças de ser, que passam uns nos outros, comunicam-se e se entrecruzam. Cada dimensão é *pars totalis,* uma configuração que, em sua diferença, exprime o todo.

Verticalidade é, pois, mundo que não se oferece à plena contemplação, mas se mostra obliquamente, como na fenda que o cirurgião abre no corpo, deixando ver os órgãos em funcionamento, porém de lado. É o profundo – no sentido em que, na visão, a profundidade é o que nos permite ver – e, ao mesmo tempo, o que possui prestígio total sobre nós, a ponto de nos "tapar a vista". Cada presente ou cada presença é *totum simul* (como no ato da fala, em que se faz presente a totalidade simultânea da língua) e, ao mesmo tempo, é latência de todas as dimensões que não estão imediatamente presentes (como no ato da fala, no qual não só a totalidade da língua é uma presença em latência, mas também são latentes a percepção e o pensamento), e sem as quais não poderíamos ver, falar ou pensar porque sem essa profundidade nossa visão, nossas palavras e nossas ideias careceriam de sentido. A verticalidade, universalidade oblíqua, é o que está diante de nós, mas também atrás de nós (como o passado, as coisas às nossas costas, nossa nuca e o fundo de nossa retina), e entre nós e nós mesmos, nós e as coisas, nós e os outros, nossas palavras e nossas ideias, mas também entre as coisas, entre as palavras, entre as ideias (como o intervalo entre as árvores, que nos permite vê-las, e o silêncio entre as palavras, que nos permite entendê-las). Era o que dava a Merleau-Ponty a esperança de uma racionalidade alargada na qual o mundo dos "primitivos" e o dos "civilizados" pudessem vir a se encontrar lateralmente, complementares e simultâneos, comunicantes e jamais sucessivos ou hierarquizados.

Porém, verticalidade ainda diz que nós e o mundo estamos de pé e abraçados. É laço que nos enlaça, enlaçando nossa motricidade à mobilidade das coisas e à nossa visibilidade, enlaçando nossa visibilidade às nossas palavras e estas às ideias, num trânsito e numa transição intermináveis, numa invasão de domínio que é troca interminável e que só é possível porque somos todos, nós, as coisas, os outros, a palavra e o pensamento, dimensões de um mesmo Ser que não aguarda sínteses para reunir-se a si e diferenciar-se. Participamos de uma comunidade originária de onde nascemos por segregação, e tudo assim nasce, por diferenciação. Essa promiscuidade das origens, elemento e matriz, é a Carne do mundo vertical.

"Qual é esse talismã da cor?", indaga Merleau-Ponty. Um vermelho é concreção de visibilidade e não átomo colorido; quando é roupa vermelha, pontua o campo das coisas vermelhas: o telhado das casas, a bandeira da Revolução, o manto dos bispos e cardeais, os vestidos das mulheres, um fóssil arrancado de mundos imaginários (o cafezal às vésperas da colheita, os vestígios da polícia pelas ruas onde houve uma passeata...). Cada vermelho é um mundo e há o mundo do vermelho entre as cores. Cada vermelho faz

> ressoar a distância diversas regiões do mundo colorido ou visível, certa diferenciação, uma modulação efêmera desse mundo, sendo, portanto, menos cor ou coisa do que diferença entre as coisas e as cores, cristalização momentânea do ser colorido ou da visibilidade.[98]

Verticalidade é o que permite uma ontologia do ser de indivisão e de diferenciação sem compromisso com a dialética, pois qualidade, quantidade, percepção e ideia não são contrários, nem opostos, nem momentos de passagem negadora, mas "núcleos de sentido", "outras dimensões" que se interpenetram, passando cada qual pelos poros das outras. Numa das notas de trabalho dedicadas ao invisível, Merleau-Ponty insiste em que este não deve ser tomado como o não visível enquanto negativo-positivo do visível e o oferece "contra a doutrina da

---

98. Merleau-Ponty, *Le visible et...*, *op. cit.*, Gallimard, p. 174; Perspectiva, p. 129.

contradição, da negação absoluta, do ou... ou então"[99]. Embora polissêmico, o invisível não deve ser encarado como uma categoria lógica que reuniria ou sintetizaria seus vários sentidos, pois o "visível, não sendo um positivo objetivo, o invisível não pode ser um negativo lógico"[100]. É "negativo-referência", ou "o avesso".

O que é o invisível?

É dimensão da visibilidade, pois "o visível está prenhe de invisibilidade". É a impercepção da percepção – o que nos faz ver mais do que vemos (como o odor e o paladar de um visível, o som, a lembrança despertada por uma coisa, o fantasma em que, à noite, se torna uma árvore ressequida), ou também o que não vemos ao ver (o intervalo entre as árvores, o fundo de nossa retina, o pensamento de outrem cujo comportamento vemos). Não é o que, sendo um visível meu, será o invisível de outrem e vice-versa, à maneira sartriana, mas é imbricação de nossos visíveis que, sem serem sobreponíveis, nos abrem ao mesmo mundo. É ainda o "ponto cego" da consciência, o que ela não pode ver sem deixar de ser consciência, ou seja, sua inerência ao corpo e ao mundo (o que a faz estrábica e a deixa sempre mistificada). O invisível não é uma ausência objetiva, ou uma presença alhures num "alhures-em-si". É uma ausência que conta no mundo, uma lacuna que não é vazio, mas ponto de passagem. É poro. É o oco. A cavidade da abóbada. É visibilidade emi-

---

99. *Idem, ibidem*, Gallimard, p. 278; Perspectiva, p. 207. E ainda: "O espírito não está em nenhum lugar objetivo e, no entanto, se investe num lugar ao qual chega pelas cercanias que circunscreve, como minha localidade para mim é o ponto que me mostram todas as linhas de fuga de minha paisagem e que, ele próprio, é invisível." *Idem, ibidem*, Gallimard, p. 275; Perspectiva, p. 205.

100. *Idem, ibidem*, Gallimard, p. 311; Perspectiva, p. 232.

nente – pois todos os *visibilia* estão centrados sobre um núcleo de ausência – e visibilidade iminente – o que não é atualmente visível, mas está na iminência de vir a sê-lo, como a criança que vai nascer, o quadro que se esboça, a palavra na ponta da língua. O invisível no e do visível faz com que

> minha Carne e a do mundo comportem zonas claras, focos de luz em torno dos quais giram zonas opacas; a visibilidade primeira, a dos *quale* e das coisas, não subsiste sem uma visibilidade segunda, a das linhas de força e das dimensões, a Carne maciça não subsiste sem a Carne sutil, o corpo momentâneo sem o corpo glorioso.[101]

Como poro, oco, hiato e ponto de passagem, o invisível sustém a concordância entre as coisas, entre os sentidos, entre estes e aquelas, entre eles e as palavras e entre estas e as ideias, sem que concordar seja coincidir ou fundir-se, confundir-se.

Além de dimensão do visível, ou de invisível *do* visível, o invisível é também diferença dos mundos com relação ao mundo visual propriamente dito, isto é, o que só existe cinestesicamente, tatilmente, sonoramente, assim como os *lekta* e o pensamento. É o foco virtual do visível, inscrito nele, transbordando nele sem poder ser visto porque é passagem ao que não é visual (como os movimentos, os sons, os odores e paladares, as palavras e as ideias). O invisível banha o sensível (reunindo os mundos dos sentidos) e o promete, sem ruptura, à expressão e ao inteligível.

Visível *e* Invisível não são momentos da vida espiritual, passando um no outro e se transmutando por mo-

---

101. *Idem, ibidem*, Gallimard, p. 195; Perspectiva, p. 143.

vimento da negação determinada. São os dois lados do Ser, direito e avesso irredutíveis porque "no mundo vertical todo ser tem essa estrutura"[102].

Coextensivo ao visível, o invisível não é uma outra ordem de realidade, mas o forro que atapeta o visível[102a].

> É o negativo que torna possível o mundo vertical, a união dos incompossíveis, o Ser de transcendência, o espaço topológico, o tempo de juntura e da membrura, da disjunção e do desmembramento, o possível pretendente à existência, a relação macho-fêmea (como os dois pedaços de madeira que a criança vê se ajustarem por si mesmos irresistivelmente porque cada um é o possível do outro), o "afastamento" e a totalidade por cima dos afastamentos, *a relação pensado-impensado*, a relação de *Kopulation* em que duas intenções têm uma só *Erfüllung*.[103]

Por fim, é também o imaginário, não como ficção, mas como o "oculto". E uma nota de trabalho indica que Merleau-Ponty pretendia avançar na dimensão imaginária descrevendo "a vida invisível, a comunidade invisível, a cultura invisível"[104].

A descoberta do mundo vertical é uma experiência de pensamento ou uma lenta maturação da noção de *gestalt*, que Merleau-Ponty retomou em inúmeras de suas notas de trabalho, num debate semelhante ao que travara com Husserl, visando, agora, aos psicólogos. Afastando toda a quinquilharia positivista que sobrecarregava a *ges-*

---

102. *Idem, ibidem*, Gallimard, p. 195; Perspectiva, p. 143.
102a. *Idem, ibidem*, Gallimard, p. 278; Perspectiva, p. 207.
103. *Idem, ibidem*, Gallimard, p. 281; Perspectiva, p. 209 (grifos meus, MC).
104. *Idem, ibidem*, Gallimard, p. 282; Perspectiva, p. 210.

talt (constância, medida, paralelismo entre funcional e descritivo, típico, alternativa exclusiva entre ser "efeito" de campo ou "atividade" sensório-motriz, entre inatismo e recognição de conceito), Merleau-Ponty a afasta das ideias de explicação (uma *gestalt* está fora do quadro do conceito, da idealidade e do conhecimento) e de aparição (uma *gestalt* não é feito da consciência, nem efeito da causalidade empírica, nem realização de um possível lógico). Com isso, a forma solapa as filosofias do sujeito e do objeto e, explorando a relação figura-fundo, constitutiva de toda forma, Merleau-Ponty descreve a consciência como figura-sobre-um-fundo.

Interessa-lhe, antes de mais nada, desembaraçar a *gestalt* da definição externa que a psicologia lhe dera – o todo não é soma das partes –, buscando sua definição interna – princípio de distribuição ou pivô de um sistema de equivalências. Afasta o prestígio que os psicólogos davam à "boa" forma (isto é, aquela que seria determinada pela física e pela matemática), considerando-a derivada ou caso eminente da essência ativa ou verbal. Interessa-lhe menos a *gestalt* e muito mais a *Gestaltung*. Por isso mesmo, o que o atrai é a noção de pregnância (*pregnans futuri*), a latência da forma ou, como escreve, o germinar ou eclodir, a fecundidade perene, pois ela lhe permite descrever as existências brutas e as essências brutas como gravidez e parto perpétuos, "ventres e nós de uma mesma vibração ontológica". Pregnante ou grávida, a forma é um campo de transcendência, ou seja, uma configuração autorregulada mas aberta, um "lago de não ser", pois a pregnância, impedindo a positivização e a psicologização da forma, faz com que esta seja o "fundo falso do vivido". Autorregulação intrínseca e autoirradiação aberta, a forma pregnante é o equivalente da *causa sui* num mundo dessubstancializado por ela. Como princípio e sistema de equivalências, desvenda totalidades que são pura diferenciação interna ou sistemas diacríticos, opositivos e relativos cuja experiência não é um ato de espírito no momento do *insight*, mas acontecimento num corpo percipiente.

Contribui para desvendar a ontologia do Ser bruto porque, "nascendo do polimorfismo, nos coloca em contacto com o *há* puro". Mas não só isso. Por ser sistema de equivalências, estabelece pontes entre o visível e a linguagem, ou a equivalência entre o *logos endiathetos* (o sentido silencioso que se realiza em cada um dos sentidos na constelação dos outros equivalentes que participam do mesmo mundo) e o *logos prophorikos* (o sentido proferido nas palavras e nas ideias), de sorte que visibilidade, linguagem e pensamento formam, cada qual, sua família, ao mesmo tempo que se unem por laços de parentesco porque são todos *gestalten*. Enfim, numa *gestalt*, imanência e transcendência são reversíveis e nos enraízam numa visão original (aquilo que se vê em nós quando vemos) e numa palavra original (aquilo que se diz em nós quando falamos). Nela, o sair de si e o entrar em si são simultâneos e intercambiáveis sem se identificarem. Por isso ela "tem a chave para o problema do espírito".

Acompanhando os apontamentos sobre a *gestalt*, pode-se perceber que a invasão de uma forma por outra desperta grande interesse em Merleau-Ponty. A maneira como se detém longamente no exame da invasão da forma motriz pela visual, e vice-versa, e de ambas pelas formas faladas que, por seu turno, invadem as ideias e são por elas invadidas, sugere que aí encontra a versão, noutro idioma, da transgressão husserliana (que fora fundamental para a descrição fenomenológica da linguagem como campo intersubjetivo), porém com a vantagem de ser transgressão *sem* intencionalidade. As *gestalten* efetuam a *metabasis eis allo genos* sem carecer de sujeitos que a façam. Cremos que a descoberta de uma transgressão não intencional e o afastamento tanto da definição externa (que permanecera em *La structure du comportement*) quanto do prestígio psicológico e geométrico da "boa" forma levam Merleau-Ponty a empregar cada vez menos o termo "estrutura" até substituí-lo definitivamente pelo de *dimensão*. Ou seja, a noção de estrutura ainda carrega consigo a ideia de fechamento ou completude, de determinação quase completa, enquanto a de dimensão ruma para a abertura, o inacabamento, a indeterminação e a transcendência na imanência do Ser.

Por isso mesmo, os apontamentos sobre a forma, quando relacionados com aqueles dedicados à dimensionalidade, permitem acompanhar a lenta elaboração da noção de *mundo* como totalidade de horizontes sem síntese.

Um mundo, lê-se numa das notas, é esse conjunto em que cada "parte", quando tomada em si mesma, é inteiramente incomunicável para as outras e, ao mesmo tempo, abre-se para todas as outras ou possui dimensões ilimitadas, torna-se "parte total". Dimensão significa, pois, individuação, diferenciação e comunicação interna com outro. Ser dimensão e ter dimensão é ser emblema de um todo, pois "cada parte *arrancada* do todo vem com suas raízes, coincide lentamente com ele, transgride as fronteiras das outras"[105]. O visível e o tangível se cruzam sem se identificar, seus mapas são completos e não se confundem, porém invadem-se reciprocamente, mas essa invasão se realiza sem se converterem um no outro e sem superposição. Por isso, a Carne é emblema de emblemas ou emblema originário. Mapa dos mapas.

---

105. *Idem, ibidem*, Gallimard, p. 271; Perspectiva, p. 202.

Mundo, diz outra nota, é um conjunto organizado e fechado, mas estranhamente representativo do todo, possuindo simultaneamente seus símbolos próprios e os equivalentes para todos os outros que não são ele.

> A ideia musical, a ideia literária, a dialética do amor, e também as articulações da luz, os modos de exibição do som e do tocar nos falam, têm sua lógica, sua coerência, seus recortes e concordâncias e, aqui também, as aparências são disfarces de "forças" e de "leis" desconhecidas (...). Aqui não há visão sem anteparo: as ideias de que falamos não seriam mais bem conhecidas se não tivéssemos corpo e sensibilidade, pois então nos seriam inacessíveis (...) retiram sua autoridade, sua potência fascinante, indestrutível, precisamente por estarem em transparência atrás do sensível ou em seu coração.[105a]

Um mundo, prossegue a nota, tem dimensões que não são as únicas possíveis, mas que têm valor de membrura. Por isso há uma *lógica* perceptiva, sistema de equivalências, e não um amontoado de indivíduos espaçotemporais achatados numa superfície plana. Um mundo, conclui a nota, não é produto de nossa constituição psicofísica nem de nossa aparelhagem categorial, mas antecipação-levantamento *sobre* um mundo cuja membrura será explicitada por nossas categorias. Adivinha-se aqui a afirmação de que a Carne não conduz a uma antropologia filosófica, pois não é projeção humana de tudo quanto não esteja sob máscara humana, e mundo não é *Weltanschauung*, não é ponto de vista, mas onde há visibilidade; não é espaço sociocultural contingente e relativo, mas ne-

---

105a. *Idem, ibidem*, Gallimard, p. 31; Perspectiva, p. 28.

cessidade interna cujas linhas de força constituem o campo ou a *lógica* cultural.

Porque não são objetos de definição, mas lógica perspectiva e cultural, e porque não são representações, mas experiências diferenciadas, concordantes e reversíveis, o *logos* estético e o *logos* histórico não são *res* ou *realidade*, isto é, aquilo que se determina por encadeamentos de fatos ou por ordenação de conceitos adequados ao em-si ou formadores de unidade ideal, quando o em-si for inacessível; são o tecido cerrado e poroso, ora errante ora concentrado, do que se chama *mundo*:

> é o mesmo mundo que contém nossos corpos e nossos espíritos, desde que se entenda por mundo não apenas a soma das coisas que caem ou poderiam cair sob nossos olhos, mas também o lugar de sua compossibilidade, o estilo invariável que observam, que unifica nossas perspectivas, permite a transição de uma para outra e nos dá o sentimento – quer se trate de descrever um pormenor da paisagem quer de pôr-nos de acordo sobre uma verdade invisível – de sermos duas testemunhas capazes de sobrevoar o mesmo objeto verdadeiro ou, ao menos, de mudar nossa situação com relação a ele, assim como podemos, no mundo visível, em sentido estrito, trocar nossos pontos de permanência.[106]

Numa outra nota de trabalho, lemos: "substituir as noções de conceito, ideia, espírito, representação pelas noções de dimensão, articulação, nível, charneira, pivô, configurações"[106a]. Essa observação conduz a outras sobre o pensamento, o conceito, e a passagem de uma dimensão

---

106. *Idem, ibidem*, Gallimard, p. 29; Perspectiva, p. 24.
106a. *Idem, ibidem*, Gallimard, p. 277; Perspectiva, p. 206.

a outra. Pensamentos não são enunciados nem proposições ou juízos, mas afastamentos determinados no interior do Ser. É preciso, escreve Merleau-Ponty, nos habituarmos a compreender que "o pensamento (*cogitatio*) não é contato invisível de si consigo, vive fora dessa intimidade consigo, *perante* nós, não em nós, sempre excêntrico"[107]. O conceito não é representação completamente determinada nem síntese acabada, mas "generalidade de horizonte"[108]; e a ideia, "eixo de equivalências"[109] ou o singular dimensionalizado. A consciência não é série de "eu penso que" individuais, mas

> abertura para configurações ou constelações gerais, raios de passado, raios de mundo no término dos quais, através de inúmeras lembranças-anteparos salpicadas de lacunas e de imaginário, palpitam algumas estruturas quase sensíveis, algumas recordações individuais.[110]

Tênue, diáfana, salpicada de lacunas, a consciência perde, enfim, a solidez compacta, a plenitude que a metafísica lhe dera. Não ilha solitária, mas cristal irisado, arrastado numa onda do Ser. Menos, talvez, do que um cristal. Espuma flutuante.

Passar de uma dimensão a outra é invasão de uma dimensão por outra, penetração nos poros. Passar a uma dimensão "superior", como do visível à palavra e desta à ideia, é "*Urstiftung* de um sentido reorganizado"[111]. Essa antefundação é antecipação: cada dimensão antecipa aque-

---

107. *Idem, ibidem*, Gallimard, p. 286; Perspectiva, p. 214.
108. *Idem, ibidem*, Gallimard, p. 291; Perspectiva, p. 216.
109. *Idem, ibidem*, Gallimard, p. 294; Perspectiva, p. 219.
110. *Idem, ibidem*, Gallimard, p. 293; Perspectiva, p. 218.
111. *Idem, ibidem*, Gallimard, p. 277; Perspectiva, p. 206.

la que irá retomá-la e reorganizá-la porque são secretamente aparentadas, como os olhos, que em latim se dizem *lumina* e que só podem ver por seu parentesco misterioso com a luz.

***

Há mistério e "mistérios". Em *L'algorithme et le mystère du langage*, distinguindo entre o fantasma de uma linguagem pura, língua fabulosa ou característica universal, que permitiria designar de modo evidente um número indefinido de pensamentos ou de coisas com um número definido de signos e suas combinações, em suma, distinguindo entre a mitologia do verbo divino depositado no finito e a efetividade da palavra operante, Merleau-Ponty contrapõe à transparência da linguagem pura o mistério da linguagem:

> O mistério é que, no exato momento em que a linguagem está obcecada consigo mesma, é-lhe dado, como que por excesso, abrir-nos para uma significação. Num instante, esse fluxo de palavras se anula como ruído, nos lança em cheio no que queremos dizer e, se respondemos, é ainda por palavras, é sem o querer: não pensamos nos vocábulos que dizemos e nos dizem mais do que na mão que apertamos. Esta não é um pacote de ossos e de carne, mas a própria presença de outrem. Há, pois, um singular significado da linguagem, tanto mais evidente quanto mais a ela nos entregamos, tanto menos equívoco quanto menos pensamos nele, rebelde a toda captura direta, mas dócil à encantação da linguagem, sempre ali quando nos dirigimos a ela para evocá-lo, mas sempre um pouco mais distante do que o ponto onde acreditamos agarrá-lo.[112]

---

112. Merleau-Ponty, "L'algorithme et...", *loc. cit.*, *op. cit.*, p. 162.

A linguagem é mistério porque, sendo som e sinal, no entanto, presentifica significações, transgride a materialidade dos vocábulos e se acasala com o invisível. Mágica, traz o sentido pelo poder encantatório do som. Ou, como diz *Le langage indirect et les voix du silence*,

> a linguagem é, por si mesma, oblíqua e autônoma e se lhe acontece significar diretamente um pensamento ou uma coisa, isso é um poder segundo, derivado de sua vida interior. Como o tecelão, o escritor trabalha pelo avesso: só tem a ver com a linguagem e é assim que, repentinamente, se encontra cercado de sentido.[113]

No entanto, logo após reconhecer esse mistério, Merleau-Ponty indaga se isso nos forçaria ao silêncio, a linguagem ocupando um lugar semelhante ao ponto do olho que nos faz ver e não pode ser visto. Não é o caso. Diferentemente da visão, o mistério da linguagem tem a peculiaridade de nos fazer falar *dela*, pois, uma vez cometido o pecado mortal de sabermos que a linguagem existe, não podemos regressar à inocência de *sermos* simplesmente linguagem, como não é possível regressar ao momento anterior àquele em que o mundo se abriu à visibilidade quando foi pintado nas paredes das cavernas. Se a linguagem é misteriosa porque pela virtude de seu corpo nos dá um incorpóreo, esse mistério não é apenas seu, mas do mundo sensível no seu todo. À encantação da palavra responde em eco o talismã da cor. Isso significa que não só a linguagem, mas também a visão é misteriosa. Parece realizar-se simultaneamente ali, na coisa vista, e aqui, no olho que olha. Na dimensão da percepção

---

113. Merleau-Ponty, "Le langage indirect et...", *in Signes, op. cit.*, p. 56.

tudo parece depender simultaneamente do percebido e do corpo percipiente, o mistério se ampliando com o advento de um "sensível exemplar", nosso corpo, que, além de apalpar as coisas pelo olhar e de vê-las com as mãos, ainda se vê vendo e se toca tocando, sendo sensível para si numa reflexão que duplica, separa, divide, possui e perde, concorda sem confundir, numa identidade sem superposição, numa diferença sem contradição. Há ramificação do corpo e ramificação do mundo, correspondência entre seu dentro e nosso fora, entre nosso dentro e seu fora, a experiência sendo um estar fora de si sem sair de si, pois, para realizá-la, nosso corpo precisa ser uma coisa entre as coisas.

O sensível e a linguagem são misteriosos porque sua ubiquidade e sua maneira de existir através do que não são criam, ao mesmo tempo, o sentimento de sua naturalidade e o pressentimento de sua estranheza:

> As coisas não seriam para nós irrecusáveis, presentes em carne e osso se não fossem inesgotáveis, jamais inteiramente dadas; não teriam o ar de eternidade que nelas encontramos se não se oferecessem a uma inspeção que tempo algum pode terminar. Da mesma maneira, a expressão nunca é absolutamente expressão, o exprimido nunca é totalmente exprimido (...) é essencial à linguagem não ser jamais possuída, mas somente transparente através da lógica embaralhada de um sistema de expressão que traga os vestígios de um outro passado e os germes de um outro porvir.[113a]

Todavia, insiste Merleau-Ponty, não se trata de renunciar à visão, ao tato e ao movimento, nem de renunciar à linguagem retornando à sua prática imediata, re-

---

113a. Merleau-Ponty, "L'algorithme et...", *loc. cit.*, *op. cit.*, p. 165.

nunciando à filosofia. Se assim procedêssemos, o "mistério pereceria no costumeiro". O mistério não é, pois, o que precisaríamos suprimir, mas o que precisamos decifrar. Não pede explicação. Convida à iniciação.

Em contrapartida, o "mistério" é o que advém quando tentamos suprimir o misterioso numa explicação que o faz recair no costumeiro. Esse acontecimento explicativo, porém, não é misterioso: é o nascimento da filosofia e da ciência modernas como tentativas para explicar os enigmas da fé perceptiva.

> A fé perceptiva envolve tudo o que se oferece ao homem natural no original de uma experiência-matriz, com o vigor daquilo que é inaugural e presente pessoalmente, segundo uma visão que para ele é última e não poderia ser concebida como mais perfeita ou mais próxima, quer se trate das coisas percebidas no sentido ordinário da palavra ou de sua iniciação ao passado, ao imaginário, à linguagem, à verdade predicativa da ciência, às obras de arte, aos outros ou à história.[114]

Experiência mágica da percepção, da expressão, do pensamento, da intersubjetividade, do imaginário e do tempo, a fé perceptiva é experiência espontaneamente realista. Crê na existência irrecusável do mundo, dos homens, das coisas, do espaço e do tempo. Não se perturba com o fato de que falar e ouvir sejam experiências intersubjetivas, pois outrem não é problema: existe desde sempre como companheiro ou rival. Quando pergunta "que horas são?", o homem natural supõe evidente a existência em si do tempo, como supõe peremptória a existência

---

114. Merleau-Ponty, *Le visible et...*, *op. cit.*, Gallimard, pp. 209-10; Perspectiva, p. 155.

em si do espaço quando indaga "onde estou?". Não se inquieta porque a visão parece efetuar-se nos olhos e nas coisas ao mesmo tempo, sem saber onde se passa efetivamente. Não se preocupa com o fato de que, nunca tendo visto as seis faces de um cubo, creia no cubo como figura geométrica de seis faces, como lhe parece óbvio que o triângulo seja a figura cujos lados somam igual a dois ângulos retos em Atenas, São Paulo, Paris ou Tóquio: na prática, supera a dificuldade teórica da existência de um mundo inteligível. Não lhe parece fantástico sonhar ou lembrar, ainda que admita que sonha ou lembra por ação de forças desconhecidas. A certeza sensível é inabalável. Não o espanta saber que há outras culturas: tende a encará-las como naturais, estranhá-las se muito diferentes, incorporá-las quando muito próximas da sua. Não pergunta como são possíveis. Contenta-se em aceitar sua existência como a das flores, das pedras e dos fantasmas. Crê que há *um* mundo e variantes dele.

A fé perceptiva, convicção bárbara, não é saber, mas crença e por isso continuamente arriscada a virar incredulidade. Para onde vai a nossa crença de que a visão depende inteiramente da coisa vista quando, para não ver um perigo, tapamos os olhos, crendo, assim, que ver depende inteiramente de nós? Entretanto, é com extraordinária rapidez que reconquistamos a fé. A incredulidade é instante passageiro que riscamos tão logo, passado o perigo, voltemos a abrir os olhos.

Tudo muda, porém, quando essa espontaneidade familiar se rompe e a prática sapiente passa pelo crivo da teoria. Basta que se pergunte o que é ver, falar ou pensar, como as coisas podem existir, o que são espaço e tempo, para que a certeza sensível entre num emaranhado de dificuldades insolúveis, converta-se em enigma e, incapaz de responder às perguntas que lhe são dirigidas, force a passagem da experiência para o pensamento de ver, falar e pensar, preparando-se para ser desqualificada como experiência verdadeira.

Com a incredulidade crente, isto é, com a dúvida metódica, o pensamento fende o espaço de seu próprio exercício, cindindo a consciência e as coisas, a alma e o corpo, o sujeito e o objeto e, finalmente, a experiência perceptiva e a atividade intelectual. Que a experiência permaneça encantada, é seu fado e fardo, mas ao pensamento incumbe, doravante, a tarefa do desencantamento do mundo, seja por uma "reforma do intelecto", seja por uma "crítica da razão". Enquanto tribunal, cabe-lhe definir competências, direitos e penalidades; enquanto geometral de todos os pontos de vista, encarrega-se de traçar nítidas fronteiras num mapa do ser. A filosofia espera a posição da verdade da pureza do sujeito, consciência legisladora que discrimina a partir de si mesma o verdadeiro e o falso, o real e o imaginário. A ciência espera da purificação quantitativa do objeto a construção soberana do real, submetendo-o às suas definições e ao seu próprio ideal de medida. O mundo se converte em objeto de conhecimento ou realidade determinada pela representação (seja como em-si, cuja existência precisa ser provada, seja como unidade ideal cuja existência é construída), nosso corpo vira coisa qualquer, a solidão transcendental se põe de fato e de direito e a verdade se esgueira para o céu da eternidade. Filosofia e ciência, porém, não se contentam em registrar o real, querem engendrá-lo a partir de si mesmas, confundindo o originário com o "começo" reflexivo ou axiomático. Erigem-se em teoria, isto é, como coincidência entre o começo de seus enunciados e o princípio do real. Tornam-se "berço do mundo".

Todavia, se há "mistérios" é porque há conservação clandestina da fé perceptiva. O olho continua a espiar o mundo pela fresta do espírito e este continua tentado pela Carne. Filosofia e ciência não poderão cumprir suas promessas de explicação total. Se o fizerem, há de ser porque, para não serem incrédulas, tornaram-se infiéis.

Enrijecendo a face realista da fé perceptiva, a ciência se apoia na conversão desse realismo em postulado metafísico, isto é, em objetivismo. Entretanto, se a ciência clássica pudera manter a distinção entre sujeito e objeto, a *prática* da física contemporânea é uma contestação permanente da ideia clássica de objetividade, ao mesmo tempo em que a *prática* das ciências humanas depende da abolição dessa ideia. Ora, todo o "mistério" das ciências contemporâneas reside na manutenção teórica do referencial metafísico clássico e do ideal da determinação completa, ambos negados por suas investigações. O esforço para manter uma física "objetivista", tanto quanto para desenvolver uma psicologia, uma antropologia ou uma linguística "objetivas", permite localizar a gênese do "mistério" e nomeá-lo: é a *crise* das ciências contemporâneas, cuja prática destrói o que conservam em teoria. A crise é, pois, de princípio e não consequência de algum atraso nas investigações ou de alguma inadequação dos instrumentos de pesquisa[115].

---

115. Para as críticas ao objetivismo científico que contradiz a prática das ciências e se torna uma "ideologia cientificista" veja-se: "Le métaphysique dans l'homme", "Le philosophe et la sociologie", "Sur la phénoménologie du langage", "Einstein et la crise de la raison", a abertura de *L'oeil et l'esprit*, o capítulo sobre as três ordens em *La structure du comportement*, a introdução de *Phénoménologie de la perception*, o primeiro capítulo de *Le visible et l'invisible* e as seguintes notas de trabalho: quinta nota de setembro de 1959, sétima nota de fevereiro de 1959, quinta nota de janeiro de 1960. Além das notas sobre a *gestalt*, já citadas.

Intumescendo a face idealista da fé perceptiva, a filosofia é a conversão do subjetivismo em princípio explicativo, conservando a crença selvagem quando prometia ultrapassá-la. Enganando-se a si mesma, a filosofia é mais do que ilusão: é mentira, "arrogância subjetiva". Qual era sua promessa esclarecedora quando pusera a reflexão como instrumento de elucidação completa da percepção (e da imaginação)? Justificar a crença perceptiva dando-lhe um ponto fixo arquimediano. Mas o que fez realmente? Desqualificou a percepção e a imaginação, fingiu descartar a inerência ao mundo de onde partia e onde se apoiava, considerou nosso entrecruzamento com o mundo e dele conosco não senso e fez da realidade um dom do espírito – primeiro de Deus, depois do sujeito transcendental.

> Metamorfoseia de golpe o mundo efetivo num campo transcendental, limita-se a repor-me na origem do espetáculo que só pude ter porque, contra minha vontade, eu o organizava. Faz apenas que eu seja, quando consciente, o que sempre fui distraidamente.[116]

A filosofia reflexiva perde o que deseja explicar, isto é, a diferença entre percepção e reflexão, conseguindo estabelecer entre elas apenas distinções de grau, mas não de qualidade. No interior do sujeito, discrimina o confuso e o distinto; nas coisas, o acidental e o essencial. Porque estaciona na diversidade, pode considerar que o mesmo sujeito (vendo, falando ou pensando) alcança a mesma coisa (vista, falada ou pensada) e, malgrado seu esforço, até a fenomenologia, ao pretender diferenciar percepção, linguagem e pensamento, só conseguiu reduzi-los à di-

---

116. Merleau-Ponty, *Le visible et...*, Gallimard, p. 68; Perspectiva, p. 51.

ferença entre atos ou atitudes de um mesmo sujeito que visa diversamente a mesma coisa. Esse "mesmo" que, justamente, precisaria ser explicado, pois foi para tanto que a reflexão se pôs, é o que parece não carecer de explicação porque desliza para a "identidade", postulada como princípio de realidade. Na base da distinção entre o empírico e o transcendental permanece um postulado pré-crítico, uma vez que a "identidade" é apenas o realismo da fé perceptiva elevado à condição de princípio. Assim, não é misterioso, mas inevitável, o surgimento dos problemas do fato e da essência, desembocando numa teoria da dupla verdade na qual o que é verdadeiro por princípio não o é de fato e vice-versa.

Qual o "mistério" da filosofia reflexiva? Pôr a reflexão como princípio explicativo de todo o real sem que se sinta na necessidade de explicar-se a si mesma enquanto princípio de toda posição. Falha duplamente: não explica a percepção, mas passa para o pensamento de perceber, deixando que o mundo permaneça exterior ao nosso corpo, desde que a realidade seja interior ao nosso pensamento; e não reflexiona até o fim. Põe a reflexão, mas não *se* põe como reflexão. Explica tudo a partir de si mesma, menos como ela mesma é possível. E, em cada uma dessas falhas, volta a falhar: na infidelidade à percepção, falha com a intersubjetividade e com a imaginação (a primeira se torna impossível, enquanto a segunda se converte em farrapo perceptivo); na infidelidade a si mesma, falha com o pensamento e com as ideias (o primeiro se reduz a séries de acontecimentos privados, enquanto as segundas se tornam meras correlações entre atos e conteúdos da subjetividade e não mais relações com o mundo).

Como história do "berço do mundo", as aventuras da metafísica (isto é, da filosofia e da ciência) são extraordinárias. Nelas, tudo quanto permitiu a posição da *reali-*

dade sem mistérios – identidade da coisa, coincidência do sujeito, distinção entre fato e essência, entre empírico e transcendental, entre necessidade e possibilidade lógicas – teve como pressuposto tácito a *supressão do mundo*, abandonado ao reino confuso da empiria e da contingência e onde nossa percepção, nossa linguagem e nosso pensamento são acontecimentos de superfície, despojados de toda profundidade.

A ciência começa por afastar das coisas tudo quanto lhes advenha por seu contato conosco – é a condição para que haja o Grande Objeto do qual, com o avanço das pesquisas, seremos uma parcela. A filosofia começa por nos afastar de tudo quanto nos advenha do contato com as coisas – é a condição para que reine o Sujeito Puro do qual, com o avanço da análise, as coisas serão uma parcela. Mais do que uma catarse, ciência e filosofia realizam uma assepsia do mundo, encapsulando-o no objeto ou na redoma do sujeito. A fantasmagoria do Grande Objeto e do Sujeito Puro, esse ponto mais alto do dogmatismo da fé perceptiva, resulta na confiança ilimitada nas Luzes, permitindo desqualificar o misterioso ou fazê-lo existir apenas por artes do Maligno para melhor negá-lo. Filosofia e ciência, como esclarecimento, julgam que o mistério, no melhor dos casos, é ficção; no pior, alucinação. E é assim que a realidade vai parindo seus "mistérios" – teológicos, especulativos, fenomenológicos. É assim também que os intelectuais podem pô-los na conta da finitude e alimentar toda sorte de humanismo.

A contração do sensível nas malhas da objetividade ou da síntese subjetiva é privilégio conferido à face instituída da sedimentação, em detrimento de sua face transcendente ou aberta, além de ser ampliação desmedida da confiança perceptiva no idêntico, porém sem sua inocência. A conversão do pensamento num ato de conhecimento e deste em posse intelectual da realidade chega a um sujeito onipresente, onividente e onipotente cuja liberdade tem como condição o cativeiro do mundo na identidade do costumeiro. Apesar de si mesmas, filosofia e ciência deixam entrever que "misterioso" não é o ambíguo, o indeterminado, o latente e o aberto, mas o transparente, o determinado, o completo e o fechado. O "mistério" é "repressão da transcendência"[117]. Momento imperceptível em que a linguagem operante se torna disponível na biblioteca, a visão operante se obscurece na luz mortiça do museu, o gesto operante se petrifica no fetiche a circular pelo mercado, a prática da ciência descamba para a superstição e a filosofia vem viver na vida decente do sistema. Instante nebuloso, mas fundamental, em que toda revolução, verdadeira como movimento, se falsifica como regime.

O apelo a uma nova ontologia não nasce da necessidade de "corrigir" a metafísica ou de "explicitar" melhor seus resultados, mas da exigência de vencer seus impasses não conservando seus pressupostos. O regresso à fé perceptiva é, pois, retorno ao lugar onde os "mistérios" começaram e um recomeço da filosofia lá onde sempre começou, embora tivesse recalcado e ocultado esse início nos pontos de partida autofundadores.

"Nosso objetivo", escreve Merleau-Ponty referindo-se à ciência, "não é opor aos fatos coordenados pela ciência objetiva um outro grupo de fatos – sejam eles chamados 'psiquismo' ou 'fatos objetivos' ou 'fatos interiores' – que lhe 'escapam', mas mostrar que o ser-objeto e também o

---

117. *Idem, ibidem,* Gallimard, p. 266; Perspectiva, p. 198.

ser-sujeito não constituem uma alternativa, que o mundo percebido está aquém ou além dessa antinomia, que o fracasso da psicologia 'objetiva' deve ser compreendido juntamente com o da física 'objetivista' (...) como apelo à revisão das noções de 'sujeito' e de 'objeto'."[118]

E referindo-se às filosofias da consciência, que não vão até o fim exigido por seus próprios requisitos e invocam uma ordem das coisas oposta à ordem do pensamento, mas dirigida por este, declara que não pretende

> opor uma luz interior e uma ordem das coisas em si na qual a primeira não poderia penetrar (...). Trata-se de reconsiderar as noções solidárias de ativo e passivo, de tal maneira que já não nos coloquem diante da antinomia de uma filosofia que explica o ser e a verdade, mas não expli-

---

118. *Idem, ibidem*, Gallimard, p. 46; Perspectiva, p. 33. "Desde que se trate do ser vivo e do corpo e, com razões ainda mais fortes, do homem, é bem claro que nenhuma investigação fecunda é pura indutividade, puro recenseamento das constantes em si (...) as ciências somente nos ensinaram alguma coisa explicando uma experiência pela outra, esclarecendo uma pela outra, criticando uma pela outra, organizando o *Ineinander* e, finalmente, praticando essa variação eidética em que Husserl só errou ao reservá-la para a imaginação e para a visão solidárias do filósofo, quando é o suporte e o lugar dessa *opinio communis* que chamamos ciência. Neste caminho, ao menos, é certo que se chega à objetividade, não mergulhando num Em-si, mas desvelando, retificando um pelo outro, o dado exterior e o dúplice interno que temos, enquanto sencientes-sensíveis, arquétipos e variantes da humanidade e da vida, isto é, enquanto somos internos à vida, ao ser humano e ao Ser, assim como ele o é a nós, e que vivemos e conhecemos não a meio caminho entre fatos opacos e ideias límpidas, mas no cruzamento em que famílias de fatos inscrevem sua generalidade, seu parentesco, agrupando-se em torno das dimensões e do lugar de nossa própria existência." *Idem, ibidem*.

ca o mundo, e de uma filosofia que explica o mundo, mas nos desenraíza do ser e da verdade.[119]

Não há que escolher entre as antinomias postas pela ciência e pela filosofia, mas cumpre desfazer sua suposta consistência sem cair numa nova síntese, e sim acolhendo os incompossíveis. O empreendimento é radical porque se dirige à experiência *antes* da cisão sujeito-objeto, ali onde o Ser Bruto não foi burilado nem o espírito selvagem, colonizado.

Se pudermos encontrar no exercício do ver e do falar uma luz que aclare seu mistério, talvez possamos compreender nossa investigação, nossa interrogação e criar instrumentos para elas. Com estas palavras, em *Le visible et l'invisible* Merleau-Ponty se afasta definitivamente de suas primeiras obras que, fenomenológicas, ainda confundiam a experiência com a noção de comportamento (corporal) e de consciência (perceptiva). Nelas, a figura do sujeito, embora tênue ou atenuada, persistia na base da experiência e os acontecimentos ainda eram *para nós*. Perceber era relação de um corpo cognoscente ou metafísico e de uma topologia-temporalidade para nós; falar, gesticulação vociferante ou acontecimento de um corpo expressivo cuja intenção significativa visava a relação significante-significado; pensar, uma reflexão-sobre-um-irrefletido que o capturava no fundo silencioso e o fazia existir para nós pela operação de uma consciência encarnada. A experiência ainda era, portanto, *Erlebniss*.

A referência ao sujeito é o que desaparece em *L'oeil et l'esprit* e *Le visible et l'invisible*. Desaparece duplamente porque Merleau-Ponty não identifica experiência e ati-

---

119. *Idem, ibidem*, Gallimard, p. 67; Perspectiva, pp. 50-1.

vidade espiritual, como ocorrera nas filosofias passadas, e porque desata os laços que a prendiam aos vividos em sua obra passada.

"É à experiência que nos dirigimos para que nos abra para o que *não é nós*." Já não se trata do *experimur* espinosano nem da *Erfahrung* hegeliana. Não é, como o primeiro, essa experiência intelectual que nos faz, enfim, saber que nos tornamos o que sempre fôramos sem saber; não é atividade intelectual. Não é, como a segunda, essa viagem pela noite da identidade do em-si, para-si alienado, périplo pela exterioridade sem espessura que somente se aprofunda com o retorno a si; não é momento passivo da atividade. Não é aparição da verdade nem sucessão das aparências, porque não é fato nem feito da consciência. *Exercício* do que ainda não foi submetido à separação sujeito-objeto, é promiscuidade das coisas, dos corpos, das palavras, atividade-passividade indiscerníveis, inspiração e expiração ou respiração no Ser. É, diz Merleau-Ponty, *luz natural*: vir à luz e dar à luz. "Diz-se que um homem nasceu quando o que era um visível virtual, mergulhado no fundo do corpo materno, se faz visível para nós e para si"[120] – foi dado à luz e veio à luz.

Abertura para o que não é nós, excentricidade muito mais do que descentramento, a experiência "não é um modo da presença a si, é o meio que me é dado para estar ausente de mim mesmo, de assistir de dentro à fissão do Ser, fechando-me sobre mim somente quando ela chega ao fim"[121]. Isto é, rigorosamente: nunca.

Abrindo-se para o que não é nós, a experiência não é comportamento nosso nem acontecimento para nós.

---

120. Merleau-Ponty, *L'oeil et l'esprit, op. cit.*, p. 32.
121. *Idem, ibidem*, p. 41.

Abre-se para o que *em nós* se vê quando vemos, *em nós* se fala quando falamos, *em nós* se pensa quando pensamos. Não regressa a um "antes" de nós, pois neste caso regressaria a Deus; fissão no Ser, abre-se para a origem, para o que não é começo em si, antecedente. A origem é o fundamental, não sendo, por isso, *principium* nem *fundamentum*. O originário é o que se institui na junção de um passado e de um porvir: sua hora é agora. É o que se institui na junção de um fora e de um dentro: seu lugar é aqui. Nervura, o originário é o sensível na verticalidade de todas as dimensões.

Abandonando o referencial que mantinha a experiência atada à fenomenologia, Merleau-Ponty pode, finalmente, alcançá-la como *poder ontológico último* e, numa nota de trabalho dedicada ao parentesco entre literatura e filosofia, pode-se ler esta frase espantosa:

"O Ser é o que exige de nós criação para que dele tenhamos experiência."[122]

Quando invoca a experiência do pintor, do músico ou do escritor para contrapô-la ao sobrevoo metafísico, Merleau-Ponty se demora naqueles instantes em que ver, ouvir ou falar atravessam a carapaça do instituído e desnudam o originário de um mundo visível, sonoro e falante. Fissão no Ser, respiração no Ser ou explosão da origem não são metáforas. Exprimem a divisão no interior do indiviso, a experiência como momento em que um visível se faz vidente sem sair da visibilidade, um audível se faz ouvinte sem sair da sonoridade, um dizível se faz falante sem sair da linguagem. A experiência é, ao mesmo

---

122. Merleau-Ponty, *Le visible et...*, Gallimard, p. 187; Perspectiva, p. 251. Discordamos da tradução brasileira que diz: "O Ser é o que exige de nós criação para que *dela* tenhamos experiência."

tempo, cisão que não separa – o pintor traz seu corpo para olhar o que não é ele, o escritor traz a volubilidade do espírito para cercar o que se diz sem ele – e indivisão que não identifica – o olho de Cézanne não é a montanha de St. Victoire, Proust não é Albertine, Guimarães não é Diadorim. A experiência é o ponto máximo de proximidade – ver-se visto ao pintar, ouvir-se ouvido ao compor, sentir-se falado ao escrever – e é o ponto máximo de distância – não se é o que se pinta, nem o que se compõe, nem o que se escreve. A experiência é tensão no parentesco.

Nada mais compreensível do que o esforço da filosofia e da ciência para dela se afastarem, buscando alhures uma região transparente que servisse de *habitat* a uma razão pura, temerosa de promiscuidade. Mas é compreensível também que o resgate do corpo pela ontologia seja também o resgate da *Carne*. É verdade que Merleau-Ponty procura um equivalente aproximado da *physis*, mas não é menos verdade que a escolha dessa palavra – *la chair* – está pouco voltada para uma nostalgia helenizante, pois está muito empenhada em resgatar a luz natural contra a tradição teológica paulina e agostiniana, dominante na metafísica. Com efeito, a *omnitudo realitatis* de que fala a metafísica não é tanto uma racionalidade desencarnada (afinal, o metafísico não pode negar a união da alma e do corpo), mas um mundo descarnado. Enfim, uma vez que se trata de sair do recinto teológico, não é casual que Merleau-Ponty fale na visão como *exegese inspirada* e na linguagem instituinte como *encantação do sentido*. Rompendo com a metafísica e a teologia (como se lê na primeira nota de *Le visible et l'invisible*), doravante, a experiência da Carne abre para a iniciação (contra a explicação como teoria) e para a evocação (contra a apropriação intelectual).

Desnudamento das raízes do mundo vertical, a experiência não faz do corpo um ponto de partida. Se ele tem um lugar privilegiado[123], isso lhe advém da excentricidade fundamental que o faz estar permanentemente fora de si sem jamais sair de si e por esse motivo é o fio condutor da interrogação dirigida ao que "não é nós" e às nossas relações com esse outro onde estamos – o mundo. O que *não* somos não é a exterioridade, assim como o que somos *não* é a interioridade. O que não é nós e o que somos é o sensível ao qual a filosofia se dirige como as crianças e os loucos se dirigem às coisas: companheiras, espinhos em nossa Carne, estrelas de nossa vida. Sempre próximas e, todavia, sempre distantes. O sensível, ser dos confins, é "o que vela às portas de nossa vida".

A presença das coisas é um mistério não por ignorarmos como são possíveis, mas porque reivindicam a existência como indivíduos e só podem tê-la se forem mais e menos do que indivíduos. Mais: são campos ou

---

123. O privilégio do corpo, como assinala Lefort (*op. cit.*, *loc. cit.*), é uma ruptura com a tradição metafísica que lhe dera a função de suporte da consciência, o que permitia, ao mesmo tempo, denegá-lo e dar-lhe estatuto de objeto de ciência. Por outro lado, Merleau-Ponty redescobre no empreendimento filosófico passado linhas de pensamento sobre o corpo que não "cabiam" no discurso solene da metafísica, levando uma vida clandestina nos poros do discurso explícito. Donde seu interesse por Descartes "antes" e "depois" da ordem das razões. Cremos que o lugar ocupado pelo corpo na experiência possui ainda um outro motivo tão importante como os já mencionados. O corpo desalojará a consciência do privilégio da reflexão e ensinará que no mundo vertical não há, para nenhuma das dimensões, reflexão completa. Neste particular, diferencia-se a meditação merleau-pontiana do frenesi "corporífico" dos universitários franceses. O corpo reflexionante não vem desalojar o "logocentrismo ocidental", mas vem modificar radicalmente a própria ideia de reflexão.

configurações, famílias ou estilos de ser. Menos: são puras diferenciações e não encarnações do princípio de identidade. Há quiasma nas coisas: a superfície se enlaça e se cruza com as cores e os sons, que se enlaçam e se cruzam com os odores, todos se enlaçando e se cruzando em movimentos infindáveis, numa troca incessante em que cada qual é indiscernível e discernível porque pertence a famílias diferentes. O tecido do mundo das coisas é cerrado e poroso. A transitividade e a reversibilidade das dimensões fazem as coisas profundas. Essa profundidade é sua Carne.

Entre as coisas, há uma cuja peculiaridade é sentir-se, além de sentir e ser sentida como as outras: o corpo, sensível exemplar porque sensível para si. É ele que nos faz ver as coisas do lugar onde estão e segundo o desejo delas, realizando o mistério do ver e do tocar, a ubiquidade que faz a visão efetuar-se nas coisas e nos olhos, como o tato transitar delas às nossas mãos. É por transitividade que vemos e tocamos, nos vemos e nos tocamos. Os sentidos operam no quiasma: o olho apalpa, as mãos veem, os olhos se movem com o tato, o tato sustenta pelos olhos nossa imobilidade e mobilidade, compensando as das coisas. Para que haja visibilidade – um visível pleno, aqui, ali, atrás, na frente, entre seus aspectos, nos intervalos – é preciso que o visível seja um transcendente ao qual só é possível chegar por uma experiência também transcendente, inteiramente fora de si sem sair de si. O corpo é essa experiência, e não o suporte de uma consciência cognoscente. O visível não é um paradoxo humano, mas um mistério do Ser que o corpo não explica nem ilumina, apenas concentra. Visibilidade errante – visível entre os visíveis – e visibilidade concentrada – visível vidente –, o corpo destrói a distinção metafísica entre atividade e passividade. É também misterioso. Preso no tecido do visível, continua a se ver; atado ao tangível, continua a se tocar; movido no tecido do movimento, não cessa de mover-se. Sofre do visto, do tocado e do movido a ação que sobre eles exerce. Vê de dentro o seu fora e vê de fora o seu dentro. É *Narciso*. E, captado por seu próprio fantasma, é transitivismo fundamental ou "anonimato inato do Eu mesmo". É *persona*, tragado pelo mar sensível, como Ulisses.

As duas mãos que se tocam, se tocam porque são do mesmo corpo. Esses toques se propagam às coisas, porque são do mesmo mundo. Todos os toques não são pequenos atos de pequenas consciências como flores de um ramalhete da consciência de si para si. Qualquer intervenção da consciência reduziria o corpo a suporte de atos pré-reflexivos e destruiria a *experiência* do corpo. Há, por reversibilidade, unidade dos toques, das vistas e dos movimentos, criando a visibilidade, a tangibilidade, a mobilidade em sua generalidade universal; e o corpo, como cada coisa, é apenas visibilidade, tangibilidade e mobilidade ora errante, ora concentrada. Não há universal sobrevoante nem particularidade destinada à universalidade do conceito.

O corpo, sensível exemplar que se vê vendo, se toca tocando, se move movendo, realiza uma reflexão. Pela primeira vez, na história da filosofia, a consciência perde a soberania. Não à maneira das filosofias empiristas, porque ela seria epifenômeno ou efeito de processos corporais, mas porque perdeu o privilégio da reflexão. O corpo reflexionante, impossível nas filosofias empiristas e impensável nas filosofias da consciência, traz, porém, uma novidade radical porque transforma a própria ideia de reflexão. Ensina que esta é inacabamento, iminência, duplicação interminável, concordância sem coincidência. Dessa maneira, a chegada à consciência, uma vez que o sensível é universal e a experiência, poder ontológico último, não poderá restaurar, ainda que como potência segunda ou derivada, a velha ideia da reflexão. Mais do que isso. Contrariamente ao que sucedia nas primeiras obras de Merleau-Ponty, nas quais, afinal, a percepção funcionava como uma essência de que a consciência reflexiva seria variante, agora, a consciência deverá ser tomada como dimensão e, portanto, como diferença com respeito ao corpo, sem perder seu parentesco com ele. A experiência desvenda a impossibilidade de reflexão completa para toda e qualquer dimensão do mundo vertical e, por conseguinte, também para a consciência.

Apanhando a experiência do corpo como sinergia do sensiente-sensível que se propaga e se irradia, Merleau-Ponty apanha o corpo como dimensão reflexiva. A irradiação dessa reflexividade é a chegada de outro corpo em sinergia, dimensão participante da Carne como ser intercorporal. Com a chegada de outrem, sofremos a primeira ferida narcísica: descobrimos que não somos inteiramente visíveis para nós, que carregamos um invisível que é visível para outrem; mas descobrimos também que somos plenamente visíveis porque vistos por outro. Inacabados como videntes, somos acabados como visíveis. Essa experiência, longe de conduzir à luta mortal das consciências, é advento dos mundos privados como instrumentos para a criação de um mundo comum, cada mundo privado sendo via de acesso ao de outrem e dimensão de uma vida generalizada. Os corpos são testemunhas de um mesmo mundo. O desejo, que nos desvenda agora como personagens – do desejo alheio – e personificadores – de nosso desejo em outrem –, é a experiência de flutuar com um outro na superfície de um mesmo Ser, "fazendo nosso dentro ser fora e nosso fora ser dentro". A descrição merleau-pontiana é enigmática e difícil de acompanhar porque, contrariamente à tradição filosófica, não apresenta o desejo como luta, mas como transitivismo, e, contrariamente à tradição psicológica, não o descreve como comportamento, mas o desvenda como experiência de iniciação ao outro. O menino que pede à mãe para consolá-*lo* da dor que *ela* sente não rivaliza com ela, não lhe pede um reconhecimento que a destituiria de seu Ser nem está solipsistamente encerrado dentro de si. Pede-lhe que não fique ensimesmada na dor, que a converta em relação com outrem, em gesto de amor. A mãe compreende instantaneamente o pedido e se se devota à criança não é porque cede a uma força aniquilante, mas porque "sabe" que saindo de si volta a si, que a devoção dada ao outro é também a maneira de *se* amar. Não há indistinção; há troca e reversibilidade de lugares diferenciados e comuns. "Egocêntricos", somos excêntricos (no duplo sentido dessa palavra).

A chegada de outrem prepara o nascimento apavorante da vociferação e, com ela, nova reflexão. Sonoro como os cristais e os metais, o corpo é sonoro para si, ouvindo de dentro sua vibração e achegando-se a outrem para ouvir o nascimento de sua voz. Enlace de som e motricidade, reversibilidade de ambos e primeira reflexão, a voz conduz à fronteira misteriosa em que irão cruzar-se pela primeira vez o mundo da expressão e a "persuasão silenciosa do sensível". Inicia-se a lenta sublimação da Carne no corpo glorioso da palavra. Como os movimentos da sonata, a palavra é coesa e intangível.

A carne, horizonte, porosidade, transcendência – além, aquém, entre, antes, depois, acima, abaixo, aqui, agora, sem fundo –, é impossibilidade de reflexão total. Mas são os hiatos que iniciam ao mistério da palavra e das ideias sensíveis, trazendo a presença peremptória do invisível. Literatura, música, paixões são sulcos que se traçam sem mãos para traçá-los, incapazes de agarrá-los: vivem em transparência na espessura do sensível. Experiências selvagens cuja coesão sem conceito possui o rigor da idealidade. Assim como o corpo é visível errante e concentrado, a fala instituinte é palavra errante que se concentra, contraindo num ato único tudo o que no corpo a preparava, criando um ser misterioso: um locutor que é, simultaneamente, alocutório e delocutório.

Com a palavra, há iniciação ao mistério do sentido, que "não está na fala como a manteiga na fatia de pão, como uma segunda camada, mas é a integral de todas as diferenciações da cadeia verbal"[124]. A ideia não é fatia do mundo objetivo, camada segunda na superfície do Ser, mas um eixo de equivalências e, como o corpo e a palavra, momento de uma concentração do disperso, sístole que se prepara para nova diástole. Não se confunde com as "ideias da inteligência", sentidos adquiridos e sedimentados que usamos como instrumentos apenas para ir além.

A reversibilidade e transitividade das cores, superfícies e movimentos – Carne das coisas –, dos nossos sentidos entre si – Carne de nosso corpo –, deles e das coisas como ressonância e reverberação sem começo e sem fim é desvendamento do sensível como "o meio onde há o Ser sem que careça de ser posto". É isto a *experiência sensível*.

O narcisismo fundamental do corpo em sinergia, que se propaga entre os corpos numa reflexão intercorporal inacabada ou encarnação permanente na comunidade

---

124. Merleau-Ponty, *Le visible et...*, Gallimard, p. 203; Perspectiva, p. 149.

dos Narcisos, é a *experiência da intercorporeidade* como existência originária do eu e do outro.

A reflexão sonora como emergência da fala no ponto de cruzamento entre expressão e silêncio, a fala como reflexão do corpo sensível no corpo sutil da palavra, a palavra como concentração da "volubilidade do espírito" nas ideias sensíveis, é a *experiência da linguagem*.

Em cada uma dessas experiências e em todas elas, não encontramos o sujeito. É sintomático, aliás, o modo como Merleau-Ponty se refere ao corpo. Chama-o sentinela silenciosa, guardião do passado indestrutível, recinto, residência, potência exploratória, sensibilidade errante e concentrada. A leitura de *Le visible et l'invisible* nos leva a ousar a expressão: *persona narcisica*, um anônimo que é para si, sob a forma do transitivismo e do fantasma, experiência da experiência. Essa caracterização do corpo, ao mesmo tempo como ninguém e Narciso, é, certamente, a forma final da desconstrução do sujeito na filosofia, sem nenhum equivalente nas filosofias universitárias que se intitulam herdeiras de Nietzsche nem nas psicologias e terapias da "expressão corporal", centradas no sujeito como ego. A descoberta merleau-pontiana do corpo com o anonimato narcísico e reflexão inacabada é, se se quiser, a descoberta de uma "subjetividade" inédita, simultânea à descoberta da experiência como enlace, cruzamento, abertura sem começo e sem fim. E porque experiência e corpo não são comportamentos, não há por que falar em "máquina desejante".

A palavra, *isto é*, a ideia sensível, nervura entre o pensamento e o mundo, campo de expressão entre "sujeitos", visível e invisível que participa simultaneamente de três mundos – sensível (isto é, sonoro e gráfico), expressivo (isto é, intercorpóreo) e inteligível (isto é, invisível)–, é também uma reflexão sem sujeito, instaurando obliquamente a "subjetividade" dos Narcisos como personagens de desejo e paixão. Não é comportamento nem sequer ainda é diálogo, está aquém e além deles, que vivem dela e em sua superfície. Por ser reflexão sem sujeito, é, como a corpórea, inacabada e total. Pode-se dizer que a iniciação à experiência vertical da palavra "conclui" os inúmeros textos de Merleau-Ponty sobre a linguagem instituinte como expressão perfeita e expressão incompleta, um "dizer tudo" que não sacia.

Falar é uma experiência. Não porque seja ato ou atividade de um corpo nem, muito menos, porque seria operação da consciência, mas porque se efetua no que, à falta de melhor expressão, chamaremos de o *modo da experiência*: por diferenciação, transitividade e parentesco, reversibilidade do ativo e do passivo, por transgressão e concordância.

Se Merleau-Ponty nos leva à experiência da fala, cremos que também nos permite falar numa *experiência do pensamento*. Não apenas porque pensar se enraíza na Carne do corpo, nem porque as ideias têm motivos, lugar e data, mas porque se efetua no modo da experiência, como o corpo e a palavra: é pensado-impensado, atividade-passividade, interioridade-exterioridade, saída de si que é entrada em si, pois é relação consigo, com outrem, com o mundo estético e com o mundo cultural. Cremos que os textos de Merleau-Ponty, sejam quais forem seus temas ou questões, desvendam neles mesmos as afirmações esparsas de *Le visible et l'invisible* de que pensar é circunscrever um campo para pensar (em vez de possuir ideias) e de que os pensamentos são delimitações abertas (em vez de sínteses). Em seu modo de expressão, os próprios textos merleau-pontianos encarnam essa experiência de que falam e desnudam o pensamento como errância-concentração, busca do centro virtual e inatingível que faz pensar.

O pensamento como não posse e o esquecimento como perda da diferenciação podem balizar caminhos para refazermos nossa concepção da subjetividade e desfazermos a ideia do conhecimento como apropriação intelectual. Cremos que Merleau-Ponty fez sua a experiência da verdade e da liberdade que descobrira em Montaigne: a coragem da caçada sem presa.

A descida ao originário da sensibilidade como visível-tangível-móvel (coisas e corpos enlaçados) e invisível (ideias sensíveis), e ao originário da linguagem como sensível (sonora, gráfica) e invisível (coesão sem conceito) alcança a experiência das nervuras que sustêm avesso e direito de todas as dimensões simultâneas e a concordância-fuga de todas elas, preparando-se para a ideia como profundeza do visível e para a passagem ao pensamento como carne sublimada ou visão espiritual e ao espírito como "outro lado do corpo", que nele se apoia e nele transborda. O livro interrompido deixa em suas notas de trabalho três interrogações: se pensar não é ver nem falar e se sem a visão e a palavra não se pode pensar, o que é o pensamento? se a experiência sensível e a falante nos revelam um sensível exemplar que é para si sem ser "sujeito", que é a subjetividade? se a experiência selvagem é também experiência cultural, se não há percepção fora da história e da sociedade e se sem a experiência sensível não há criação da cultura, como se realizam a reversibilidade e a reflexibilidade ou o quiasma entre o *logos* estético e o *logos* cultural[125]?

---

125. Essas questões, cremos, estão implícitas como fonte de oposição entre a interpretação de Lefort e a de Castoriadis sobre a origem. Lefort se encaminha rumo à noção do *Aberto* como "invisível da

Merleau-Ponty dizia que a vida pessoal, a expressão, o conhecimento e a história avançam obliquamente e não diretamente rumo aos fins e aos conceitos. "O que se procura muito deliberadamente", escreveu certa vez, "não se encontra e, ao contrário, não faltam ideias e valores a quem soube, em sua vida meditante, liberar a fonte de onde jorram espontaneamente."[125] As questões para as quais se preparava e nos preparava são sinais que deixou, como nos contos maravilhosos são deixados os talismãs: ali ficam à espera de que alguém, olhando para eles como os outros olham, ainda seja capaz de vê-los.

---

visão, inconsciente da consciência" e como mito e sonho impossível: o Aberto como o que vê o animal e que nós, na palavra de Rilke, só conhecemos pelo animal, porque nossos olhos estão invertidos, voltados para dentro, para o fechado e para o "que não está livre de morte". Aberto e Abismo e "noção última". Para Castoriadis, sendo a reversibilidade a "verdade última", a experiência sensível está entrecruzada com o social-histórico, e a abertura não é o abismo de vida sem morte que somente o animal alcança, o selvagem levado ao limite, mas é circularidade do sensível e da cultura. O aberto ou abertura, diz Castoriadis, é o sujeito como "obra de aderir, inauguração sempre recomeçada". Lefort considera a noção de "obra" (pintura, literatura, música, política, ciência, filosofia) como tentativa para dar uma figura ou um contorno a um enigma sem figura e sem forma. Na verdade, não cremos que haja essa oposição *em* Merleau-Ponty, mas uma tensão entre dois termos incompossíveis e parentes – o Aberto como relação animal, o selvagem e não humano da experiência originária e a Abertura como obra ou experiência histórica – e entre os quais não se pode escolher; há, apenas, que escolher. Merleau-Ponty acolhera a tensão entre Husserl (a filosofia como expressão completa do silêncio) e Valéry (a linguagem como tudo e ninguém). Cremos que nos ensina, agora, a suportar a tensão entre o Aberto e a Abertura.

125. Merleau-Ponty, "Le langage indirect et les voix du silence", *in Signes, op. cit.*, p. 104.

OBRA DE ARTE E FILOSOFIA*

Desfazendo as amarras da tradição

Merleau-Ponty busca o Espírito Selvagem e o Ser Bruto. Sua interrogação vem exprimir-se numa espantosa nota de trabalho de seu livro póstumo e inacabado, *O visível e o invisível*: "O Ser é o que exige de nós criação para que dele tenhamos experiência." Frase cujo prosseguimento reúne emblematicamente arte e filosofia, pois a nota continua: "filosofia e arte, juntas, não são fabricações arbitrárias no universo da cultura, mas contato com o Ser justamente enquanto criações"[1].

Por que *criação*? Porque entre a realidade dada como um fato, instituída, e a essência secreta que a sustenta

---

* Esta é uma versão levemente modificada de uma conferência proferida no curso *Artepensamento* e publicada em Adauto Novais (org.), *Artepensamento,* São Paulo: Companhia das Letras, 1994.
1. Merleau-Ponty, *Le visible et l'invisible,* Paris: Gallimard, 1964, p. 187; São Paulo: Perspectiva, 1971, p. 251. Discordamos da tradução brasileira que diz: "O Ser é o que exige de nós criação para que *dela* tenhamos experiência."

por dentro há o momento instituinte no qual o Ser vem a ser: para que o Ser do visível venha à visibilidade, solicita o trabalho do pintor; para que o Ser da linguagem venha à expressão, pede o trabalho do escritor; para que o Ser do pensamento venha à inteligibilidade, exige o trabalho do filósofo. Se esses trabalhos são criadores, é justamente porque tateiam ao redor de uma intenção de exprimir alguma coisa para a qual não possuem modelo que lhes garanta o acesso ao Ser, pois é sua ação que abre a via de acesso para o contato pelo qual pode haver experiência do Ser. Por isso, em *A linguagem indireta e as vozes do silêncio*, opondo-se à teoria de Malraux sobre o artista moderno como "gênio e monstro incomparável", Merleau-Ponty assinala que a novidade da arte moderna não é o surgimento do indivíduo, mas a comunicação com o Ser sem o apoio numa Natureza preestabelecida e fonte de paradigmas, um modo de sair da inerência e da fruição de si para aceder ao universal através do particular, encontrando na particularidade (o estilo) o meio para dar a ver e a conhecer a universalidade (o Ser que se exprime pela obra). Eis por que Merleau-Ponty, naquela mesma nota de trabalho, acentua que se trata da *criação em sentido radical*, oferecendo-a com as expressões *contato com o Ser, reintegração no Ser, inscrição no Ser, experiência do originário*.

Que laço amarra num tecido único experiência, criação, origem e Ser? Aquele que prende Espírito Selvagem e Ser Bruto.

Que é Espírito *Selvagem*? É o espírito de práxis que quer e pode alguma coisa, o sujeito que não diz "eu penso", e sim "eu quero", "eu posso", mas que não saberia como concretizar isto que ele quer e pode senão querendo e podendo, isto é, agindo, realizando uma experiência e sendo essa própria experiência. O que torna possível a experiência criadora é a existência de uma falta ou de uma lacuna a serem preenchidas, sentidas pelo sujeito como intenção de significar alguma coisa muito precisa e determinada, que faz do trabalho para realizar a intenção significativa o próprio caminho para preencher seu vazio e determinar sua indeterminação, levando à expressão o que ainda e nunca havia sido expresso. Há uma intenção significativa que é, simultaneamente, um vazio a ser preenchido e um vazio *determinado* que solicita o querer-poder do agente, suscitando sua ação significadora a partir do que se encontra disponível na cultura como falta e excesso que exigem o surgimento de um sentido novo. O criador, lemos em *Senso e não senso*, não se contenta em ser um "animal culto", mas vai à origem da cultura para fundá-la novamente. O Espírito Selvagem é atividade nascida de uma força – "eu quero", "eu posso" – e de uma carência ou lacuna que exigem preenchimento significativo. O sentimento do querer-poder e da falta suscita a ação significadora que é, assim, experiência ativa de determinação do indeterminado: o pintor desvenda o invisível, o escritor quebra o silêncio, o pensador interroga o impensado. Realizam um trabalho no qual vem exprimir-se o co-pertencimento de uma intenção e de um gesto inseparáveis, de um sujeito que só se efetua como tal porque sai de si para ex-por sua interioridade prática como *obra*. É isso a criação, fazendo vir ao Ser aquilo que sem ela nos privaria de experimentá-lo.

Mas por que Ser Bruto?

O Ser Bruto é o ser de indivisão, que não foi submetido à separação (metafísica e científica) entre sujeito e objeto, alma e corpo, consciência e mundo, percepção e pensamento. Indiviso, o Ser Bruto não é uma positividade substancial idêntica a si mesma e sim pura diferença interna de que o sensível, a linguagem e o inteligível são dimensões simultâneas e entrecruzadas. É por diferença que há o vermelho ou o verde entre as cores, pois uma cor não é um átomo colorido e sim modulação de uma diferença qualitativa de luz e sombra. É por diferença que há o alto e o baixo, o próximo e o distante, fazendo existir o espaço como qualidade ou pura diferenciação de lugares. É por diferença entre sons e entre signos que uma língua existe e se constitui como sistema expressivo, pois sons e signos não são átomos positivos e isoláveis, mas pura relação, posição e oposição. Não sendo um positivo, o Ser Bruto também não é um negativo, mas aquilo que, por dentro, permite a positividade de um visível, de um dizível, de um pensável, como a nervura secreta que sustenta e conserva unidas as partes de uma folha, dando-lhe a estrutura que mantém diferenciados e inseparáveis o direito e o avesso: é o invisível que faz ver porque sustenta por dentro o visível, o indizível que faz dizer porque sustenta por dentro o dizível, o impensável que faz pensar porque sustenta por dentro o pensável. O Ser Bruto é a distância interna entre um visível e outro que é o *seu* invisível, entre um dizível e outro que é o *seu* indizível, entre um pensável e outro que é o *seu* impensável. É um "sistema de equivalências" diferenciado e diferenciador pelo qual há mundo. Eis por que Renoir podia pintar a água do riacho das *Lavandières* olhando para o mar: pedia-lhe o acesso ao elemento líquido como pura diferença entre elementos e como sistema de equivalências da substância líquida. Desatando os liames costumeiros entre as coisas, o Ser Bruto abre acesso a uma relação originária entre elas como diferenças qualitativas que se exibem e se interpretam a si mesmas enquanto famílias das cores, das texturas, dos sons, dos odores que reenviam à substancialidade impalpável do que as faz vir a ser. Se o Ser exige de nós criação para que dele tenhamos experiência, entretanto não deposita toda a iniciativa do vir-a-ser na atividade do Espírito Selvagem, mas, como Ser Bruto, compartilha com ele o trabalho criativo, dando-lhe o fundo do qual e no qual a criação emerge.

Ser Bruto e Espírito Selvagem estão entrelaçados, abraçados e enlaçados: o invisível permite o trabalho de criação do visível, o indizível, o do dizível, o impensável, o do pensável. Merleau-Ponty fala numa visão, numa fala e num pensar instituintes que empregam o instituído – a cultura – para fazer surgir o jamais visto, jamais dito, jamais pensado – a obra. O Ser Bruto era o que Cézanne desejava pintar quando dizia dirigir-se "à fonte impalpável da sensação" porque "a Natureza está no interior". "Fonte impalpável", o Ser Bruto é o originário, não como algo passado que se desejaria repetir ou ao qual se desejaria regressar, mas a origem como o aqui e o agora que sustenta, pelo avesso, toda forma de expressão.

Abraçados e enlaçados, Espírito Selvagem e Ser Bruto são a polpa carnal do mundo, carne de nosso corpo e carne das coisas. Carne: habitadas por significações ou significações encarnadas, as coisas do mundo possuem interior, são fulgurações de sentido, como as estrelas de Van Gogh; como elas, nosso corpo não é uma máquina de músculos e nervos ligados por relações de causalidade e observável do exterior, mas é interioridade que se exterioriza, é e faz sentido. Se elas e nós nos comunicamos não é porque elas agiriam sobre nossos órgãos dos sentidos e sobre nosso sistema nervoso, nem porque nosso entendimento as transformaria em ideias e conceitos, mas porque elas e nós participamos da mesma Carne. A Carne do Mundo é o que é visível por si mesmo, dizível por si mesmo, pensável por si mesmo, sem, contudo, ser um pleno maciço, e sim, paradoxalmente, um pleno poroso, habitado por um oco pelo qual um positivo contém nele mesmo o negativo que aspira por ser, uma falta no próprio Ser, fissura que se preenche ao cavar-se e que se cava ao preencher-se. Não é, pois, uma presença plena, mas presença habitada por uma ausência que não cessa de aspirar pelo preenchimento e que, a cada plenitude, remete a um vazio sem o qual não poderia vir a ser. A Carne do Mundo é o quiasma ou o entrecruzamento do visível e do invisível, do dizível e do indizível, do pensável e do impensável, cuja diferenciação, comunicação e reversibilidade se fazem por si mesmas como estofo do mundo.

Merleau-Ponty fala em *deiscência da Carne*, usando um vocábulo empregado em botânica para referir-se à abertura espontânea dos órgãos dos vegetais quando alcançam a maturidade, dispostos a fecundar e a ser fecundados. *Deiscência da Carne* significa que a Carne – do mundo e nossa – é o originário e este é gênese interminável que pede, exige nossa criação para que possamos experimentá-lo; e podemos responder ao seu apelo porque somos feitos da mesma polpa insondável que ele. Somos espíritos verdadeiramente *encarnados*.

Ser de indivisão, o Ser Bruto é o que não cessa de diferenciar-se por si mesmo, duplicando todos os seres, fazendo-os ter um fora e um dentro reversíveis e parentes. Assim, se é por ele que somos dados ao ser, como a criança é dada à luz ao emergir do interior do corpo materno, no entanto, é por nós que ele se manifesta, como no instante glorioso em que o pintor faz vir ao visível um outro visível, que recolhe o primeiro e lhe confere um sentido novo. O mundo da cultura, fecundidade que passa mas não cessa, é o parto interminável do Ser Bruto e do Espírito Selvagem.

Buscá-los é desamarrar os laços que amarravam o pensamento à tradição filosófica e recomeçar a interrogação, interpelando, de um lado, as obras filosóficas para nelas encontrar as questões que as fizeram nascer e viver em seu tempo e sua hora, mas, por outro, interpelando a obra de arte como abertura para aquilo que a filosofia e a ciência deixaram de interrogar ou imaginaram haver respondido. "A ciência manipula as coisas e recusa-se a habitá-las", lemos na abertura de *O olho e o espírito*. Empregando instrumentos técnicos, constrói o mundo como Objeto em Geral, destinado a ser apenas aquilo que lhe é permitido ser pelas operações que o construíram. A filosofia, por seu turno, erige-se em Sujeito Universal que, de lugar algum e de tempo nenhum, ergue-se como puro olhar intelectual desencarnado que contempla soberanamente o mundo, dominando-o por meio de representações construídas pelas operações intelectuais. Não por acaso, diz Merleau-Ponty, filosofia e ciência, desde Platão, erigiram a matemática como paradigma do conhecimento e do pensamento verdadeiro, isto é, elegeram como ideal do saber o *ta máthema*, aquele modo de pensar que domina intelectualmente seus objetos porque os constrói inteiramente. A tradição filosófico-científica e seu efeito principal – a tecnologia como domínio instrumental dos constructos – é abandono do mundo, mais velho do que nós e do que nossas representações, e abandono do pensamento encarnado num corpo, que pensa por contato e por inerência às coisas, alcançando-as de modo oblíquo e indireto. O apelo à obra de arte como recomeço da interrogação filosófica é apelo àqueles que não manipulam e sim manejam as coisas e que, "ruminando o mundo", jamais abandonam sua inerência a ele, mas, de dentro dele, o transfiguram para que seja verdadeiro sendo o que é quando encontra quem saiba vê-lo ou dizê-lo, isto é, quem consiga arrancá-lo de si mesmo para que seu sentido venha à expressão. Em outras palavras, a invocação das obras de arte rompe com a tradição filosófica que as julgara cópias imaginativas da percepção, simulacros platônicos e, portanto, identificara ficção, erro e ilusão. O imaginário não é, como supusera Sartre, a presença do que é plenamente observável porque a imagem seria pura construção subjetiva, herdeira da sensação e da memória, mas, lemos em *O olho e o espírito*, é "o diagrama do real em meu corpo" e a "textura do real que atapeta interiormente" a visão, a linguagem e o pensamento. Desfazer a tradição filosófica, graças ao ensinamento da arte, é jamais esquecer que o artista tem seu corpo "como sentinela em vigília às portas do sensível" e que cabe à filosofia recuperar a "dignidade ontológica do sensível".

Desamarrar os nós da tradição filosófica é, pois, renunciar ao modelo clássico do Espírito, que a filosofia erigueu sobre uma imagem da consciência como pura transparência de si consigo, pura identidade e coincidência consigo mesma, imanente aos pensamentos e às ideias postas por ela mesma, interioridade plena e pura que, por sua espontaneidade essencial, teria o poder para transformar as coisas exteriores em puros conceitos do entendimento, pondo-as como representações claras e distintas ou constituindo-as como significações. Trata-se, agora, de renunciar à ideia do Ser como "ser posto" pela consciência enquanto poder absoluto de posição, derivado de seu poderio como reflexão completa – portanto, como plena posse intelectual de si mesma – e como subjetividade transcendental – portanto, como poder total para constituir o real enquanto conceito, ideia ou significação. Rumar para o Espírito Selvagem é abandonar a definição do espírito como consciência de si, a da consciência como reflexão e a da reflexão como posse intelectual de si e do mundo.

Desatar os laços da tradição filosófica é também renunciar ao modelo clássico do Objeto, o ser como coisa definida como pura exterioridade espaçotemporal dada, mosaico de partes exteriores umas às outras ligadas por relações causais ou funcionais, ou como feixe de propriedades objetivas analisáveis ou separáveis pelo pensamento e novamente reunidas por uma síntese intelectual, análise e síntese que seriam permitidas pelo uso dos instrumentos técnicos inventados pelas ciências. É preciso abandonar o Ser como coisa empírica, mas também como resultado da análise e da síntese intelectuais que o fazem posto pelo entendimento. Trata-se, pois, de renunciar ao outro lado da Subjetividade pura, a Objetividade pura, construída pelas operações de um pensamento que se julga desencarnado e de uma técnica reduzida apenas à sua superfície instrumental.

Desmanchar o tecido da tradição é, assim, renunciar à herança filosófico-científica que nos legou as dicotomias da realidade como consciência ou coisa, como ideia ou fato, como exterioridade idêntica a si mesma ou interioridade idêntica a si mesma. E que ergueu essas dicotomias sobre aquela tida como fundadora: a oposição entre essência/realidade-aparência/ilusão, como se alguma essência pudesse existir sem aparecer e como se uma aparência não manifestasse um modo de ser nosso e das coisas. É chegada a hora de fazer o luto de uma filosofia ancorada na oposição entre o para-si e o em-si para que possa nascer uma interrogação filosófica nova, cuja terra natal sejam os paradoxos e as ambiguidades de uma consciência encarnada e de um corpo dotado de interioridade.

A interrogação filosófica como recomeço radical começa por abandonar os dualismos inaugurados por Descartes, cujo primeiro efeito havia sido impedir um pensamento ancorado na união entre a alma e o corpo e na relação originária do sujeito e do mundo. Abandonar a herança cartesiana (vale dizer, o racionalismo clássico e o que dele derivou-se no idealismo alemão) implica ultrapassar as ideias claras e distintas de sujeito e objeto, a oposição entre qualidades primárias (físico-geométricas) e secundárias (sensoriais, como a cor, o odor, o sabor, a sonoridade, a textura), a separação entre conceito e ideia e entre ambos e as coisas, e a posição da subjetividade transcendental, que funda e acompanha todas as representações. Mas trata-se, ainda, de ir além da crítica dos românticos ao idealismo transcendental (crítica que os fizera desejar um retorno passivo ao seio da Natureza) e da crítica hegeliana aos românticos (crítica que conduzirá Hegel a fazer do sensível o momento alienado do espírito), assim como se trata de abandonar definitivamente o fóssil do Grande Racionalismo clássico, exibido pelo Pequeno Racionalismo cientificista do início do século XX (que pretendeu erguer a racionalidade sem o fundamento que a tornara possível no Grande Racionalismo do século XVII, isto é, a ideia do infinito positivo no qual se uniam as dualidades metafísicas, irreconciliáveis para e nos entes finitos).

Desatar as amarras da tradição é romper com os erros gêmeos e rivais do idealismo e do realismo, do intelectualismo e do empirismo, passando a interrogar os fenômenos e a experiência depois de haver renunciado à ficção da reflexão como coincidência entre pensar e ser. Espírito Selvagem e Ser Bruto revelam que a reflexão tem o irrefletido nela própria – a irreflexão não lhe é exterior, mas interior, pois é a experiência muda de sua encarnação num corpo – e que o pensamento vive simultaneamente dentro e fora de si, jamais repousando junto a si. A simultaneidade do sair de si e do entrar em si – que Merleau-Ponty diz ser a definição mesma do espírito – transparece quando a experiência é captada como iniciação aos segredos do mundo.

A palavra *experiência* parece opor-se à palavra *iniciação*. De fato, a primeira, composta pelo prefixo latino *ex* – para fora, em direção a – e pela palavra grega *peras* – limite, demarcação, fronteira –, significa um sair de si rumo ao exterior, viagem e aventura fora de si, inspeção da exterioridade. A segunda, porém, é composta pelo prefixo latino *in* – em, para dentro, em direção ao interior – e pelo verbo latino *eo*, na forma composta *ineo* – ir para dentro de, ir em – da qual se deriva *initium* – começo, origem. *Iniciação* pertence ao vocabulário religioso de interpretação dos auspícios divinos no começo de uma cerimônia religiosa, donde significar: ir para dentro de um mistério, dirigir-se para o interior de um mistério. Ora, se o sair de si e o entrar em si definem o espírito, se o mundo é carne ou interioridade e a consciência está originariamente encarnada, não há como opor *experientia* e *initiatio*. A experiência já não pode ser o que era para o empirismo, isto é, passividade receptiva e resposta a estímulos sensoriais externos, mosaico de sensações que se associam mecanicamente para formar percepções, imagens e ideias; nem pode ser o que era para o intelectualismo, isto é, atividade de inspeção intelectual do mundo. Percebida, doravante, como nosso modo de ser e de existir no mundo, a experiência será aquilo que ela sempre foi: iniciação aos mistérios do mundo.

"É à experiência que nos dirigimos para que nos abra ao que não é nós", lemos numa nota de *O visível e o invisível*. É exercício do que ainda não foi submetido à separação sujeito-objeto. É promiscuidade das coisas, dos corpos, das palavras, das ideias. É atividade-passividade indiscerníveis. Abertura para o que não é nós, excentricidade muito mais do que descentramento, a experiência, escreve Merleau-Ponty em *O olho e o espírito*, é "o meio que me é dado de estar ausente de mim mesmo, de assistir por dentro à fissão do Ser, fechando-me sobre mim mesmo somente quando ela chega ao fim", isto é, nunca.

Debrucemo-nos um instante sobre essa curiosa expressão: *fissão no Ser*.

A tradição filosófica jamais conseguiu suportar que a experiência seja ato selvagem do querer e do poder, inerência de nosso ser ao mundo. Fugindo dela ou buscando domesticá-la, a filosofia sempre procurou refúgio no *pensamento da experiência*, isto é, *representada* pelo entendimento e, portanto, neutralizada: tida como região do conhecimento confuso ou inacabado, a experiência como exercício promíscuo de um espírito encarnado só poderia tornar-se conhecível e inteligível se fosse transformada numa representação ou no pensamento de experimentar, pensamento de ver, pensamento de falar, pensamento de pensar. Assim procedendo, a tradição, tanto empirista como intelectualista, cindiu o ato e o sentido da experiência, colocando o primeiro na esfera do confuso e o segundo na do conceito. Compreender a experiência exigia sair de seu recinto, destacar-se dela para, graças à separação, pensá-la e explicá-la, de sorte que, em lugar da *compreensão da experiência*, obteve-se a *experiência compreendida*, um discurso sobre ela para silenciá-la enquanto fala própria.

Ao fazer falar a experiência como *fissão no Ser*, Merleau-Ponty leva-nos de volta ao recinto da encarnação, abandonando aquela maneira desenvolta com a qual a filosofia julgava poder explicá-la, perdendo-a. Doravante, não se trata, em primeiro lugar, de explicar a experiência, mas de decifrá-la nela mesma, e não se trata, em segundo lugar, de separar-se dela para compreendê-la. Somos levados ao recinto da experiência pelas artes, cujo trabalho é a iniciação que nos ensina a decifrar a *fissão no Ser*.

Fissão: as cosmologias e a física nuclear decifram a origem do universo pela explosão da massa em energia cuja peculiaridade está em que as novas partículas produzidas são da *mesma espécie* das que as produziram, de tal maneira que o próprio Ser divide-se por dentro sem separar-se de si mesmo, diferencia-se de si mesmo permanecendo em si mesmo como diferença de si a si.

Quando invoca a experiência do pintor, ou do músico ou do escritor, para contrapô-las ao modo como a filosofia interpreta a experiência, Merleau-Ponty se demora naqueles instantes em que ver, ouvir ou falar-escrever atravessam a carapaça da cultura instituída e desnudam o originário de um mundo visível, sonoro e falante. Ao se referir a esses instantes com a expressão *fissão no Ser*, busca significá-los como divisão no interior da indivisão: a experiência se efetua como aquele momento no qual um visível (o corpo do pintor) se faz vidente sem sair da visibilidade e um vidente se faz visível (o quadro) sem sair da visibilidade; no qual um ouvinte (o corpo do músico) se faz sonoro sem sair da sonoridade e um sonoro (a música) se faz audível sem sair da sonoridade; no qual um falante (o corpo do escritor) se faz dizível sem abandonar a linguagem e um dizível (o texto) se faz falante sem sair da linguagem. A experiência é cisão que não separa – o pintor traz seu corpo para olhar o que não é ele, o músico traz seu corpo para ouvir o que ainda não tem som, o escritor traz a volubilidade de seu espírito para cercar aquilo que se diz sem ele – e é indivisão que não identifica – Cézanne não é a Montanha Santa Vitória, Mozart não é a Flauta Mágica, Guimarães Rosa não é Diadorim. A experiência é o ponto máximo de proximidade e de distância, de inerência e diferenciação, de unidade e pluralidade em que o Mesmo se faz Outro no interior de si mesmo.

O que é a experiência da visão? É o ato de ver, advento simultâneo do vidente e do visível como reversíveis e entrecruzados, graças ao invisível que misteriosamente os sustenta. O que é a experiência da linguagem? É o ato de dizer como advento simultâneo do dizente e do dizível, graças ao silêncio que misteriosamente os sustenta. O que é a experiência do pensamento? É o ato de pensar como advento simultâneo do pensamento e do pensável, graças ao impensado que misteriosamente os sustenta. A experiência é o que *em nós* se vê quando vemos, o que *em nós* se fala quando falamos, o que *em nós* se pensa quando pensamos. Nenhum dos termos é origem: visível, dizível e pensável não existem em si como coisas ou ideias; vidente, falante e pensante não são operações de um sujeito como pura consciência desencarnada; visível, dizível e pensável não são causas da visão, da linguagem e do pensamento, assim como o vidente, o falante e o pensante não são causadores intelectuais do ver, falar e pensar. São simultâneos e diferentes, são reversíveis e entrecruzados, existem juntos ou coexistem sustentados pelo fundo não visível, não proferido e não pensado. São o originário porque a origem é, aqui e agora, a junção de um dentro e um fora, de um passado e de um porvir, de um antes e um depois, proliferação e irradiação de um fundo imemorial que só existe proliferando-se e irradiando-se.

A experiência é diferenciadora: distingue entre vidente e visível, tocante e tocado, falante e falado, pensante e pensado, assim como distingue entre ver e tocar, ver ou tocar e falar, ver ou tocar, falar e pensar. Ver é diferente de tocar, ambos são diferentes de falar e pensar, falar é diferente de ver e pensar; pensar, diferente de ver, tocar ou falar. Abolir essas diferenças seria regressar à Subjetividade como consciência representadora que reduz todos os termos à homogeneidade de representações claras e distintas. Porém, a diferenciação própria da experiência *não é posta* por ela: *manifesta-se* nela porque é o próprio mundo que se põe a si mesmo como visível-invisível, dizível-indizível, pensável-impensável. No entanto, a cisão dos termos, que os distingue sem separá-los e os une sem identificá-los, só é possível porque o mundo como Carne é coesão interna, a indivisão que sustenta os diferentes como dimensões simultâneas do mesmo Ser. O mundo é simultaneidade de dimensões diferenciadas. O que as artes ensinam à filosofia? Que o pensamento não pode fixar-se num polo (coisa ou consciência, sujeito ou objeto, visível ou vidente, visível ou invisível, palavra ou silêncio), mas precisa sempre mover-se no entre-dois, sendo mais importante o mover-se do que o entre-dois, pois entre-dois poderia fazer supor dois termos positivos separáveis, enquanto o mover-se revela que a experiência e o pensamento são passagem de um termo por dentro do outro, passando pelos poros do outro, cada qual reenviando ao outro sem cessar. Eis por que as artes ensinam à filosofia a impossibilidade de um pensamento de sobrevoo, que veria tudo de uma só vez, veria cada coisa em seu lugar e com sua identidade, veria redes causais completas, veria todas as relações possíveis entre as coisas, como o olhar do Deus de Leibniz, geometral de todos os pontos de vista. Merleau-Ponty insiste em que o artista ensina ao filósofo o que é existir como um *humano*.

A experiência é esse fundo que sustenta a manifestação da própria experiência, sem o qual ela não existiria – como a figura não existe sem o fundo – e graças ao qual os termos que a constituem são reversíveis – como o fundo que se torna figura e a figura que se torna fundo. Esse fundo imemorial, essa ausência que suscita uma presença, é inesgotável: não há uma visão total que veria tudo e completamente, pois para ver é preciso a profundidade e esta nunca pode ser vista; não há uma linguagem total que diria tudo e completamente, pois para falar é preciso o silêncio sem o qual nenhuma palavra poderia ser proferida; não há um pensamento total que pensaria tudo e completamente, pois para pensar é preciso o impensado que faz pensar e dá a pensar. Assim, se o fundo é uma ausência que pede uma presença, um vazio que pede preenchimento, ele é também, e simultaneamente, um excesso: o que nos leva a buscar novas expressões é o excesso do que queremos exprimir sobre o que já foi expresso. A cultura sedimenta e cristaliza as expressões, mas o instituído carrega um vazio e um excesso que pedem nova instituição, novas expressões. Dessa maneira, o primeiro parentesco profundo entre filosofia e arte aparece: a obra de arte e a obra de pensamento são intermináveis. O pintor não pode parar de pintar, o músico não pode parar de compor, o poeta não pode parar de falar, o pensador não pode parar de pensar. Cada expressão engendra de si mesma e de sua relação com as expressões passadas e com o mundo presente a necessidade de novas expressões. A experiência e as obras que ela suscita sem cessar são, assim, iniciação ao mistério do tempo como *pura inquietação* – literalmente – não quietude.

Esse parentesco, porém, não se esgota na relação entre filosofia e arte como intermináveis, como esse "ir mais longe" de que falava Van Gogh. Tomar a experiência como iniciação ao mistério do mundo significa reconhecer que o sair de si é o entrar no mundo. Resta saber, no entanto, como e por que esse entrar no mundo é também nossa volta a nós mesmos. A pintura revela que a experiência de pintar é experimentar o que em nós se vê quando vemos (Cézanne dizia: "sou a consciência da paisagem"), a literatura revela que a experiência de escrever é experimentar o que em nós se fala ou escreve quando falamos ou escrevemos (Guimarães dizia-se falado pela linguagem que o "empurrava" a escrever) e, assim, ambas ensinam à filosofia que o pensamento é a experiência do que se pensa em nós quando pensamos. Experiência: algo age em nós quando agimos, como se fôssemos agidos no instante mesmo em que somos agentes. A obra de arte é a chave do enigma da experiência e do espírito e, dessa maneira, ensina à filosofia o filosofar, ensinando-lhe a reversibilidade entre atividade e passividade, que a tradição julgara opostas.

> A humanidade não é produzida como efeito de nossas articulações, nem da implantação de nossos olhos, nem pela existência dos espelhos que, no entanto, são os únicos a tornar nosso corpo inteiramente visível para nós. Essas contingências e outras semelhantes, sem as quais não haveria homem, não fazem, por simples soma, que haja um único humano (...). Um corpo humano existe quando, entre vidente e visível, entre tangível e tangido, entre um olho e outro, uma mão e outra se realiza numa espécie de entrecruzamento, quando se acende a flama do sensiente-sensível, quando "pega" esse fogo que não cessará de queimar até que um acidente do corpo faça desaparecer o que nenhum acidente teria bastado para fazer existir. Ora, desde que esse estranho sistema de trocas esteja dado, todos os problemas da pintura estão aí. *Eles* ilustram o enigma do corpo. *Ela* os justifica...[2]

---

2. Merleau-Ponty, *L'oeil et l'esprit*. Paris: Gallimard, 1964, pp. 20-1.

Todavia, além do parentesco entre obra de arte e obra de pensamento e do ensinamento artístico para a interrogação filosófica, uma terceira relação existe entre arte e filosofia: as artes indicam como e por quê, sendo parentes e mestras da filosofia, são também diferentes dela, e é essa diferença que permite à filosofia falar e pensar *sobre* as artes. Pode haver um discurso filosófico *sobre* as artes porque estas são filosofia selvagem que a filosofia tematiza. Do lado das artes, podemos dizer *artepensamento*, enquanto do lado da filosofia precisamos dizer *arte e pensamento*, conquista de uma diferença prometida pela própria arte. Todavia, porque a diferença que permite dizer arte *e* filosofia é conquistada a partir do deciframento da experiência artística, há também diferença entre crítica de arte e filosofia. A primeira chega às artes sabendo o que são, podendo julgá-las e avaliá-las. A segunda parece começar como se também já estivesse na posse de um saber, mas, acolhendo o trabalho dos artistas, vai, pouco a pouco, aprendendo com eles e, através de suas obras, alcança uma via de acesso a si própria como um saber que não é outra coisa senão a experiência interminável da interrogação.

A obra interminável

No ensaio "A dúvida de Cézanne", Merleau-Ponty realiza dois movimentos simultâneos: o primeiro interpreta a obra de arte como trabalho de transfiguração da vida – a hereditariedade, as circunstâncias, os hábitos e as influências – ou como passagem da necessidade à liberdade e como trabalho motivado pela vida, isto é, como expressão livre do que é necessário. O segundo movimento, que abre e fecha o texto, expõe a essência da obra de arte como gênese sem fim e trabalho interminável. Cézanne e Leonardo figuram esse duplo movimento.

Cézanne duvida do valor e do sentido de sua obra. Zola, seu amigo, fala em "obra abortada", atribuindo o fracasso do pintor ao seu temperamento doentio, mórbido e depressivo, efeito da hereditariedade e das condições de seu meio. Émile Bernard, outro amigo, comenta a dúvida do pintor a partir de suas dificuldades para ultrapassar as influências do Impressionismo. Para ambos, a obra de Cézanne é o efeito necessário de uma causalidade biológica, social e cultural. No polo oposto, interpretando a obra de Leonardo, Valéry a apresenta como expressão acabada de uma liberdade plena e sem freios, de uma espontaneidade que nada deve à situação vital, familiar, social e cultural do pintor. A obra de Leonardo é incausada, ou melhor, tem como causa aquilo que é desprovido de causa: a pura liberdade de Leonardo.

Contra essas duas interpretações opostas e gêmeas, Merleau-Ponty enfatiza a liberdade de Cézanne e o peso da necessidade sobre a obra de Leonardo. No entanto, ao fazê-lo, opera duas mudanças fundamentais: modifica a ideia de causa necessária e a de liberdade imotivada. Com elas, modifica inteiramente a noção de obra: esta não é efeito da vida, mas aquilo que exige *esta* vida determinada, seja a de Cézanne, seja a de Leonardo. É a obra que explica a vida e não o contrário, pois a obra é a maneira como o artista transforma, num sentido figurado e novo, o sentido literal e prosaico de sua situação de fato. A obra de arte é *existência*, isto é, o poder humano para transcender a faticidade nua de uma situação dada, conferindo-lhe um sentido que, sem a obra, ela não possuiria. El Greco não pinta figuras longilíneas e curvilíneas por ser astigmata e esquizoide, ao contrário, é porque pinta figuras longilíneas e curvilíneas que é astigmata e esquizoide.

Por ser ansioso e mórbido, ter dificuldade na relação com os outros, desconfiando deles e os temendo, isolando-se em crises de depressão, Zola julga Cézanne incapaz de atitudes flexíveis e de dominar situações novas, refugiando-se nos hábitos, pintando apenas a natureza ou dando uma fisionomia desumana aos rostos humanos, pintando-os como se fossem coisas. Por outro lado, julga Émile Bernard que, distanciando-se dos impressionistas, Cézanne queria buscar a realidade sem se afastar da sensação e das impressões imediatas, sem cercar os contornos, sem enquadrar a cor com o desenho, sem compor a perspectiva, tentando alcançar a realidade sem recorrer aos meios que justamente permitiriam alcançá-la, mergulhando no caos das sensações, incapaz de oferecer um sentido inteligível aos quadros, afogando "a pintura na ignorância e seu espírito nas trevas".

Zola e Bernard quiseram *explicar* Cézanne. Aplicaram à sua vida e à sua obra as dicotomias tradicionais entre sensação e pensamento, caos e ordem. Ora, o que Cézanne busca é a "natureza dando-se forma, a ordem nascendo por uma organização espontânea". Não quer separar as coisas fixas que aparecem ao nosso olhar e seu modo fugidio de aparecer; busca a ruptura entre a ordem espontânea das coisas percebidas e a ordem humana das ideias e da ciência.

> É esse mundo primordial que Cézanne quis pintar e por isso seus quadros dão a impressão da natureza na origem, enquanto fotografias dessas mesmas paisagens sugerem os trabalhos dos homens, suas comodidades, sua presença iminente.[3]

---

3. Merleau-Ponty, "Le doute de Cézanne", *in Sens et non-sens*, Genebra: Nagel, 1965, p. 23.

É a natureza em estado nascente, antes da presença humana, que ele busca: a paisagem sem vento, o lago sem movimento, os objetos gelados, hesitantes como na origem da terra, o fundo desumano primordial sobre o qual o humano se instala.

Cézanne dizia desejar "unir Natureza e arte", dar um sentido à expressão clássica: a arte é o homem acrescentado à natureza. Nosso olho não é um objeto técnico, não é um aparelho fotográfico. Diferentemente da máquina fotográfica, não vemos obliquamente um círculo como se fosse uma elipse, mas vemos uma forma que oscila entre o círculo e a elipse, sem ser nenhum deles. A perspectiva buscada por Cézanne assim como a pesquisa da cor e seu emprego são, do ponto de vista da geometria e da óptica, deformações deliberadas porque somente assim "são capazes de dar a impressão de uma ordem nascente, de um objeto começando a aparecer e aparecendo, pondo-se a aglomerar-se sob nossos olhos"[4]. Cézanne evita a alternativa entre marcar todos os contornos e marcar um só: para oferecer uma coisa inesgotável, busca modulações coloridas, de maneira que o desenho resulte da cor, dando o mundo em sua espessura, massa sem lacunas, organismo de cores, fazendo o espaço fulgurar como vibração.

O mundo – Ser Bruto e vertical, simultaneidade de todas as dimensões (olfativas, gustativas, visuais, motrizes, sonoras, táteis) – para ser expresso como totalidade leva Cézanne a meditar "às vezes durante uma hora antes de depositar o toque" sobre a tela, pois cada toque deve conter "o ar, a luz, o objeto, o plano, o caráter, o desenho e o estilo". A expressão do que existe, escreve Merleau-Ponty, é uma tarefa infinita.

---

4. *Idem, ibidem*, p. 24.

Cézanne não negligenciava a fisionomia dos objetos, mas a buscava quando emergia da cor. Dizia que "o pintor interpreta um rosto". Interpretar não é uma operação do intelecto ou do pensamento, que se separam da visão para explicá-la e para conceituar um rosto visível. Interpretar um rosto *em pintura* é "ver o espírito que se lê nos olhares que são apenas conjuntos coloridos", pois os "outros espíritos só se oferecem a nós encarnados, aderentes a um rosto e a gestos". Cézanne deseja a experiência primordial, aquela que desconhece a separação conceitual entre a alma e o corpo, deseja o mistério da aparição de um outro humano no interior da Natureza.

Que é o trabalho da pintura para Cézanne? No romance *La peau de chagrin*, Balzac fala numa "toalha branca como uma camada de neve frescamente caída sobre a qual se elevavam simetricamente os talheres coroados de pãezinhos loiros". Dizia Cézanne:

> durante toda a minha juventude quis pintar isto, essa toalha de neve fresca... Sei, agora, que é preciso querer pintar apenas "elevavam-se simetricamente os talheres" e "pãezinhos loiros". Se eu pintar "coroados", estarei fodido, entende? Se verdadeiramente equilibro e matizo meus talheres e meus pães como na natureza, tenha certeza de que as coroas, a neve e todo o tremor aí estarão.[5]

Donde o comentário de Merleau-Ponty: Cézanne põe em suspenso o mundo cultural, feito de utensílios e objetos que trazem a marca da intervenção humana sobre a natureza para pintar a vibração e a fulguração do mundo antes do homem. E esse olhar do pintor, que revela o não humano ou o ainda não humano, só é possível para um

---

5. *Idem, ibidem*, p. 27.

ser humano que vai às raízes das coisas, abaixo do mundo constituído pela cultura, para captar o instituinte como criação.

Cézanne busca o que chamava de "o motivo", como falamos no motivo de uma renda ou de um bordado, o tema central que dá coesão e sentido ao todo. Dizia: "Há um minuto do mundo que passa, é preciso pintá-lo em sua realidade."Meditava horas, dias, e a longa meditação terminava quando podia dizer: "agarrei meu motivo". A partir desse momento,

> atacava o quadro por todos os lados ao mesmo tempo, cercava com manchas coloridas o primeiro traço de carvão, o esqueleto geológico. A imagem se saturava, ligava-se, desenhava-se, equilibrava-se, vindo à maturidade de uma só vez. "A paisagem se pensa em mim, sou a consciência dela" (...). O pintor retoma e converte justamente em objeto visível aquilo que, sem ele, ficaria encerrado na vida separada de cada consciência: a vibração das aparências, que é o berço do mundo (...). Para esse pintor, há um só sentimento de estranheza, um só lirismo: a existência sempre recomeçada.[6]

A incerteza e a solidão de Cézanne não se explicam por seu temperamento nervoso, mas pela intenção de sua obra. Hereditariedade, meio social, influências artísticas são os acidentes e não a essência da vida do pintor, "a parte que a natureza e a história lhe deram para que as decifrasse". São as condições do sentido literal de sua obra; esta, porém, é o sentido figurado que o artista impôs àqueles acidentes naturais e históricos. As condições iniciais do trabalho artístico são o monograma e o em-

---

6. *Idem, ibidem*, pp. 29-30.

blema de uma vida que se interpreta a si mesma livremente, tornando-se obra. A vida não explica causalmente a obra. Vida e obra se comunicam, e "a verdade é que *esta obra por fazer exigia esta vida por viver*". São uma só aventura. A obra revela o sentido metafísico da vida: não é destino nem absurdo, mas uma possibilidade geral para todo aquele que enfrenta o enigma da expressão.

A liberdade de Cézanne não está desenraizada. É a decisão selvagem de liberar as coisas para que digam o que queriam dizer e que não poderiam dizer, se Cézanne não transformasse seu temperamento em obra.

Se, do lado de Cézanne, a liberdade parecia, à primeira vista, impossível, do lado de Leonardo, parecemos estar no polo oposto. Interpretado por Valéry, Leonardo é pura liberdade para pensar e agir como criador, sem as amarras de seu corpo, de seu temperamento, de sua sexualidade, de seu meio social e de seu meio artístico. No entanto, a interpretação oferecida por Freud para o quadro *A Virgem e a criança*, a partir de uma recordação infantil do pintor, faz-nos duvidar da imagem proposta por Valéry.

Leonardo se sente assombrado e perseguido pelos abutres, ele os pinta, os desenha, os inventa como máquinas, compondo-os com asas de cera sobre lagartixas. No quadro em questão, o manto da Virgem, interpreta Freud, é um abutre que roça a criança, e Leonardo se recorda do sonho infantil em que um abutre abria seus lábios para enfiar-se em sua boca. Leonardo é filho natural de uma camponesa e de um homem abastado, que a abandona para casar-se com uma mulher estéril, levando, após quatro anos, o menino para morar com ele, deixando a mãe sozinha. Teria Leonardo uma vida sem fantasmas? Sua incapacidade para ligações amorosas, tanto hetero como homossexuais, suas obras sempre inacabadas, sua obsessão com o voo, nada seriam?

A interpretação psicanalítica, diz Merleau-Ponty, não é uma explicação da obra de Leonardo por suas fantasias infantis. O que a psicanálise traz é uma descrição da vida de Leonardo da qual ele não tem plena consciência, mas que o engaja a viver de uma determinada maneira. O fantasma do abutre é, "como a palavra do augúrio, um símbolo ambíguo que se aplica de antemão a várias linhas de acontecimentos possíveis", um elã inicial de uma situação que pode ser aceito ou recusado, mas a aceitação é uma recusa e a recusa, uma aceitação, pois não se dão no mesmo plano de consciência. A psicanálise descreve a troca contínua entre o passado e o futuro, mostrando que cada vida sonha enigmas cujo sentido final não se encontra inscrito em parte alguma e exige a liberdade como retomada criadora de nós mesmos, fazendo nossa vida sempre fiel a si mesma. Como Cézanne, Leonardo está situado, mas sua situação é um campo aberto de possíveis sobre os quais exerce a decisão livre ou de apenas repetir o dado inicial ou de transcendê-lo, dando-lhe um sentido figurado novo. A obra de arte não é efeito das condições dadas, mas *resposta* a elas, por isso é enraizamento e ultrapassamento, isto é, rigorosamente, criação radical.

Se assim é, podemos compreender por que a obra é interminável.

Em 1906, aos 67 anos, um mês antes de morrer, Cézanne escreve:

> Encontro-me num tal estado de perturbação que temo perder a razão (...). Parece que agora estou melhor e penso com mais justeza sobre a orientação de meus estudos. Chegarei ao objetivo tão longamente procurado? Estudo sempre sobre a natureza e me parece que faço lentos progressos.[7]

---

7. *Idem, ibidem*, p. 15.

O filósofo Husserl, poucos dias antes de sua morte, proferiu uma conferência na qual afirmava que sua obra – gigantesca – estava equivocada e que iria recomeçá-la, pois havia, finalmente, compreendido o que deveria ser o objeto da filosofia.

O diário de Cézanne e a conferência de Husserl, assim como os trabalhos inacabados de Leonardo, revelam que os três submeteram os acontecimentos e as experiências à significação que tinham para eles como um fulgor vindo de parte alguma e que, em certos momentos, os iluminava por inteiro. O artista, como o filósofo, nunca estão no centro de si mesmos, estão sempre fora de si, rodeados pela miséria empírica do mundo e pelo mundo que devem realizar e revelar pela obra. Sempre duvidarão dos resultados, pois somente o assentimento dos outros confere valor à obra. Por isso interrogam o mundo, a si mesmos, seu próprio trabalho, não podendo parar de pintar, compor, dançar, escrever, pensar. Sua obra é interminável porque nunca abandonamos nossa vida e o mundo, nunca vemos a ideia, o sentido e a liberdade cara a cara.

Escreve Merleau-Ponty, no "Prefácio" a *Sens et non-sens*:

> Na presença de um romance, de um poema, de uma pintura, de um filme válidos, sabemos que houve contato com alguma coisa, que alguma coisa tornou-se uma aquisição para os homens e a obra começa a emitir uma mensagem ininterrupta (...). Mas, para o artista e para o público, o sentido da obra só é formulável por ela mesma; nem o pensamento que a fez nem o pensamento que a recebe são senhores de si (...) com que riscos cumprem-se a expressão e a comunicação (...). É como um passo na bruma, sobre o qual ninguém pode dizer se levará a alguma parte. Mesmo nossa matemática cessou de ser longas cadeias de razões.

Os seres matemáticos só se deixam apanhar por procedimentos oblíquos, métodos improvisados, tão opacos como um mineral desconhecido. O mundo da cultura é descontínuo como o outro, também conhece surdas mutações. Há um tempo da cultura em que as obras de arte e da ciência se gastam, embora seja um tempo mais lento do que o da história e o do mundo físico. Na obra de arte como na obra teórica, assim como na coisa sensível, o sentido é inseparável do signo. A expressão, portanto, nunca está acabada.[8]

A obra de arte como filosofia selvagem

"O pintor 'traz seu corpo'. Com efeito, não vemos como um espírito poderia pintar. É emprestando seu corpo ao mundo que o pintor transforma o mundo em pintura." Com essas palavras, Merleau-Ponty abre o ensaio *O olho e o espírito*.

A pintura é transubstanciação entre o corpo do pintor e o corpo das coisas. Como é isso possível? É que a visão e o movimento são inseparáveis, embora diferentes: ver não é apropriar-se do mundo em imagem, mas aproximar-se das coisas, tê-las, mas a distância; mover-se não é realizar comandos que a alma envia ao corpo, mas o resultado imanente do amadurecimento de uma visão. Nosso corpo é uma potência vidente e motriz que vê porque se move e se move porque vê. Mas por que há transubstanciação entre nosso corpo e o mundo?

O corpo é um enigma. Entre as coisas visíveis, é um visível, mas dotado do poder de ver – é vidente. Visível vidente, o corpo tem o poder de ver-se quando vê, vê-se vendo, é um vidente visível para si mesmo. Entre as coi-

---

8. *Idem, ibidem,* p. 8.

sas táteis, o corpo é um tátil, mas dotado do poder de tocar – é tocante. Tátil tocante, tem o poder de tocar-se ao tocar, é um tocante tátil para si mesmo. Entre as coisas móveis, o corpo é móvel, mas dotado do poder de mover – é um movente. Móvel movente, o corpo tem o poder de mover-se movendo – é móvel movente para si mesmo. O corpo é sensível para si.

Quando Cézanne afirma que a Natureza está no interior e que ele "pensa em pintura" (isto é, pintar é uma maneira de pensar), quando Matisse se olha no espelho pintando-se a si mesmo, quando Klee diz que deseja fazer uma linha sonhar para com o novelo de linhas chegar ao elementar, quando Rodin afirma que o que dá movimento a um quadro ou a uma escultura é a figura do corpo na qual cada uma de suas partes se encontra num instante temporal diferente, cada um deles não faz outra coisa senão celebrar o mistério do sensível e do corpo como reflexão.

A presença das coisas é um mistério porque elas reivindicam a existência como indivíduos e só podem tê-la se forem mais ou menos do que indivíduos. Mais: são campos ou configurações, famílias ou estilos de ser – a família das cores, dos odores, dos sonoros. Menos: são puras diferenciações. Uma cor é pura diferença entre cores, não uma coisa, um átomo colorido, uma onda luminosa dotada de identidade. As coisas se entrelaçam e se cruzam: a superfície se enlaça e se cruza com as cores e os sons que se enlaçam e se cruzam com os odores e texturas que se enlaçam e se cruzam em movimentos infindáveis, numa troca incessante na qual cada um é discernível porque pertence a uma família diferente, mas também cada um é indiscernível dos outros porque juntos formam o tecido cerrado e poroso do mundo.

Nosso corpo, coisa sensível entre as coisas, é sensível para si. É ele que nos faz ver as coisas no lugar em que estão e segundo o desejo delas, realizando o mistério do ver e do tocar, pois visão e tato têm o dom da ubiquidade: a visão se efetua simultaneamente a partir das coisas e dos olhos, o tato se realiza simultaneamente a partir das coisas e das mãos. Nossos sentidos operam por transitividade, enlaçando-se como as coisas: o olhar apalpa, as mãos veem, os olhos se movem com o tato, o tato sustenta pelos olhos nossa mobilidade e nossa imobilidade, compensando a imobilidade e a mobilidade das coisas.

O pintor e o escultor desvendam o mistério das coisas e do corpo porque revelam o corpo como sensível errante – um sensível entre os sensíveis – e um sensível concentrado – um sensível sensiente que é sensível para si mesmo. O trabalho do artista destrói a distinção metafísica entre passividade e atividade, desvendando-as como simultâneas e indiscerníveis. Pintura e escultura vão além dessa destruição. Por elas, descobrimos que o corpo é misterioso: preso no tecido do visível, continua a se ver; atado ao tangível, continua a se tocar; movido no tecido do movimento, não cessa de mover-se. Sofre do visto, do tocado e do movido a ação que exerce sobre eles. Sente de dentro seu fora e sente de fora seu dentro. Sentindo-se, o corpo *reflexiona*. Pela primeira vez, na história da filosofia, graças à obra de arte, descobrimos que a reflexão não é privilégio da consciência nem essência da consciência, mas que esta recolhe uma reflexão mais antiga que a ensina a refletir: a reflexão corporal. Ora, o trabalho selvagem do artista revela algo mais: a reflexão corporal não é plena posse de si nem plena identidade do corpo consigo mesmo, mas inerência e confusão dele consigo mesmo e com as coisas. Essa descoberta ensina à filosofia a impossibilidade para a consciência de realizar uma reflexão completa e de ser posse intelectual de si e do mundo. Os olhos nos fazem descobrir quando a filosofia perdeu o foco: quando falou em olho – no singular – e o designou como olho do espírito. Há os olhos. Há o olho *e* o espírito.

Acompanhemos Merleau-Ponty:

> Qualidade, luz, cor, profundidade, que estão lá longe, só estão ali porque despertam um eco em nosso corpo, porque ele as acolhe. Esse equivalente interno, essa fórmula carnal de sua presença que as coisas suscitam em mim, por que, por sua vez, não suscitariam um traçado também visível no qual um outro olhar reencontrará os motivos que sustentam sua inspeção do mundo? Então, aparecerá um visível em segunda potência, essência carnal ou ícone do primeiro. Não se trata de um duplo enfraquecido nem de uma ilusão de ótica, não é uma outra *coisa*. Os animais pintados na parede da caverna de Lascaux não estão ali como ali estão a fenda ou o inchaço do calcário. Mas também não estão alhures. Um pouco adiante, um pouco atrás, sustentados pela massa da parede, dela se servindo corretamente, irradiam à volta dela sem jamais romper com ela a amarra inapreensível. Eu teria muita dificuldade para dizer onde está o quadro que olho. Pois não o olho como olho uma coisa, não o fixo num lugar, meu olhar vagueia por ele como nos nimbos do Ser, vejo de acordo com ele ou vejo com ele, muito mais do que o vejo (...). O quadro, como a mímica do ator, pertence ao imaginário (...). O imaginário está muito mais perto e muito mais longe do atual. Mais perto, pois é o diagrama da vida dele em meu corpo, sua polpa ou seu avesso carnal exposto pela primeira vez aos olhares dos outros (...). Muito mais longe, pois o quadro não é um análogo do mundo senão segundo o corpo, não oferece ao espírito uma ocasião para repensar as relações constitutivas das coisas, mas oferece ao olhar, para que este os espose, os vestígios da visão do dentro, oferece à visão o que a atapeta interiormente, a textura imaginária do real (...). O olho do pintor

vê o mundo e o que falta no mundo para ser quadro e o que falta ao quadro para ser ele mesmo, e sobre a paleta, a cor que o quadro espera, e vê, uma vez feito, o quadro que responde a todas essas faltas e vê os quadros dos outros, as respostas dos outros a outras faltas (...). O olho do pintor é aquilo que foi emocionado por um certo impacto do mundo que o restitui ao visível pelos traços da mão (...) desde as cavernas de Lascaux até hoje, pura ou impura, figurativa ou não figurativa, a pintura não celebra nunca outro enigma senão o da visibilidade (...) o mundo do pintor é um mundo visível, nada além de visível, um mundo quase louco, pois é completo sendo parcial. A pintura desperta e eleva à sua última potência um delírio que é a própria visão, pois *ver é ter a distância* e a pintura estende essa bizarra posse a todos os aspectos do Ser que devem, de algum modo, tornar-se visíveis, para entrar nela (...) essa *visão devorante*, para além dos "dados visuais", abre para uma textura do Ser cujas mensagens sensoriais separadas são apenas pontuações ou cesuras, pois o olho habita o Ser como o homem sua casa... Enquanto pinta, o pintor pratica uma *teoria mágica* da visão (...) uma mesma coisa está lá longe, no coração do mundo e aqui perto, no coração da visão, a mesma coisa aqui e lá, gênese e metamorfose do Ser em sua visão. É a própria montanha que, lá de longe, se faz ver pelo pintor, e é ela que ele interroga com o olhar. Que lhe pede ele? Que desvende os meios puramente visíveis pelos quais ela se faz montanha aos nossos olhos. Luz, iluminação, sombras, reflexos, cor: todos os objetos da investigação e da busca do pintor não são seres completamente reais. São como os fantasmas, pois só têm existência visual (...) o olhar do pintor lhes pergunta como é que eles fizeram para que, de repente, haja alguma coisa, e para que essa coisa componha o talismã do mundo, fazendo-nos ver o visível.[9]

---

9. Merleau-Ponty, *L'oeil et l'esprit*, Paris: Gallimard, 1964, pp. 21-4.

A pintura é teoria mágica da visão: nela como nesta, uma mesma coisa está lá longe, no seio do mundo, e aqui perto, no interior do próprio olhar. É filosofia selvagem, pois o pintor (como o escultor e o dançarino) vive na fascinação: seus gestos parecem emanar das próprias coisas, ser exigidos por elas, estar nelas como o desenho das constelações. Eis por que Klee confessa:

> Numa floresta, senti, várias vezes, que não era eu quem olhava a floresta. Senti, certos dias, que eram as árvores que me olhavam, me falavam... Eu, eu ficava ali, escutando... Creio que o pintor deve ser trespassado pelo universo e não querer trespassá-lo. Espero estar inteiramente submerso, enterrado. Pinto para surgir.

E a conclusão extraordinária de Merleau-Ponty, escutando Klee:

> O que chamamos inspiração deveria ser tomado literalmente: há verdadeiramente inspiração e expiração no Ser, respiração no Ser, ação e paixão tão pouco discerníveis que já não sabemos quem vê e quem é visto, quem pinta e quem é pintado (...). Poderíamos procurar nos próprios quadros uma filosofia figurada da visão e como que sua iconografia.

Filosofia figurada da visão: o que a pintura ensina à filosofia é a fissão no Ser, a diferenciação na indivisão e, portanto, a impossibilidade do projeto cartesiano, kantiano, hegeliano, ou husserliano de uma teoria filosófica da sensibilidade como pensamento de ver e pensamento de sentir. Isto é, como esforço intelectual para distinguir, separar, analisar e diferenciar sujeito e objeto, consciência e coisa, alma e corpo, sensível e inteligível. As artes, como filosofia selvagem do sensível, desvendam as ilusões da razão ocidental como desejo de purificação intelectual do mundo. Ensinamento tanto maior quanto mais a pintura moderna e as artes modernas trabalharam para livrar-se da suposição do ilusionismo. Paradoxalmente, diríamos, quanto mais as artes se desvendaram como o oposto da ilusão, tanto mais indicaram as ilusões da filosofia.

Examinando como os artistas trabalham a profundidade, a cor, a linha e o movimento, como buscam a "animação interna" do sensível, Merleau-Ponty afirma que "a arte não é construção, artifício, relação industriosa com um espaço e um mundo exteriores", pois ela é "o grito inarticulado que se assemelha à voz da luz". Assim, por exemplo, no caso da busca moderna do que Leonardo chamava de "linha fluxuosa", a pintura, figurativa ou não figurativa, revela que a linha não é imitação das coisas, e ela própria não é coisa, mas um "certo desequilíbrio arranjado na indiferença do papel branco, uma certa perfuração no em-si, um certo vazio constituinte do qual as estátuas de Moore mostram que, como vazio, traz peremptoriamente a pretensa positividade das coisas"; a linha não é imitação porque é retomada e modulação de uma espacialidade prévia.

Assim, também, a pesquisa do movimento pelos artistas atinge sua essência:

> As fotografias de Marey, as análises cubistas, a *Mariée* de Duchamp não se mexem, oferecem um devaneio zenoniano do movimento. Vê-se um corpo rígido como uma armadura cujas articulações se mexeriam, ele está aqui e ali, magicamente, mas não vai daqui para lá, pois é uma soma de movimentos instantâneos que petrificam o movimento. O cinema dá o movimento. Como? Seria, como se acredita, copiando mais de perto a mudança de lugar? De jeito nenhum, pois a câmera lenta oferece um corpo flutuando entre os objetos como uma alga, sem se

mover. O que dá o movimento, como diz Rodin, é uma imagem na qual os braços, as pernas, o tronco, a cabeça são tomados, cada qual num instante diferente do tempo, figurando, portanto, o corpo numa atitude que não teve em momento algum, e que impõe às suas partes ajustamentos fictícios, como se esse enfrentamento dos incompossíveis pudesse, e somente ele pudesse, soldar no bronze e na tela a transição e a duração.[10]

A arte metamorfoseia o tempo para que ele possa durar. Não o imita. Recria-o, inventando o movimento a partir de sua existência secretamente cifrada.

Mas, afinal, o que as chamadas artes visuais e artes do movimento ensinam à filosofia? Por que são filosofia selvagem? Porque as primeiras descobrem o invisível como estofo, forro, avesso e polpa do visível e não como seu duplo intelectual. Porque as segundas descobrem o imóvel como o que sustenta o movimento, como vazio e falta que o solicita e o empurra para ser ele mesmo, e não uma ilusão sensível nem uma equação físico-matemática. Mais do que isto. Cada arte faz descobrir que, ao trabalhar com uma dimensão do Ser, chama todas as outras, invoca todas elas, e que a unidade de cada arte e de todas elas não está numa história contínua de acumulações, mas no presente de cada uma como retomada incessante de si mesma e de todas as outras. Porque são retomada e gênese, as artes ensinam à filosofia a deiscência da Carne do mundo e do corpo.

A filosofia da visão e do movimento está por ser feita e só o será quando o filósofo levar a sério a afirmação do artista de que pensa enquanto pintura ou escultura ou dança. A filosofia do sensível prometida pelas artes é a

---

10. *Idem, ibidem*, pp. 76-8.

do universal *sem* conceito: o Ser Bruto na simultaneidade vertical de todas as suas dimensões e o Espírito Selvagem como excesso e falta, que tornam impossível, doravante, pensá-lo no modo da presença a si.

Obra de arte e de pensamento instituintes: história e cultura

Filosofia e ciência sonham com o ideal de uma linguagem pura, transparente, dócil aos conceitos e às operações científicas, puramente instrumental, cuja função seria a de traduzir perfeitamente ideias em si mesmas silenciosas. Sonham com uma linguagem que dissesse tudo e o dissesse tão completamente que seria a perfeita transcrição de um texto original cuja expressão estivesse terminada. Sonham com uma língua bem-feita, reduzida a algoritmos unívocos como os da matemática, direta, completa e sem ambiguidades.

O sonho da filosofia e da ciência faz com a linguagem o mesmo que fez com o sensível: perde-a, como o perdeu.

Como o sensível, como o visível, a linguagem também é misteriosa:

> Num certo sentido, a linguagem só tem a ver consigo mesma: no monólogo interior como no diálogo, não há pensamentos, são palavras que as palavras suscitam e, na medida mesma em que pensamos mais plenamente, as palavras preenchem tão exatamente nosso espírito que não lhe deixam um canto vazio para pensamentos puros e para significações que não sejam linguageiras. O mistério é que, no exato momento em que a linguagem está assim obcecada consigo mesma, é-lhe dado, como que por

excesso, abrir-nos para uma significação. Num instante, esse fluxo de palavras se anula como ruído, lança-nos em cheio no que queremos dizer e, se respondemos, é ainda por palavras, sem querer: não pensamos nos vocábulos que dizemos que nos dizem, como não pensamos na mão que apertamos. Esta não é um pacote de ossos e carne, mas a própria presença de outrem. Há, pois, um singular significado da linguagem, tanto mais evidente quanto mais a ela nos entregamos, tanto menos equívoco quanto menos pensamos nele, rebelde a toda captura direta, mas dócil ao encantamento da linguagem, sempre ali quando nos dirigimos a ela para evocá-lo, mas sempre um pouco mais distante do ponto onde acreditamos agarrá-lo.[11]

Som e sinal, a linguagem é mistério porque presentifica significações, transgride a materialidade sonora e gráfica, invade a imaterialidade e, corpo glorioso e impalpável, acasala-se com o invisível.

Não é instrumento para traduzir significações silenciosas. É habitada por elas. Não é meio para chegar a alguma coisa, mas modo de ser. Mais do que isso. É um ser nela mesma. O sentido não é algo que preexistiria à palavra, mas movimento total de uma fala e por isso nosso pensamento vagabundeia pela linguagem. Quando nos entregamos a ela, o sentido vem. Quando queremos agarrá-lo sem ela, ele nunca vem. Rigorosamente, nosso pensamento está sempre na ponta da língua.

Mas como a linguagem significa? De modo indireto e alusivo. Não designa um sentido, presentifica-o através dos signos, porém sempre sobre um fundo primordial e

---

11. Merleau-Ponty, "L'algorithme et le mystère du langage", *in La prose du monde*, Paris: Gallimard, 1971, p. 21.

inesgotável de silêncio. Sem dúvida, temos o sentimento de que nossa língua exprime completa e diretamente as significações. Quando em inglês se diz "The man I love", nossa tendência espontânea é julgar que falta na frase inglesa algo que existe na portuguesa e que a faria exprimir mais completamente o sentido – "O homem *que* eu amo". Todavia, esse sentimento de falta alheia e completude nossa deve-se apenas ao fato de que nossa língua nos insere num mundo cultural no qual ela *parece* exprimir completamente e não porque *realmente* o faça ou possa fazê-lo. É por ser indireta e alusiva, totalidade aberta e móvel sobre um fundo interior de silêncio, que a palavra é expressiva: "a linguagem diz peremptoriamente quando renuncia a dizer a própria coisa (...) significa quando, em vez de copiar o pensamento, deixa-se fazer e refazer por ele".

Porém, que linguagem é esta cuja força existe somente quando não se reduz a ser mera designação de coisas nem mera cópia de pensamentos? Não é a linguagem empírica e costumeira de nossa vida cotidiana, já instituída em nossa cultura. É a linguagem criadora, operante, instituinte. É a linguagem do escritor quando este imprime uma torção na linguagem existente, obriga-a a uma "deformação coerente", rouba-lhe o equilíbrio para fazê-la significar e dizer o novo. "Como o tecelão, o escritor trabalha pelo avesso: só tem a ver com a linguagem e é assim que, subitamente, encontra-se rodeado de sentido."[12] O mistério da linguagem está em que só exprime quando se faz esquecer e só se deixa esquecer quando consegue exprimir. Quando sou cativada por um livro,

---

12. Merleau-Ponty, "Le langage indirect et les voix du silence", *in Signes,* Paris: Gallimard, 1960, p. 103.

não vejo letras sobre uma página, não olho sinais, mas participo de uma aventura que é pura significação e, no entanto, ele não poderia oferecer-se a mim senão como linguagem. Um livro, escreve Merleau-Ponty, é "uma máquina infernal de produzir significações". A virtude gloriosa da linguagem está exatamente nisto, nesse poder para esconder-nos suas operações – como o tecelão, que só nos deixa ver o direito da tapeçaria, embora esta só exista graças ao trabalho feito pelo avesso. O triunfo da linguagem é o de nos fazer crer, ao término de um livro, que nos comunicamos com o autor de espírito a espírito, sem palavras.

Preguiçosamente, começo a ler um livro. Contribuo com alguns pensamentos, julgo entender o que está escrito porque conheço a língua e as coisas indicadas pelas palavras, assim como sei identificar as experiências ali relatadas. Escritor e leitor possuem o mesmo repertório disponível de palavras, coisas, fatos, experiências, depositados pela cultura instituída e sedimentados no mundo de ambos. De repente, porém, algumas palavras me "pegam". Insensivelmente, o escritor as desviou de seu sentido comum e costumeiro e elas me arrastam, como num turbilhão, para um sentido novo, que alcanço apenas graças a elas. O escritor me invade, passo a pensar de dentro dele e não apenas com ele, ele se pensa em mim ao falar em mim com palavras cujo sentido ele fez mudar. O livro que eu parecia dominar soberanamente apossa-se de mim, interpela-me, força-me a passar da língua falada à linguagem falante, arrasta-me do instituído ao instituinte. Somente depois, ao término da leitura, tenho o sentimento de uma comunicação que se teria feito sem palavras, pois, agora, as palavras do escritor tornaram-se minhas, não consigo distinguir-me dele, separar suas palavras e as minhas. Neste momento, uma aquisição foi feita, e o livro, doravante, pertence às significações disponíveis da cultura. Se eu também for escritora, uma tradição foi instituída e eu a recolherei para, ao retomá-la, reabrir a linguagem numa nova instituição.

A obra literária, como a obra de pensamento, parte de uma cumplicidade entre escritor e leitor, do eco das palavras do primeiro no segundo, do "enfrentamento entre os corpos gloriosos e impalpáveis de minha palavra e a do autor". Como e por que isto é possível? Como e por que a palavra instituinte – a obra – desloca, deforma e descentra a palavra instituída e carrega o leitor para o recinto do livro? Como é possível a cumplicidade inicial entre autor e leitor, o enfrentamento inicial, a fascinação e, finalmente, a indistinção entre ambos, que só será desfeita quando a diferença entre ler e escrever for reposta por um leitor que se torne escritor? Por que a simetria inicial e final entre leitor e escritor aparece sob a forma (ilusória) da soberania – no início, a do leitor sobre o autor; no fim, a do escritor sobre o leitor? É que a linguagem é retomada sublimada da percepção, reconquistando-a numa ordem diferente dela. Porque a linguagem recolhe e transforma um mundo mais antigo, onde vivem leitor e escritor, entre ambos se instala a cumplicidade, a simetria experimentada como rivalidade de soberanias, a fascinação e a diferença que permitirá a um leitor tornar-se escritor. Como a pintura, a literatura é retomada de uma tradição mais antiga do que ela, a do mundo perceptivo, e é abertura de uma nova tradição, a da obra como cultura. Assim como o pintor tateia entre linhas e cores para fazer surgir no visível um novo visível, assim também o escritor tateia entre sons e sinais para fazer surgir na linguagem uma nova linguagem. Essas operações instituem o mundo cultural como mundo histórico no qual o momento instituinte se enraíza no instituído, abrindo uma nova instituição que se tornará, a seguir, instituída e uma tradição disponível para todos.

Pintor e escritor tateiam em torno de uma intenção de significar que não se guia por um modelo prévio: o pintor escolhe um visível arrancando-o de um fundo invisível; o escritor escolhe um dizível arrancando-o de um fundo silencioso. Realizam a operação da origem. O primeiro efetua a ação livre que descentra e reagrupa as coisas; o segundo, a ação livre que descentra e reagrupa as palavras. Por isso, o primeiro nos ensina o que é *ver* e o segundo, o que é *dizer*. Ao fazê-lo, ambos ensinam ao filósofo o que é o *verdadeiro*: "é essencial ao verdadeiro sempre apresentar-se, primeiro, num movimento que descentra, distende, solicita nossa imagem do mundo rumo a mais sentido".

Cada obra de arte – visual ou literária, do movimento ou do som – retoma uma tradição: a da percepção, as obras dos outros, as obras anteriores do mesmo artista, numa espécie de "eternidade provisória"; mas, simultaneamente, instaura uma tradição: abre o tempo e a história, funda novamente seu campo de trabalho e, incidindo sobre as questões que o presente lhe coloca, resgata o passado ao criar o porvir. Exprimir é empregar os meios disponíveis oferecidos pelo instituído – o mundo da percepção e da cultura – para deformá-los, instituindo uma nova coerência e um novo equilíbrio que, a seguir, serão retomados numa nova expressão que os recolhe como falta e excesso do que deseja exprimir. Sob essa perspectiva, a distinção entre sincronia e diacronia ganha outro sentido. Já não estamos diante da oposição entre o presente como totalidade simultânea e o tempo como mero escoamento, porém mergulhados numa totalidade simultânea *e* aberta porque nela o presente, como falta e excesso, pede um porvir, exigindo o futuro não como *telos*, mas como restituição instituinte do passado. A diacronia não é diferença empírica dos tempos, mas diferença temporal ontológica entre o que jamais poderá ser repetido e, no entanto, evoca um porvir ao ecoar no presente, e o que ainda não foi realizado, mas invoca o passado ao lhe dar um futuro.

Eis por que a história das obras de arte e de pensamento não é uma história empírica de acontecimentos nem uma história racional-espiritual de desenvolvimento ou progresso linear: é uma história de *adventos*. Por esse motivo, escreve Merleau-Ponty, nem sempre o museu e a biblioteca são benfazejos. Por um lado, criam a impressão de que as obras estão acabadas, existindo apenas para serem contempladas, e que a unidade histórica das artes e a do pensamento se fazem por acumulação e reunião de obras; por outro, substituem a história como advento pela hipocrisia da história pomposa, oficial e celebrativa, que é esquecimento e perda da forma nobre da memória. Seria preciso ir ao museu e à biblioteca como ali vão os artistas, os escritores e os pensadores: na alegria e na dor de uma tarefa interminável em que cada começo é promessa de recomeço.

Qual a diferença entre acontecimento e advento, esquecimento e memória? Se o tempo for tomado como sucessão empírica e escoamento de instantes, ou se for tomado como forma *a priori* da subjetividade transcendental, que organiza a sucessão num sistema de retenções e protensões, não haverá senão a série de acontecimentos. O acontecimento fecha-se em sua diferença empírica ou na diferença dos tempos, esgota-se ao acontecer. O advento, porém, é o excesso da obra sobre as intenções significadoras do artista; é aquilo que sem o artista ou sem o pensador não poderia existir, mas é também o que eles deixam como ainda não realizado, algo excessivo contido no interior de suas obras e experimentado como falta pelos que virão depois deles e que retomarão o feito através do não feito, do por fazer solicitado pela própria obra. O advento é aquilo que, do interior da obra, clama por uma posteridade, pede para ser acolhido, exige uma retomada porque o que foi deixado como herança torna-se doação, o dom para ir além dela. Há advento quando há obra e há obra quando o que foi feito, dito ou pensado *dá* a fazer, *dá* a dizer e *dá* a pensar. O advento é "promessa de acontecimentos".

A história do advento debruça-se sobre o artista e o pensador no trabalho, quando, num só gesto, agarram a tradição e instituem uma outra que será agarrada pelos pósteros. No trabalho, artistas e pensadores reconciliam todas as obras – as suas e as dos outros – porque cada uma delas exprime uma existência inteira e não uma coleção de objetos finitos e gestos vãos. A história do acontecimento, ao contrário, possui duas maneiras de perder as obras: ou quebrando a temporalidade imanente que as sustenta, submetendo-as ao tratamento analítico para, depois, tentar reuni-las pela síntese intelectual (como se a unidade da cultura viesse da soma sintética de obras despedaçadas pelo entendimento); ou dando a cada uma delas um lugar num sistema geral do desenvolvimento do Espírito, que permite a lembrança delas sob a condição expressa de roubar-lhes a alma, isto é, o essencial. O esquecimento, lemos numa nota de trabalho de *O visível e o invisível*, é desdiferenciação, perda de relevo e de contorno. A memória do Espírito é esse esquecimento de feridas que se curam sem deixar cicatrizes.

O esquecimento é pura repetição, pompa e cerimônia... fúnebres. A forma nobre da memória, porém, é a retomada das obras pelos artistas e pensadores, que as retomam não para repeti-las, mas para criar. A unidade temporal das artes, da literatura, da filosofia é a percepção oblíqua e indireta que cada artista, escritor ou filósofo possui de seu trabalho como momento de uma tarefa única e, por isso mesmo, infinita. Quando foi feito o primeiro desenho na parede da caverna, foi prometido um mundo a pintar que os pintores não fizeram senão retomar e reabrir. Quando foram proferidos o primeiro canto e o primeiro poema, foi prometido um mundo a cantar e a dizer que músicos e poetas não fizeram senão retomar e reabrir. Quando foi feito o primeiro gesto cerimonial, foi prometido um mundo a dançar e a esculpir que dançarinos e escultores não fizeram senão retomar e reabrir. Quando o primeiro pensamento foi expresso, foi prometido um mundo a pensar que cientistas e filósofos não fizeram senão retomar e reabrir.

A história como esquecimento, historicidade da morte, toma a obra acabada como prodígio a ser contemplado – é a história vista pelo mero espectador. A história como forma nobre da memória, historicidade da vida, é a que capta as obras como excesso do que se queria fazer, dizer e pensar, excesso que abre aos outros a possibilidade da retomada e da criação como carência e vazio no interior do excesso – é a história efetuada pelo trabalho dos artistas, escritores e pensadores. Inquietação instituinte sempre aberta.

Donde, escreve Merleau-Ponty, o parentesco profundo entre arte, filosofia e política:

> O que faz de uma obra de arte algo insubstituível e mais do que um instrumento de prazer é que ela é um ór-

> gão do espírito, cujo análogo se encontra em toda obra filosófica e política, se forem produtivas, se contiverem não ideias, mas *matrizes de ideias*, emblemas cujo sentido jamais acabaremos de desenvolver, justamente porque elas se instalam em nós e nos instalam num mundo cuja chave não possuímos (...) O que julga um homem – artista, filósofo, político – não é a intenção nem o fato, mas que tenha conseguido ou não fazer passar os valores nos fatos. Quando isto acontece, o sentido da ação não se esgota na situação que foi sua ocasião nem em algum vago juízo de valor, mas ela permanecerá exemplar e sobreviverá em outras situações, sob uma outra aparência. Abre um campo, às vezes, institui um mundo, e, em todo caso, desenha um porvir.[13]

A história das artes, da literatura, da filosofia e da ação política é maturação de um futuro e não sacrifício do presente por um futuro desconhecido. A regra, e única regra, de ação para o artista, o escritor, o filósofo e o político não é que sua ação seja eficaz, mas que seja *fecunda*, matriz e matricial.

Ação fecunda, deiscência de nossa carne e da Carne do mundo, gravidez e parto intermináveis, promessa de acontecimentos, instituição de adventos: todos esses termos exprimem a mesma significação, qual seja, o excesso do sentido sobre o sentido já realizado, fazendo com que arte, literatura, filosofia e política sejam sempre elucidação de uma percepção histórica aberta sobre o enigma de uma plenitude excessiva e carente.

O que a obra de arte instituinte nos ensina, afinal?

> Toda ação e todo conhecimento que não quiserem ser uma elucidação aberta e interminável, que quiserem es-

---

13. *Idem, ibidem*, p. 104.

tabelecer valores sem corpo em nossa história individual e coletiva, ou, o que dá no mesmo, que quiserem escolher os meios por um cálculo e por um procedimento técnico, caem aquém dos problemas que pretendiam resolver. A vida pessoal, a expressão artística, a ação política, o conhecimento filosófico e a história avançam obliquamente, nunca vão diretamente aos fins e aos conceitos. Aquilo que buscamos muito deliberadamente, não conseguimos obter, mas as ideias e os valores não faltarão a quem souber, em sua vida mediante, liberar-lhes a fonte espontânea.[14]

---

14. *Idem, ibidem*, p. 104.

A NOÇÃO DE ESTRUTURA
EM MERLEAU-PONTY*

"A estrutura é uma maneira nova de ver o Ser."
Merleau-Ponty, *Colóquio sobre o termo "Estrutura"* – 1959

1.

O trabalho filosófico de Merleau-Ponty está empenhado numa interrogação permanente da razão e da experiência para conduzi-las a uma racionalidade alargada, capaz de alcançar o universal não como "universal de sobrevoo", ponto de vista abstrato e exterior ao mundo, mas como "universal lateral ou oblíquo", que permite "compreender aquilo que em nós e nos outros precede e excede a razão"[1]. Essa interrogação levou Merleau-Ponty da fenomenologia à busca de uma ontologia do Ser Bruto, fonte da experiência e da razão antes que o pensamento reflexivo delas se aproprie, e sustentou na totalidade de sua obra a crítica de dois enganos tenazes: o subjetivis-

---

* Este ensaio é inédito e apresenta algumas modificações no texto inicial, escrito em 1976, para um volume que seria dedicado ao *Estruturalismo*, na Coleção Pensadores da Abril Cultural. O volume nunca foi publicado.

1. Merleau-Ponty, "De Mauss à Claude Lévi-Strauss", *in Eloge de la philosophie et autres essais*, Paris: Gallimard, 1960, p. 163.

mo filosófico e o objetivismo científico, atitudes teóricas antagônicas que transformaram o para-si e o em-si em absolutos rivais e bloquearam a comunicação necessária entre a atividade filosófica e a científica e a delas com o mundo sensível e cultural, que são originariamente intersubjetivos.

Subjetivismo e objetivismo nascem do esforço para decifrar os enigmas daquilo que Merleau-Ponty denomina *fé perceptiva*, crença espontânea e muda que sustenta nosso contato inicial com o mundo. A fé perceptiva, opinião silenciosa que jamais chega à sua própria explicitação, funda o realismo ingênuo da existência cotidiana e se manifesta em perguntas tais como: onde estou?, que horas são?, para as quais sempre possuímos respostas imediatas, pois acreditamos habitar num espaço e num tempo reais, existentes em si e por si mesmos. A fé perceptiva é naturalmente substancialista e nos instala em um mundo espacial e temporal positivo, exterior a nós, pleno de coisas e pessoas reais, percebidas como diferentes de nós, mas que, apesar da diferença, são alcançadas e compreendidas imediatamente por nossa experiência.

Todavia, essa crença na existência de uma realidade em si está destinada a esvair-se a partir do momento em que, deixando de ser nossa forma espontânea de instalação no mundo, converte-se em tema de nossa interrogação. A fé transforma-se em perplexidade; a evidência, em enigma; nós e o mundo, em mistérios.

Cremos espontaneamente na distinção entre o percebido e o imaginado: o primeiro indica uma coisa real, exterior e dada aos nossos sentidos, enquanto o segundo é produzido por nossa fantasia. Entretanto, como distingui-los efetivamente ao passarmos pela experiência da alucinação?

> Como podemos ter a ilusão de ver o que não vemos; como os farrapos do sonho podem, diante do sonhador, ter o mesmo valor do tecido cerrado do mundo verdadeiro, como a inconsciência de não ter observado pode, no homem fascinado, substituir a consciência de ter observado?[2]

Mais ainda. O próprio percebido é paradoxal. Por essência, ele é algo que se oferece a nós somente por perfis, sempre perspectivo e sempre inacabado, pois as perspectivas são inesgotáveis e a percepção implica sempre pontos de vista. Como, então, nunca tendo percebido simultaneamente todas as faces de um cubo, podemos saber que temos diante de nós *um* cubo e faces de um *cubo*? Como podemos assumir com segurança e tranquilidade a harmonia dos perfis, a concordância das faces? Por que temos certeza de que a "coisa" não nos surpreenderá e que, por exemplo, a face de um cubo não será a face de um elefante? De onde vem nossa certeza de que a "coisa" conservará para sempre sua identidade e que será sempre a mesma para nós? Por que aceitamos a permanência do percebido? O que poderia assegurar-nos de que ele permanece onde está, mesmo quando não o vemos quando, por exemplo, fechamos os olhos? Como explicar a estranha ubiquidade da visão, que parece depender apenas de nossos olhos mas que, simultaneamente, parece nascer lá fora, nas fímbrias das próprias coisas? Qual é, afinal, a relação entre nosso corpo e a exterioridade visível que o cerca?

E os paradoxos não cessam. Ao contrário, aumentam quando em meu campo perceptivo surge uma figura que

---

2. Merleau-Ponty, *O visível e o invisível*, São Paulo: Perspectiva, 1971, p. 13.

se assemelha à minha, mas que é diferente de mim, ou seja, quando o *outro* surge em *meu* mundo. Quem é ele? Quem sou eu? Como sei que é um "outro-eu" e não uma coisa? Qual a garantia de que eu e ele participamos de um mundo comum, igualmente acessível a ele e a mim? Como conciliar a intersubjetividade, que nasce espontaneamente da comunicação gestual e verbal, e o solipsismo da percepção? Como admitir a comunidade do mundo e, simultaneamente, a existência de mundos privados? Rivais e provincianos, o "eu" e o "outro" fracionam o mundo em "mundo verdadeiro meu" e "variante do meu mundo para o outro", mas o fracionamento é enigmático, visto que o "eu" e o "outro" se comunicam e parecem entender-se reciprocamente. A vida intersubjetiva emerge como experiência mágica do eu e do outro, sem que possamos delimitar explicitamente nossas fronteiras individuais, contudo sem que deixemos de assumi-las como óbvias.

A percepção nos introduz ao duplo enigma do visível: de um lado, o da identidade da coisa sob a pluralidade interminável das perspectivas em que é percebida; de outro, o da comunidade do mundo percebido sob a pluralidade interminável dos mundos perceptivos privados. O uno e o múltiplo, o mesmo e o outro, que coabitam harmoniosamente na percepção e no visível, tornam-se paradoxais sob os efeitos da interrogação. O que é perceber? O que é o visível? Por que a fé perceptiva é *tese do mundo*?

Com o pensamento, surgem novos enigmas. O mundo pensado é invisível e é um mundo essencialmente solipsista. No entanto, nele, mais do que no mundo percebido, a universalidade parece dominante: o triângulo é, simultaneamente, uma ideia "minha" e um ente geométrico que é o mesmo para todos em toda parte. A fé perceptiva transfere a positividade e identidade das coisas para as ideias, fazendo-nos passar da unidade e da realidade do mundo percebido à universalidade do mundo pensado, sem questionar se essa passagem é possível ou não. Mas, assim que a questão é posta, a conversão da fé perceptiva em *tese do mundo inteligível* esbarra em dificuldades ainda maiores do que as precedentes.

> Quando se trata do visível, uma massa de fatos vem apoiá-lo: para além das divergências dos testemunhos, é frequentemente fácil restabelecer a unidade e a concordância do mundo. Ao contrário, tão logo se ultrapassa o círculo das opiniões *instituídas* (...) desde que se tem acesso ao verdadeiro, isto é, ao invisível, parece, sobretudo, que cada homem habita sua ilha, sem transição de uma para outra, sendo mesmo para admirar que concordem algumas vezes sobre uma coisa qualquer.[3]

Como, então, das discordâncias desses Robinsons Crusoés solitários podem surgir a unidade e a universalidade dos conceitos? Que extrapolação miraculosa permite o salto? Pertencer a uma mesma espécie, viver numa mesma sociedade e falar uma mesma língua não são elementos capazes de explicar, sozinhos ou somados, como podemos ter acesso ao mesmo e único mundo inteligível. Pelo contrário, viver em sociedade ou falar a mesma língua são emblemas de uma participação comum em um mesmo mundo, que começa como mundo percebido e termina como mundo pensado. Mas essa participação e a passagem de um plano para outro são *dados* da experiência imediata que esta, por si mesma, não é capaz de explicar.

---

3. *Idem, ibidem,* pp. 24-5.

O pensamento nos leva ao duplo enigma do invisível: de um lado, o da universalidade das ideias sob a solidão do pensar; de outro, o do modo de relação entre o percebido e o pensado, pois o primeiro é sempre inacabado enquanto o segundo é sempre acabado. Em outras palavras, o percebido permanece essencialmente indeterminado porque jamais será completamente visto pelos olhos do corpo, enquanto o pensado é essencialmente determinado porque completamente percebido pelo olho do espírito. Por que há *mundo* inteligível, isto é, comunidade e comunicação de ideias? Como o pensamento passa do inacabamento e da indeterminação do percebido ao acabamento e à determinação do conceito? O que é pensar? O que é o invisível?

Diante das evidências ingênuas, o filósofo sente-se obrigado a realizar uma verdadeira reforma do intelecto, cujo fim é converter as evidências vividas em evidências compreendidas e, portanto, plenas. Para isso, buscará igualar pelo conhecimento a visão e o pensamento ingênuos, interrogando as coisas e a si próprio como se nunca tivesse estado em contato com elas e consigo mesmo. A tarefa da filosofia apresenta-se como a necessidade de justificar pelo pensamento a certeza injustificável de que o mundo está aí e de que é o mesmo para todos. Para isso, ela começa pela eliminação drástica de nossa segurança espontânea de posse imediata da verdade por estarmos seguros de habitar um mundo positivo, vivendo entre coisas e na companhia de outros. Trabalho radical, a filosofia começa pela negação da positividade e identidade de tudo quanto nos é simplesmente *dado*.

A ciência, por sua vez, também se dispõe a realizar a mesma tarefa de compreensão e de explicitação do que subjaz ao nosso contato vivido com as coisas e com os demais homens, e pretende ser um conhecimento rigoroso das causas que nos levam a viver paradoxalmente. Contudo, enquanto a filosofia começa por uma reforma do intelecto, portanto pelo subjetivo, a ciência começa afirmando que os embaraços da experiência ingênua só poderão ser desfeitos se admitirmos que nossas relações imediatas com as coisas e com os outros são desprovidas de veracidade, pois a verdade se encontra naquilo que é objetivo. Em outras palavras, naquilo que a observação e a experimentação determinam como o núcleo positivo e real das coisas, depois de purificá-las dos aspectos qualitativos com que se apresentam no vivido.

Se a fé perceptiva se caracteriza pela indistinção entre aquele que percebe e o que é percebido e se essa indistinção se propaga para o pensamento, tornando indiscerníveis aquele que pensa e o que é pensado, a filosofia e a ciência, ao contrário, buscam distinções que desfaçam nossa promiscuidade com o mundo. Por isso, no centro da interrogação, a questão principal é: o conhecimento verdadeiro depende *apenas* de nossas capacidades cognitivas (e por isso é preciso a "reforma do intelecto") ou depende *apenas* das propriedades existentes nas próprias coisas (e por isso é preciso organizar e regular a observação)? Em suma, a verdade é uma propriedade das ideias ou das coisas? A filosofia tenderá para a primeira alternativa; a ciência, para a segunda.

A filosofia buscará a luz no interior: no *sujeito cognoscente*, isto é, na reflexão e em seu poder representativo. A ciência, ao contrário, irá buscá-la no exterior: no objeto. Para a filosofia, o discurso verdadeiro proferido pela consciência reflexiva, sujeito das representações, ilumina a verdade do mundo; para a ciência, a verdade do objeto determina a verdade do discurso que o explicita. A cisão entre o subjetivo e o objetivo constitui aquilo que Merleau-Ponty designa como "a tradição cartesiana":

> Fomos habituados pela tradição cartesiana a uma atitude reflexiva que purifica simultaneamente a noção comum do corpo e da alma, definindo o corpo como uma soma de partes sem interior e a alma como um ser totalmente presente a si mesmo, sem distância. Essas definições correlativas estabelecem a clareza em nós e fora de nós: transparência de um objeto sem dobras, transparência de um sujeito que é exclusivamente aquilo que ele pensa ser. O objeto é objeto de ponta a ponta e a consciência, consciência de ponta a ponta. Há dois e somente dois sentidos para a palavra existir: existe-se como coisa ou existe-se como consciência.[4]

A tradição cartesiana deixa para o pensamento ocidental dois legados, segundo a tomemos pelo prisma da *res cogitans* ou da *res extensa*, da presença da consciência a si mesma como pura interioridade ou da pura exterioridade das coisas corpóreas como composição de *partes extra partes*. O legado da *res cogitans* é a tradição das filosofias da consciência, cuja culminância encontra-se nas filosofias transcendentais, tanto no idealismo kantiano como na fenomenologia husserliana. Aqui, a realidade é definida e determinada a partir das representações ou dos conceitos constituídos pela atividade do sujeito do conhecimento (ou pela consciência reflexiva). O legado da *res extensa* é a tradição do realismo naturalista ou do naturalismo, recebido pelas ciências e desenvolvido, inicialmente, sob a forma do empirismo e, a seguir, sob a dos

---

4. Merleau-Ponty, *Phénoménologie de la perception*, Paris: Gallimard, 1945, p. 231.

vários positivismos. Aqui, a realidade é definida e determinada a partir das operações da "coisa física" ou natural, isto é, das operações e leis da Natureza. O prestígio das ciências da Natureza as converterá em modelos para toda cientificidade possível, de maneira que as ciências humanas que, em princípio, deveriam tratar da *res cogitans* como algo distinto da *res extensa* terminam por identificá-la com esta última, tanto assim, escreve Merleau-Ponty, que

> no início do século [XX], o materialismo fazia do "psíquico" um setor particular do mundo real: entre os acontecimentos em si, alguns, no cérebro, também possuem a propriedade de ser para si.[5]

Não é menos sugestivo que, no momento da constituição da sociologia como ciência, Durkheim houvesse proposto que o social fosse tratado como fato e este como coisa. Em suma, se com Descartes se preparava a cisão entre o para-si e o em-si, com a "tradição cartesiana" consolida-se a separação entre filosofia e ciência: a primeira repousa sobre as operações intelectuais do sujeito do conhecimento, que constituem a realidade enquanto realidade conhecida; a segunda repousa sobre o realismo de objetos já dados, compostos de partes separáveis ou isoláveis ligadas seja por relações causais mecânicas seja por relações funcionais, cujas operações ou leis são descritas pelo cientista.

Embora a oposição entre consciência e coisa, representação e objeto, ideia e fato se inicie com a filosofia mo-

---

5. Merleau-Ponty, *La structure du comportement*, Paris: Presses Universitaires de France, 1960, p. 2.

derna, a cisão contemporânea entre filosofia e ciência já não corresponde às distinções feitas pelo pensamento clássico. Para marcar essa diferença, Merleau-Ponty contrapõe o Grande Racionalismo do século XVII ao Pequeno Racionalismo do início do século XX. Este último desconsidera tanto a metafísica clássica do dualismo substancial como a crítica kantiana do realismo metafísico ou substancialista e se apoia sobre um realismo infundado. É uma ontologia cientificista e por isso, escreve Merleau-Ponty, o Pequeno Racionalismo é o fóssil do Grande Racionalismo.

O Pequeno Racionalismo tenta reduzir o Ser à explicação objetivista, sonhando com uma razão capaz de conhecer a rede total das relações que constituiriam a realidade enquanto dada e observável. Apoia-se em dois mitos: o das "leis da natureza", vagamente situadas a meio caminho entre os fatos e as normas e conforme às quais o mundo, em si mesmo cego, teria sido construído; e o da "explicação científica", cujo pressuposto é o de que o conhecimento das relações observáveis pode transformar-se numa proposição idêntica à existência do mundo ou coextensiva a ele e cujo conhecimento permitiria criar a vida no laboratório. A razão é confundida com o conhecimento das condições ou das causas, de sorte que em cada domínio as questões são tidas como resolvidas no momento em que um fato pode ser reduzido à obediência a uma causa, tomada como sua origem e esta, como sua essência. O Pequeno Racionalismo

> supunha uma imensa Ciência já feita nas coisas e que a ciência efetiva encontraria no dia de seu acabamento, não nos deixando nada para perguntar, toda questão sensata tendo recebido sua resposta (...). A questão entre a ciência e a metafísica reduzia-se a saber se o mundo é um só e

grande Processo, submetido a um único "axioma gerador", cuja fórmula mística seria a única coisa a ser repetida até o fim dos tempos, ou se há, por exemplo, no ponto em que a vida surge, lacunas, descontinuidades onde a potência antagônica do espírito possa ser alojada. Cada conquista do determinismo era uma derrota do sentido metafísico, cuja vitória, por sua vez, exigia a falência da ciência.[6]

O Grande Racionalismo, ao contrário, foi um momento privilegiado durante o qual a ciência e a metafísica, em vez de rivais, eram conhecimentos complementares cujo fundamento único era o *infinito positivo*,

> segredo do Grande Racionalismo, que só durou enquanto esta ideia permaneceu.[7]

O dualismo do corpo e da alma, da natureza e do espírito, enfim, do exterior e do interior culminava no acordo das duas partes como faces complementares da infinitude positiva.

> Nunca mais, depois dele, encontraremos esse acordo da filosofia e da ciência, essa flexibilidade para ultrapassar a ciência sem destruí-la e limitar a metafísica sem excluí-la.[8]

Esse acordo foi rompido, do lado da filosofia, pelo criticismo kantiano e, do lado da ciência, pelo positivismo de Augusto Comte. No primeiro caso, o exterior, a matéria do conhecimento torna-se

---

6. Merleau-Ponty, "Partout et nulle part", in *Eloge...*, *op. cit.*, pp. 217-8.
7. *Idem, ibidem*, p. 220.
8. *Idem, ibidem*, p. 220.

uma noção-limite posta pela consciência em sua autorreflexão, e não um componente do ato de conhecer. A percepção é uma variedade da intelecção e, naquilo que possui de positivo, um juízo. O criticismo resolve os problemas postos pelas relações entre a forma e a matéria, o dado e o pensamento, a alma e o corpo completando-se numa teoria intelectualista da percepção.[9]

No positivismo, a Natureza e a sociedade aparecem como unidades objetivas, preexistentes, entidades em-si, colocadas diante do observador absoluto, que julga conhecê-las ao definir relações de causa e efeito entre as partes que as compõem e que julga dominá-las teórica e praticamente intervindo em suas leis de operação e funcionamento. Todas as relações que escaparem da possibilidade dessa dominação teórica e prática são eliminadas na qualidade de resíduo irracional.

O desacordo entre filosofia e ciência é alimentado por dois mitos rivais: o mito da filosofia como

> afirmação autoritária de uma autonomia absoluta do espírito (...) corpo de doutrinas encarregado de assegurar para um espírito absolutamente desligado a fruição de si mesmo e de suas ideias[10];

e o mito do saber científico, que

> espera da simples anotação dos fatos não somente uma ciência das coisas do mundo, mas ainda uma ciência desta ciência, uma sociologia do saber (concebida de manei-

---

9. Merleau-Ponty, *La structure du comportement*, op. cit., p. 216.
10. Merleau-Ponty, "Le philosophie et la sociologie", *in Eloge...*, op. cit., p. 113.

ra empirista) encarregada de fechar o universo dos fatos sobre si próprio, aí inserindo até as ideias que inventamos para interpretá-los, desembaraçando-nos de nós mesmos.[11]

Esses mitos antagônicos e obscurantistas escondem uma cumplicidade: a delimitação de fronteiras entre a filosofia e a ciência dispensa as ideias do confronto com a experiência e dispensa os fatos do trabalho da interpretação. O cientista não deve decifrar a significação do material que recolhe, ficando-lhe vedada a compreensão de seu próprio trabalho. O filósofo não deve baixar do céu das ideias para o caos empírico, ficando-lhe vedada a reflexão sobre as coisas e sobre a práxis. A ciência trabalha às cegas; a filosofia, sem ter o que ver. Mas, como os resultados científicos parecem visíveis porque a ciência é aplicável e aplicada, o cordão sanitário que a separa da filosofia torna-se mais forte, e esta se pensa como atividade de um espírito absoluto que frui a si mesmo, contenta-se com um narcisismo estéril, nascido da pretensão absurda de estar de posse de verdades eternas no coração de um mundo temporal. Desobrigadas de refletir sobre o sentido de suas atividades, a ciência não tem fundamento e a filosofia, justificativa.

2.

Para resolver os embaraços da fé perceptiva, filosofia e ciência, cada uma a seu modo, procuram a evidência e a verdade como negação das crenças que sustentam e

---

11. *Idem, ibidem*, p. 114.

organizam nossa experiência espontânea, nosso "estar no mundo". Em ambas, o pensamento tenta desvencilhar-se da inerência ao mundo, instalando-se na posição do *kosmotheoros*, Espectador Absoluto, geometral de todos os pontos de vista, situado fora do espaço e do tempo, livre da localidade e da temporalidade que "contaminam" a autonomia indispensável para a posição do universal e do verdadeiro. No período do Pequeno Racionalismo ainda imperava um realismo ingênuo, solidário da aceitação do pressuposto empirista do fato positivo como uma realidade em si e dada. Eis por que o cientista imaginava que as leis obtidas pela investigação exprimiam uma realidade exterior positiva, de sorte que a noção de objetividade tornava-se sinônimo de uma representação adequada e econômica de dados observáveis. Eis também por que a epistemologia de cunho neopositivista do Círculo de Viena opôs filosofia e ciência (desqualificando a primeira por seu caráter "metafísico") em nome da presença dos enunciados dotados de significação empírica, isto é, enunciados observacionais, apanágio da cientificidade. Contudo, a partir do momento em que a ciência se viu constrangida a admitir que constrói mais do que observa, a noção de objetividade já não podia consistir numa representação adequada ou reprodução econômica dos fatos e acabou por converter-se em seu oposto. Como disse Karl Popper, a objetividade se torna uma representação fundamentalmente inadequada ou falsa, visto que o modelo científico é uma construção abstrata que já não corresponde à plenitude fenomenal e que, por isso mesmo, não poderá permitir uma indução completa, na qual os fatos possam confirmar a construção. Entre o modelo científico e o fato, permeia o caminho da elaboração construtiva abstrata, garantida apenas por recursos formais de coerência lógica (a axiomática) em que os fatos, em sua positividade bruta, já não poderão encaixar-se, a não ser como exceções que falsificam a construção e exigem um novo modelo. Esse caminho do dado observado ao modelo formal construído, da verdade positiva à falsificação, fez com que, no dizer de Merleau-Ponty, a ciência contemporânea se tornasse cada vez mais sensível às "modas intelectuais". O realismo empirista cede lugar para o intelectualismo construtivista como consequência inevitável da modificação sofrida pela noção científica de objetividade. Essa modificação é assim descrita e interpretada por Merleau-Ponty na abertura de O olho e o espírito:

> A ciência manipula as coisas e renuncia a habitá-las. Oferece modelos internos delas e, operando sobre esses índices ou variáveis as transformações permitidas por sua definição, confronta-se apenas de vez em quando com o mundo atual. Ela é, sempre foi, esse pensamento admiravelmente ativo, engenhoso, desenvolto, o *parti-pris* de tratar todo ser como "objeto em geral", isto é, ao mesmo tempo como se não fosse nada para nós e, entretanto, se encontrasse predestinado aos nossos artifícios. Mas a ciência clássica guardava o sentimento da opacidade do mundo, era ele que ela pretendia reencontrar por meio de suas construções, e por isso via-se obrigada a buscar um fundamento transcendente ou transcendental para suas operações. Há hoje – não na ciência, mas numa filosofia das ciências bastante difundida – uma novidade: a prática construtiva se toma e se oferece como autônoma, e o pensamento se reduz deliberadamente ao conjunto das técnicas de apreensão ou captação que ele inventa. Pensar é ensaiar, operar, transformar, apenas sob a reserva de um controle experimental em que intervenham somente fenômenos altamente "trabalhados", mais produzidos do que registrados por nossos aparelhos (...) Nunca como

hoje a ciência foi tão sensível às modas intelectuais. Quando um modelo é bem-sucedido em uma certa ordem de problemas, ele é experimentado em toda parte (...). Dizer por definição nominal que o mundo *é* o objeto de nossas operações é levar ao absoluto a situação de conhecimento do cientista, como se tudo o que foi ou é só tivesse sido para entrar no laboratório. O pensamento "operatório" torna-se uma espécie de artificialismo absoluto, como se vê na ideologia cibernética, na qual as criações humanas são derivadas de um processo natural de informação, mas ele próprio concebido a partir do modelo das máquinas humanas. Se este gênero de pensamento encarrega-se do homem e da história e se, fingindo ignorar o que sabemos deles por contato ou posição, começa a construí-los a partir de alguns índices abstratos (...) o homem torna-se verdadeiramente o *manipulandum* que pensa ser e entramos num regime de cultura em que já não há verdadeiro nem falso no que toca ao homem e à história, caindo num pesadelo do qual nada poderá despertá-lo.[12]

O idealismo kantiano pretendeu despertar a filosofia de seu sono dogmático, mas o pensamento operatório poderá mergulhar o homem "num pesadelo do qual nada poderá despertá-lo". Escrito na aurora da ideologia cibernética, o texto de Merleau-Ponty examina a principal consequência do artificialismo operatório, isto é, de uma cultura na qual a eficácia substitui e anula o verdadeiro e o falso: o pesadelo no qual o homem se torna "o *manipulandum* que pensa ser" ou, em outras palavras, que o homem se torne para si mesmo aquilo que pode e deve ser manipulado porque concebe o mundo como o que há para ser manipulado. A crítica merleau-pontiana tem

---

12. Merleau-Ponty, *L'oeil et le esprit*, Paris: Gallimard, 1964, pp. 9-12.

em mira dois alvos: o objetivismo espontâneo do cientista que, mesmo construindo o objeto de conhecimento, mantém o postulado do naturalismo realista; e o objetivismo tematizado pelo filósofo da ciência, que só consegue afastar o postulado do cientista recorrendo ao formalismo levado ao extremo.

Com efeito, o cientista imagina que a verdade e o sentido dos fatos encontram-se depositados nos próprios fatos considerados realidades em-si, sem notar que dessa maneira seu trabalho deixa de ser aquilo que efetivamente é: o responsável pela elaboração dessa verdade e desse sentido. Por outro lado, a filosofia da ciência, ao tomar para si a interpretação do trabalho científico, enfatiza o artificialismo, o construtivismo, a autonomia da prática científica, que cria seus próprios objetos. A filosofia da ciência sublinha o pensamento operatório e os modismos intelectuais. Em outras palavras, enquanto o cientista julga que o objeto é uma realidade em si e que os modelos são instrumentos de acesso ao real, o filósofo da ciência (particularmente se crítico da metafísica e vago herdeiro das filosofias transcendentais) afirma que o objeto foi *posto* pelos procedimentos científicos.

Essa situação é particularmente dramática nos casos em que a ciência inova e rompe com modos de pensar até então vigentes. Num ensaio sobre Einstein, Merleau-Ponty examina a raiz dessa situação, que deixa o sábio desarmado diante da elaboração de conceitos que são negadores da crença num mundo em-si e, no entanto, paradoxalmente, são tidos por ele como afirmadores do *Ens Realissimum,* que sustentava o pensamento clássico. A origem desse desequilíbrio entre o trabalho científico e sua interpretação pelo cientista encontra-se no anacronismo entre a *ratio* científica e a *ratio* metafísica, ou seja, na junção de uma racionalidade científica totalmente nova com a racionalidade metafísica clássica, negada, de fato, pela primeira.

> Einstein é um espírito clássico. Por mais que reivindique categoricamente o direito de construir sem nenhum respeito pelas noções *a priori* que pretendem ser o arcabouço invariável do espírito, nunca deixa de pensar que essa criação vem alcançar uma verdade depositada no mundo. "Acredito num mundo em-si, mundo regido por leis que tento apreender de uma maneira selvagemente especulativa", diz ele. Mas, justamente, esse reencontro da especulação e do real, de nossa imagem do mundo e do mundo, que algumas vezes ele denomina "harmonia preestabelecida", Einstein não ousa, como o grande racionalismo cartesiano ousou, fundá-lo categoricamente sobre uma infraestrutura divina do mundo nem, como o idealismo, sobre o princípio de que o real não é senão aquilo que podemos pensar. Algumas vezes, Einstein se refere ao Deus de Espinosa, mas com maior frequência descreve a racionalidade como um mistério e como tema de uma "religiosidade cósmica". A coisa menos compreensível do mundo, diz ele, é que o mundo seja compreensível. Se considerarmos clássico um pensamento que toma a racionalidade do mundo como autônoma, então o espírito clássico encontra seu limite extremo em Einstein.[13]

Prosseguindo no exame da situação de Einstein, Merleau-Ponty indica o significado mais amplo do anacronismo e da contradição presentes na ciência contemporânea. Einstein nunca resolveu se aceitaria como definitivas as formulações da mecânica ondulatória que não se referem

---

13. Merleau-Ponty, "Einstein et la crise de la raison", *in Eloge...*, *op. cit.*, pp. 309-11.

às "propriedades" das coisas e dos indivíduos, como ocorria na mecânica clássica, mas descrevem o jeito e as probabilidades de alguns fenômenos coletivos no interior da matéria. Nunca pôde aceitar a ideia de uma realidade reduzida a um tecido de probabilidades nem uma ciência que, numa criação livre, acabasse chegando ao real. Dizia não ter argumentos lógicos contra isso, mas que "sabia" serem ideias inaceitáveis. Se nele o espírito clássico atinge o ponto-limite, é porque nele duas racionalidades se encontram e se entrechocam: aquela presente no ideal da física clássica e uma outra, nova, que é a maneira einsteiniana, "selvagemente especulativa", de alcançar o real. Quando Bergson e Einstein se defrontaram, o primeiro afirmava que o segundo havia ultrapassado a razão clássica e o idealismo porque a Relatividade é a afirmação de uma racionalidade pré-científica implicada em nossa relação com o mundo percebido e em nossa existência intersubjetiva. Einstein, contudo, recusou a posição de Bergson, afirmando, por sua vez, a impossibilidade de uma razão pré-científica e manteve as evidências percebidas como um balbuceio confuso, anterior à palavra científica clara.

> Essa recusa coloca-nos diante da crise da razão. O sábio não reconhece uma outra razão além da razão física, à qual apela como se fazia no tempo da ciência clássica. Ora, essa razão física, ao ser revestida de dignidade filosófica, desemboca em paradoxos que a destroem.[14]

Para Merleau-Ponty, o que mais interessa no caso da posição einsteiniana é a sua dificuldade para sair das peias do espírito clássico. Essa dificuldade indica que Einstein

---

14. *Idem, ibidem*, pp. 319-20.

sempre recusou a redução da ciência a "uma expressão matemática e a uma linguagem bem-feita", pois sempre admitiu que o conceito era a transcrição do próprio real. Na verdade, os paradoxos de Einstein assinalam a crise da razão porque o cientista, não querendo cair no formalismo operatório, sente-se obrigado a retornar ao ideal clássico, sem se aperceber de que sua ciência exige uma nova concepção da razão, em vez de uma regressão anacrônica e impossível. Há uma outra maneira de acompanhar a trilha deixada pelos clássicos, mais fiel ao seu ideal de inteligibilidade. Os clássicos, escreve Merleau-Ponty, "guardavam o sentimento da opacidade do mundo" e por isso,

> no exato momento em que criaram a ciência da natureza, num mesmo movimento mostraram que ela não era a medida do Ser e alçaram a consciência do problema ontológico ao seu ponto mais alto.[15]

Ser fiel aos clássicos é

> retomar mais radicalmente a tarefa que aquele século intrépido acreditava ter realizado para sempre.[16]

Retomá-la "mais radicalmente" significa, em termos merleau-pontianos, recolocar a questão da racionalidade posta pela filosofia clássica, isto é, a questão do infinito positivo. Questionar a razão clássica e seu correlato, o *Ens Realissimum*, não é recusar rapidamente o pensamento clássico, mas obrigar-se a reconhecer a surda presença

---

15. Merleau-Ponty, "Partout et nulle part", in *Eloge...*, *op. cit.*, p. 226.

16. *Idem, ibidem*, p. 226.

do negativo trabalhando a positividade das coisas e das ideias, isto é, obrigar-se a reconhecer a historicidade do próprio pensamento clássico. Os clássicos, por guardarem o sentimento da opacidade do mundo, recorreram a um fundamento transcendente que pusesse e sustentasse o real, garantindo as evidências a que chega o conhecimento. Ser fiel ao pensamento clássico é guardar esse mesmo sentimento de opacidade, mas voltar a buscar o fundamento, pois já não se pode recorrer ao infinito positivo para fundar a transparência e o sentido do mundo. A ciência contemporânea carrega, sem saber, a necessidade de uma ontologia, e é exatamente essa necessidade que transparece em Einstein, pois se um cientista como ele recorre à razão e à metafísica clássicas é porque, para ele, a ciência exige a explicitação de seus pressupostos, a posição de seus fundamentos. Numa palavra, Einstein é um clássico porque não separa ciência e ontologia. E retomar radicalmente a empresa do "século intrépido" é manter a complementaridade entre filosofia e ciência, mas, para isso, recolocar a necessidade de uma nova ontologia, à distância do infinito positivo. Trata-se de encontrar "uma maneira nova de ver o Ser", como lemos na epígrafe escolhida para este texto.

3.

Para enfrentar os enigmas do visível e do invisível, filosofia e ciência acabaram desembocando em dicotomias insolúveis – coisa/consciência, fato/ideia, essência/existência, sujeito/objeto – que multiplicaram os paradoxos e lançaram a razão em crises contínuas, resolvidas, cada vez, com o privilégio conferido a um dos termos antagônicos.

É no campo da relação entre percepção e pensamento, corpo e espírito, mundo e consciência, bem como no das relações entre filosofia e ciência que Merleau-Ponty introduz o emprego filosófico da noção de *estrutura*, esperando com ela alcançar uma nova racionalidade, livre do intelectualismo e subjetivismo filosóficos e do realismo e objetivismo científicos. Reatar os laços entre a atividade filosófica e a científica, elaborar uma ontologia em que as coisas e as ideias, os fatos e as significações, o mundo e o pensamento se apresentem como dimensões simultâneas de um ser indiviso e internamente diferenciado, eis o que lhe parece anunciado na noção de estrutura. Por isso mesmo escreve:

> Para o filósofo, presente fora de nós nos sistemas naturais e sociais, e em nós como função simbólica, a estrutura indica um caminho fora da correlação sujeito-objeto que domina a filosofia de Descartes a Hegel. Ela leva a compreender, em particular, como estamos numa espécie de circuito com o mundo sócio-histórico, o homem sendo excêntrico a si mesmo e o social só encontrando o centro nele. (...). O que interessa ao filósofo é que ela toma o homem tal como ele é, em sua situação efetiva de vida e de conhecimento. O filósofo ao qual ela interessa não é aquele que quer explicar ou construir o mundo, mas aquele que busca aprofundar nossa inserção no ser.[17]

A fim de destacarmos de maneira mais nítida a concepção merleau-pontiana da estrutura, começaremos por uma outra, que lhe é frontalmente oposta e que, no entanto, também procura superar o dilema coisa-consciência.

---

17. Merleau-Ponty, "De Mauss à Claude Lévi-Strauss", *loc. cit.*, *op. cit.*, p. 165.

Em *Pensée formelle et sciences de l'homme*[18], Gilles Gaston Granger opõe consciência e conceito. A consciência é um ato operatório isolado, autofundado, que tem como correlato uma essência e como qualidade a evidência. O conceito é uma sistematização de operações, que tem como correlato uma estrutura explícita e determinada, e como qualidade a coerência. A consciência é um modo de experiência centrado no ego; o conceito, o resultado da prática científica centrada numa estrutura construída a partir de operações determinadas por uma axiomática.

A axiomatização é a única via possível para a cientificidade porque é o único instrumento capaz de libertar o pensamento racional das ilusões dos vividos. A consciência, partindo do vivido, tende para a ilusão da estabilidade como resposta ao nosso desejo de absoluto. O conceito, ao contrário, é o resultado de um trabalho sistemático de construção que comporta três instâncias: uma instância idealista, que opera exclusivamente com formas tomadas como objetos; uma instância realista, que encaminha o objeto-forma (isto é, o conceito) para sua aplicação; e, finalmente, uma instância transcendental, que apresenta as condições de possibilidade do objeto-forma enquanto uma *estrutura*, isto é, como *conjunto de regras explícitas* que estabelecem um *arranjo completamente determinado* da experiência, embora provisório. A instância transcendental é, portanto, uma linguagem, a axiomática que permite a formalização.

Axiomatizar é colocar as regras de construção do objeto como princípios suficientes para a dedução de todas as proposições de uma teoria. Formalizar é reduzir a

---

18. G. G. Granger, *Pensée formelle et sciences de l'homme*, Paris: Aubier-Montaigne, 1960.

linguagem de uma teoria às expressões primitivas e às regras explícitas de construção postas pela axiomática. Axiomatizar uma teoria é expulsar os conteúdos incontroláveis dos conceitos de origem empírica, permitindo a substituição das qualidades e do vivido por uma estruturação explícita e abstrata dos atos de percepção e de pensamento. A axiomática define a ciência como possibilidade de modelos. Como instância transcendental, recusa a Estética Transcendental (isto é, a determinação das condições de possibilidade do conhecimento a partir da sensibilidade) e, em seu lugar, propõe uma Linguística Transcendental (isto é, a determinação das condições de possibilidade do conhecimento a partir da construção de algoritmos), cuja função é destruir os preconceitos do senso comum e explicitar as relações possíveis entre um simbolismo rigoroso (o discurso científico construído com algoritmos) e a experiência (entendida como uso de técnicas experimentais).

Essa colocação exclusivamente sintática ou operatória do objeto-estrutura abre o problema da significação: qual é a relação entre a forma e o conteúdo? Na medida em que o simbolismo científico está reduzido ao algoritmo, Granger pode evitar a questão considerando que o conteúdo da forma (estrutura) é ela mesma, isto é, não se refere a nada exterior ao processo de construção e dedução que a constituem.

Em *Essai pour une philosophie du style*[19] o problema semântico ou da significação é retomado. Agora, o objeto é definido como "aquilo que a ciência conhece", de sorte que nem tudo o que é objeto de uma prática humana

---

19. G. G. Granger, *Essai pour une philosophie du style*, Paris: Armand Colin, 1968.

pode ser considerado objeto científico[20]. No caso dos fatos humanos, a prática é um *excedente* ou um *resíduo* do objeto, reduzindo-se a uma experiência vivida, ou por viver, a partir de uma *decisão* individual ou coletiva. Essa decisão tem um peso social, mas nem por isso está sujeita a uma determinação científica. Granger distingue, então, prática e trabalho. Este é o momento de uma prática científica em que se constrói ou se determina uma estrutura, isto é, um modelo formal denominado, propriamente, Objeto. O resíduo não estruturado é a significação, "esse aspecto da prática que não recebeu uma estruturação manifesta, e que é o avesso inseparável de toda atividade compreendida em sua integridade". A estrutura é a objetivação manifesta e completamente determinada; a significação, uma organização latente e residual que ainda espera pela objetividade estruturadora. Eis por que

> a estrutura é um abstrato mediante o qual uma atividade concreta de conhecimento define, em uma etapa determinada da prática, uma forma de objetividade. Neste sentido, a estrutura não está nas coisas nem no pensamento, como um modelo ou reflexo do ser, mas resulta de um trabalho do sujeito aplicado à experiência e é o que contribui para delimitar com precisão a coisa nessa experiência, conferindo-lhe o *status* de objeto.[21]

A experiência e a significação constituem um momento vivido pelo sujeito (individual ou coletivo) como totalidade aberta e lacunar, como uma clausura rodeada

---

20. Granger tem interesse na separação porque esta lhe permitirá opor ciência e história, ciência e filosofia, ciência e experiência.
21. G. G. Granger, "Objectos, Estructures y Significaciones", *in Estructuralismo y epistemología*, México: Nueva Vision, 1971, p. 3.

de horizontes. A estrutura, ao contrário, por não contar com resíduos nem latências, é uma totalidade sem horizontes e sem lacunas, portanto um objeto completamente determinado. A significação é tema para a meditação filosófica, redundância ou ruído de uma estrutura construída pela prática científica. A ciência, diz *Pensée formelle et sciences de l'homme*, é a "construção de modelos eficazes dos fenômenos", por meio de conceitos ou estruturas.

Merleau-Ponty concordaria com Granger no tocante à distinção entre consciência e conceito, mas faria (como aliás fez) dessa distinção um problema e não um ponto de partida. Concordaria também com a crítica do realismo e do idealismo estruturais, mas, novamente, indagaria (como efetivamente indagou) por que a noção de estrutura leva a posições antagônicas, em vez de postular que, não estando "nas coisas" nem "no pensamento", a estrutura só poderia estar numa construção abstrata, pois, neste caso, a solução do antagonismo anterior reabre um outro: se a estrutura é uma construção abstrata, como se pode atribuir à ciência a instância realista? O que permite à "construção de modelos eficazes dos fenômenos" ser eficaz senão uma visão empobrecida da prática, da experiência, da filosofia e da própria ciência? A prática não é um resíduo da estrutura, mas aquilo que põe estruturas, e por isso mesmo o realismo é um engano que deve ser desfeito. A significação não é um resíduo exterior à estrutura, e sim a estrutura em sua face inteligível, isto é, como organização de elementos segundo um princípio interno e necessário. Posta pela prática (em qualquer nível ou domínio) como inteligibilidade do real, a totalidade estrutural é necessariamente lacunar e indeterminada, sem o quê seria impossível compreender a existência de uma história imanente à própria estrutura.

O pressuposto de Granger é o princípio kantiano da *determinação completa*, considerada por ele condição *sine qua non* do conhecimento científico. Ora, a total determinabilidade do objeto-estrutura só pode ser concebida se este for um *constructus* exterior à sua própria produção. A exterioridade entre a prática científica e o objeto dessa prática, bem como, portanto, a exterioridade entre a forma e a significação decorrem da exigência da determinação completa e implicam, para que o fechamento do campo empírico possa ser coerente, uma redução da forma científica aos significados dos algoritmos que a exprimem. Merleau-Ponty, ao contrário, busca a unidade da forma e da significação pela afirmação de que o objeto (sensível, cultural, científico, filosófico) é reflexionante e avesso à determinação completa. A noção de estrutura viria, justamente, revelar essa reflexão que é posição e reposição de uma unidade global (forma-significação, forma-matéria) e inacabada, que carrega em si mesma sua produção, isto é, sua historicidade imanente. A estrutura, reduzida ao algoritmo, parte da preexistência das determinações, de maneira que nunca haverá um acontecimento inteligível, pois, diz Merleau-Ponty,

> o algoritmo é uma linguagem que se restringe a dizer apenas o que foi voluntária e exatamente definido, a designar apenas aquilo de que já temos posse, que nega seu próprio passado e não tem porvir, e cuja verdade não é um espírito flutuante, onipresente sem ser localizável, mas a esfera de verdades imutáveis e anteriores às nossas formulações.[22]

---

22. Merleau-Ponty, "L'algorithme et le mystére du langage", *in La prose du monde*, Paris: Gallimard, 1969, p. 116.

Tudo aquilo que vier acrescentar-se às determinações já conhecidas será tomado como já contido previamente no próprio algoritmo, de modo que a prática científica acaba sendo a mera explicitação do já-determinado.

O apelo ao algoritmo e à axiomática, a busca da determinação completa do objeto-estrutura implicam a ideia de que o real e o saber são meras *explicitações* de algo preexistente – seja no mundo, seja na cabeça do cientista, seja na elocubração do filósofo. O algoritmo e a axiomática como figuras da determinação completa afastam a noção de *produção*, tanto a dos entes, como a de seu conhecimento, isto é, afasta a noção de trabalho, paradoxalmente invocada por Granger. Eis por que ele precisa recorrer à noção de *estilo* para explicar como e por que há uma diferença e uma distância (isto é, uma *história*) entre abordagens científicas no interior de um mesmo domínio do saber. A ruptura estilística (isto é, a descontinuidade temporal do pensamento científico) é o corolário da concepção de estrutura, tal como foi acima formulada. Sem isso, Granger não poderia atribuir à estrutura a delimitação total do objeto nem manter a diferença entre ciência e filosofia como diferença do *grau* de objetividade que cada uma delas pode atingir e que culmina na posição de um ideal de conhecimento no qual as significações filosóficas (isto é, ruídos e resíduos) possam ser absorvidas pelas objetivações científicas.

> Preferimos insistir na distinção, que cremos fundamental, entre o conteúdo de uma objetivação manifesta – as relações expressas pelo matemático, pelo físico, pelo economista, pelo sociólogo – e o conteúdo de uma organização latente, não objetivada atualmente, que envolve a primeira de modo muito ambíguo e penetra, às vezes, no seio da construção objetiva. A oposição das "significações"

e das "estruturas" aparece como ponto crucial de uma doutrina da ciência e de uma filosofia da prática.[23]

Para Merleau-Ponty, essa oposição destrói a noção de estrutura, pois esta é exatamente significação encarnada, trabalho do ser e da inteligibilidade posta e reposta pelas diferentes dimensões da realidade.

Com efeito, a passagem da experiência para o algoritmo é passagem da percepção para uma linguagem unívoca porque sua sintaxe, totalmente regulada, engendra uma semântica que, no final das contas, é um simples pleonasmo da sintaxe. Por que propor essa passagem? Por que apontar a "ingenuidade" da Estética Transcendental e exigir uma Linguística (Axiomática) Transcendental? Porque a percepção situa-se no campo aberto dos possíveis, enquanto o algoritmo situa-se no campo fechado da atualidade. Para Merleau-Ponty, a "prática" de que fala Granger pareceria um platonismo escondido, que exclui a possibilidade de um *devir* do conhecimento e do sentido, conservando apenas uma história externa: os acontecimentos ocorridos ambiguamente na esfera da percepção e da experiência, ao atingirem a esfera do pensamento e do algoritmo, podem *acrescentar* novas relações compatíveis com as já estabelecidas pelo discurso científico, ou, então, em último caso, exigir a construção de uma nova axiomática, que repetirá o esquema eternitário anterior. Não é por acaso que o trabalho científico é pensado por Granger em termos de "estilo", de sorte que, por exemplo, entre a geometria euclidiana e a cartesiana estabelece--se a diferença entre duas axiomáticas estanques, dita-

---

23. G. G. Granger, "Objectos, estructures y significaciones", *loc. cit., op. cit.*, p. 1.

das pelo "estilo intuitivo" da primeira e pelo "estilo algébrico" da segunda.

Evidentemente Merleau-Ponty não pretende escamotear a diferença entre a percepção e a ciência, porém essa diferença não introduz a separação proposta por Granger e sim um movimento de passagem de uma a outra:

> Não negamos, certamente, a originalidade da ordem intelectual com relação à da percepção. Tentamos apenas desfazer o tecido intencional que une uma à outra para reencontrar as vias da sublimação que conserva e transforma o mundo percebido em mundo falado, e isto só é possível se tomarmos as operações da palavra como reconquista da tese do mundo, análoga *em sua ordem* à percepção, mas diferente dela (...) A verdade do resultado, seu valor independente do acontecimento, decorre de que não se trata de uma mudança em que as relações iniciais aparecem a fim de serem substituídas por outras, nas quais seriam irreconhecíveis, mas trata-se de uma *re-estruturação* que se sabe a si mesma de ponta a ponta e que estava anunciada pelos vetores da estrutura dada, de tal modo que cada mudança efetiva vem preencher uma intenção, cada antecipação recebe da construção um acabamento que esperava. Trata-se de um verdadeiro devir do sentido, não como sucessão objetiva ou transformação de fato, mas como um autodevir, um devir-sentido (...) O lugar próprio da verdade é, pois, essa retomada do objeto de pensamento em sua significação nova, mesmo que o objeto percebido mantenha ainda, em suas dobras, relações que utilizamos sem perceber.[24]

Merleau-Ponty não pretende anular a diferença entre a ciência e a filosofia. Contudo, a diferença é concebi-

---

24. Merleau-Ponty, "L'algorithme et le mystére du langage", *loc. cit.*, *op. cit.*, pp. 173, 175 e 179.

da por ele como convergência e complementaridade de ponto de vista, e não como exclusão recíproca:

> Não pode haver rivalidade entre o conhecimento científico e o saber metafísico que o recoloca sempre em presença de sua tarefa. Uma ciência sem filosofia não saberia, ao pé da letra, do que fala. Uma filosofia sem exploração metódica dos fenômenos chegaria apenas a verdades formais, isto é, a erros. Fazer metafísica não é entrar num mundo de conhecimento separado nem repetir fórmulas estéreis – é ter experiência plena dos paradoxos que tais fórmulas indicam, é tentar pensar até o fim os mesmos fenômenos que a ciência investe, embora restituindo-lhes a transcendência e a estranheza originárias.[25]

A filosofia não é rival nem resíduo da ciência, mas seu pano de fundo necessário.

Levando-se às últimas consequências a afirmação de Granger de que as significações "interferem de modo ambíguo" no trabalho científico, compreender-se-á que tal "interferência" não decorre da *ausência* de uma "objetivação manifesta", e sim da *impossibilidade* de uma objetivação completa. Essa impossibilidade revela que a ciência oferece diagramas e esquemas de uma realidade (natural ou cultural) cuja principal característica é a "perpétua sobredeterminação dos acontecimentos"[26]. Ao identificar estrutura e modelo formal, Granger é obrigado a relegar a sobredeterminação ao campo indeciso da práxis e da meditação filosófica, perdendo, assim, a oportunidade de al-

---

25. Merleau-Ponty, "Le métaphysique dans l'homme", *in Sens et non-sens*, Genebra: Nagel, 1965, pp. 170-1.
26. Merleau-Ponty, "Le philosophe et la sociologie", *in Eloge...*, *op. cit.*, p. 142.

cançar a inovação epistemológica e ontológica introduzida pela noção de estrutura como unidade e devir de uma forma e de uma significação, como indeterminação e determinação simultâneas, isto é, como temporalidade.

Como Granger, Merleau-Ponty considera que a estrutura não está nas coisas. Justamente por isso critica a *Gestalttheorie*. Opondo-se ao cientificismo behaviorista, a Psicologia da Forma procurou descrever as formas privilegiadas da conduta humana e determinar as condições de seu aparecimento. Uma *gestalt*, na medida em que é afirmação de uma estrutura, é também negação dos eventos psíquicos como meros agregados ou mosaicos psicofísicos, e permite que se conceba o psíquico como fenômeno. Dessa maneira, a Psicologia da Forma considera os fenômenos como fonte legítima do conhecimento psicológico, anulando a tentativa para reduzir a *gestalt* a uma realidade menor ou derivada, isto é, a um epifenômeno resultante de uma realidade primeira, de tipo físico. E, no entanto, ao chegar a essa conclusão, a Escola de Berlim recuou:

> preferiu afirmar – por um puro ato de fé – que a totalidade dos fenômenos pertence ao universo da física, atribuindo a uma física e a uma fisiologia mais avançadas a tarefa de compreender como as formas mais complexas repousam, em última análise, sobre as mais simples.[27]

A reificação da estrutura e sua redução à realidade física *partes extra partes* impedem que a *Gestalttheorie* possa manter qualquer diferença de princípio entre a afirmação as-

---

27. Merleau-Ponty, "Le métaphysique dans l'homme", *loc. cit.*, *op. cit.*, p. 149.

sociacionista de que o psíquico é uma soma de sensações e sua própria afirmação de que o psíquico é uma totalidade cujos elementos não possuem existência separada. Ao colocar a *gestalt* como forma derivada de formas físicas detentoras de realidade, a Escola de Berlim impediu aquilo que sua proposta anunciava: uma revisão radical das relações entre o objetivo e o subjetivo no nível da psicologia.

Também como Granger, Merleau-Ponty considera que a estrutura não está no pensamento. "Por princípio, a estrutura não é uma ideia platônica."[28] A estrutura não é um presente do espírito à natureza e à cultura, um dom que viria dar forma à matéria caótica, imprimindo-lhe do exterior um sentido que lhe é estranho. A estrutura é sentido encarnado: não é Natureza em-si nem sistema de posições da consciência, mas produção de uma inteligibilidade espessa que se realiza por meio das coisas e dos homens, anteriormente à reflexão. Ou melhor, é uma reflexão operante, na qual as distinções entre o objetivo e o subjetivo não são aquelas do em-si e do para-si, e sim manifestações particulares da unidade peculiar de uma forma e de uma significação, unidade que define a diferença e a passagem da ordem física para a vital, e desta para a cultural.

Por não ser coisa nem ideia, a estrutura inaugura "uma nova maneira de ver o Ser", e os modelos ou diagramas que os métodos científicos elaboram para alcançá-la são instrumentos de conhecimento exigidos por ela mesma. Com efeito, sendo um princípio interior de distribuições observáveis, a própria estrutura não é observável e,

---

28. Merleau-Ponty, "De Mauss à Lévi-Strauss", *loc. cit., op. cit.*, p. 152.

como Janus, possui duas caras: de um lado, organiza os elementos que a constituem segundo um princípio interno; é sentido. Mas, de outro, este sentido que carrega é opaco.[29]

A opacidade exige o modelo, mas este, instrumento de conhecimento, não se confunde com aquilo de que é conhecimento. O modelo é a "objetivação manifesta" de uma "organização latente", e é esta e não aquela que deve ser denominada estrutura.

4.

Numa nota de trabalho de sua obra póstuma, *O visível e o invisível*, Merleau-Ponty indaga: o que é uma *gestalt*? Responder que é um todo que não se reduz às partes ou à soma delas, diz ele, é oferecer uma definição negativa que não a apanha por dentro. Apreendida internamente, uma *gestalt*

> é um princípio de distribuição, o pivô de um sistema de equivalências, é o *Etwas* de que os fenômenos parcelares são a manifestação.[30]

Por isso mesmo, não é uma essência nem uma ideia, não é a-espacial nem a-temporal, mas aquilo de que somente o corpo pode ter experiência, pois "meu corpo é uma *gestalt* co-presente em toda *gestalt*". Não sendo essência nem ideia, não sendo dada a um espírito nem constituída

---

29. *Idem, ibidem*, p. 155.
30. Merleau-Ponty, *O visível e o invisível, op. cit.*, p. 193.

por ele, uma *gestalt* também não é uma coisa, mas uma dimensão do ser, pois, como já escrevia em *A estrutura do comportamento*, "a forma não é uma realidade física, mas um objeto de percepção" e "não pode ser definida em termos de coisa, mas como conjunto percebido"[31]. Nem coisa nem ideia, uma *gestalt* é uma significação encarnada que possui um princípio interno de organização e de autorregulação: é uma estrutura.

> O que há de profundo na *gestalt*, nosso ponto de partida, não é a ideia de significação, mas a de estrutura, junção de uma ideia e de uma existência indiscerníveis, arranjo contingente por cujo intermédio os materiais se põem a ter sentido para nós, a inteligibilidade em estado nascente.[32]

Por que a estrutura é "maneira nova de ver o ser"?

Antes de tudo, porque nos afasta da metafísica substancialista e, portanto, do dualismo da *res cogitans* e da *res extensa*. Com efeito, Merleau-Ponty explora as características que a linguística de Saussure atribuía à estrutura da língua na qual os signos não são elementos reais positivos e isoláveis, ligados por relações de causalidade mecânica ou funcional, mas são puras relações diacríticas, negativas e opositivas – são puras diferenças e posições. É assim que no ensaio "Sobre a fenomenologia da linguagem" Merleau-Ponty escreve que o valor expressivo de uma língua falada ou viva não se encontra nos elementos isoláveis da cadeia verbal, mas, ao contrário, "fazem sistema" porque cada um deles não significa senão sua diferença com relação aos outros:

---

31. Merleau-Ponty, *La structure du comportement, op. cit.*, p. 223.
32. *Idem, ibidem*, p. 155.

os signos, como diz Saussure, são essencialmente diacríticos, e, como isso é verdadeiro de todos, na língua não há senão diferenças de significação. Se ela finalmente quer dizer e diz alguma coisa não é porque cada signo veicule uma significação que lhe pertenceria, mas é porque todos juntos aludem a uma significação sempre em sursis, quando se os considera um a um, e rumo à qual eu os ultrapasso sem que eles jamais a contenham.[33]

Em outras palavras, uma língua não é uma coisa física ou mental, uma substância composta de elementos positivos e isoláveis, mas é uma totalidade constituída por puras diferenças internas, uma vez que um signo só se define por sua diferença, oposição e negação com respeito aos demais. É pela maneira como os constituintes se relacionam que uma estrutura vem à existência e por isso mesmo ela é uma totalidade que se distingue de outras não por sua "matéria" e sim por sua qualidade, isto é, por sua significação. Esta não é algo que o sujeito do conhecimento atribui à totalidade, mas é o sentido imanente a essa totalidade.

A estrutura é uma maneira nova de ver o ser porque, ao desprendê-lo da metafísica das substâncias, nos permite alcançá-lo como *ser de indivisão*, pois as estruturas qualitativamente distintas são *dimensões* do mesmo ser. Por outro lado, a estrutura também o desprende das filosofias transcendentais, nas quais ele se reduz às categorias e aos conceitos que o entendimento lhe impõe e que o reduzem ao "ser posto" ou ao "ser constituído": com a estrutura, deixamos a tradição do que é posto ou consti-

---

33. Merleau-Ponty, "Sur la phénoménologie du langage", *in Signes*, Paris: Gallimard, 1960, p. 110.

tuído pelas operações intelectuais e alcançamos o *há* originário, mais velho do que nossas operações cognitivas, que dele dependem e que, esquecidas dele, imaginam constituí-lo.

Além disso, a noção de estrutura nos afasta da tradição científica fundada em explicações causais de tipo mecanicista e funcionalista ou em explicações finalistas, isto é, apoiada no recurso a princípios externos encarregados de dar conta tanto da gênese como das transformações de uma realidade qualquer. De fato, porque possui um princípio interno de autorregulação, a gênese da estrutura encontra-se nela mesma como processo global e imanente de autodistribuição dos constituintes; por outro lado, uma estrutura, como dizia a Psicologia da Forma, é pregnante, ou seja, possui um princípio interno de transformação ou, como escreve Merleau-Ponty, ela é "fecundidade, poder de eclosão, produtividade", um *acontecimento*, trazendo nela mesma o princípio de seu devir.

Em *A estrutura do comportamento*, a noção de estrutura permite a Merleau-Ponty combater o naturalismo (científico) e o intelectualismo (filosófico), que só conseguiam explicar o comportamento humano por redução: sob o prisma naturalista, o comportamento humano era reduzido a um fato observável formado por um mosaico de respostas a um mosaico de estímulos e cujas leis e normas eram de caráter físico-fisiológico, de sorte que a consciência e as significações reduziam-se a epifenômenos de causalidades físicas mecânicas e funcionais; sob o prisma intelectualista, o comportamento era explicado pela distinção entre as atividades e passividades corporais, definidas pelo padrão mecanicista da física e pelo padrão funcionalista da fisiologia, e as atividades da consciência, definidas pela reflexão (ou pela pura presença de si a si) e pela redução da experiência corporal (sensação e percepção) a um caso particular da atividade geral do entendimento, isto é, do juízo. O combate a esse duplo reducionismo se faz pela introdução da noção de *estrutura do comportamento*, graças à qual descobrimos que o corpo não é um agregado de músculos e nervos que opera em "processos de terceira pessoa" (isto é, conforme a causalidade mecânica e funcional), mas uma totalidade ativa estruturada internamente e estruturante de seu mundo, e que a consciência reflexiva não é a forma canônica da consciência, nem sua única forma nem primeira manifestação, mas é dependente da consciência perceptiva, indiscernível de um corpo cognoscente, isto é, do corpo como princípio estruturante.

Sob a noção de estrutura, vêm distribuir-se três ordens de realidade ou três dimensões do ser: a física, a vital e a simbólica ou humana.

> Na medida em que uma filosofia da estrutura mantém o caráter original das três ordens e admite que quantidade, ordem e significação, presentes em todo o universo das formas, são, entretanto, caracteres "dominantes" respectivamente da matéria, da vida e do espírito, é por uma *diferença estrutural* que se deve dar conta de sua distinção [e não por uma distinção substancial]. Em outras palavras, matéria, vida e espírito devem participar desigualmente da natureza da forma, representar diferentes graus de integração e constituir, enfim, uma hierarquia na qual a individualidade se realize cada vez mais. Seria, por definição, impossível conceber uma forma física que tenha as mesmas propriedades que a forma fisiológica e uma forma fisiológica que seja o equivalente de uma forma psíquica.[34]

---

34. Merleau-Ponty, *La structure du comportement*, *op. cit.*, p. 143.

A estrutura física é um indivíduo molar ou um sistema de forças em estado de equilíbrio constante ou de mudança constante, e no qual nenhuma lei pode ser formulada para partes isoladas, pois seus vetores têm suas grandezas determinadas por suas relações com os outros. Cada mudança é traduzida por uma redistribuição total das forças, assegurando a constância de sua relação. "Unidade interior inscrita num segmento do espaço e resistente às deformações das influências externas, graças à sua causalidade circular, a estrutura física é um Indivíduo."[35] O equilíbrio estrutural é definido pela trajetória da estrutura rumo ao *repouso* e, quando este é rompido por forças exteriores, pelo esforço para restabelecê-lo. A estrutura física se define, portanto, como conservação de uma ordem dada. Nesse sentido, pode-se falar numa "história" física marcada pela descontinuidade ou pelo salto qualitativo de uma estrutura para outra cada vez que, submetido a forças externas contínuas, o sistema alcança um limiar e redistribui suas forças segundo um princípio interno novo. Há *acontecimentos* físicos, mas a peculiaridade da "história" física reside no fato de que os eventos dependem de uma ação vinda *de fora* da estrutura *para dentro* dela. Assim sendo, a noção de *lei física* passa por uma transformação conceitual que recusa, em última instância, a causalidade linear: *os acontecimentos* físicos revelam a presença de um *sistema de leis complementares*, de tal modo que em cada acontecimento a totalidade está direta ou indiretamente concernida, embora haja um amortecimento, proporcional à distância, das influências exercidas diretamente sobre um ponto e indiretamente sobre os outros. A estrutura física é uma síntese de de-

---

35. Merleau-Ponty, *idem, ibidem*, p. 14.

terminações recíprocas dinâmicas que se exprimem em *leis*. A estrutura não é a *ratio essendi* da lei, nem esta a *ratio cognoscendi* da estrutura, pois não são duas modalidades do Ser, mas "dois momentos dialéticos" de um processo natural.

> A física não deve afirmar a existência de uma *physis* como reunião de ações isoláveis (a lei tomada como autônoma) nem como potência para criar coisas em si (a estrutura tomada como causa em si e primeira). A estrutura não é um elemento do mundo, mas um limite para o qual tende o conhecimento físico e que é definido por ela.[36]

A lei é a significação da forma física. Esta só existe naquela, mas a lei foi posta pela forma.

A estrutura vital é um Organismo. Nela, o equilíbrio é obtido não como reação a ações atualmente dadas, mas como reação a condições *virtuais* que o próprio organismo põe na existência como seu *meio vital*. O equilíbrio não visa à manutenção da ordem dada, mas é criado pela relação do organismo com o ambiente, por intermédio de certos comportamentos privilegiados como mais simples e mais econômicos para a realização de uma *tarefa* que engaja a totalidade do organismo. Este aparece, portanto, como um ser capaz de certas ações cuja significação é definida a partir da tarefa. A expressão dessa significação não é feita por leis, mas por *normas,* que avaliam as ações do organismo como *atos* e não como meras reações, pois exprimem o poder *adaptativo* e *inovador* de estrutura orgânica. O equilíbrio não depende, portanto, de condições locais dadas, mas da atividade total do próprio organis-

---

36. *Idem, ibidem,* p. 153.

mo, que modela o ambiente, em vez de sujeitar-se a ele. Se, na estrutura física, é possível distinguir o exterior e o interior, na estrutura vital essa distinção já não pode ser feita. Entre as condições do ambiente e o organismo estabelece-se uma relação intrínseca ou de sentido, de modo que não se pode estabelecer com precisão até onde vai um e onde começa o outro, isto é, ambiente e organismo não são entidades isoláveis. A noção de *adaptação* indica dois tipos de relação estrutural entre o organismo e o ambiente, permitindo distinguir as duas modalidades fundamentais do comportamento no nível biológico. A primeira relação é denominada por Merleau-Ponty de "estrutura sincrética". Nesta, os comportamentos estão incrustados na matéria de certas situações concretas, permanecendo prisioneiros de suas condições naturais dadas.

> Se se quiser um nome preciso, dever-se-á denominar um comportamento desse gênero de comportamento instintivo, que responde muito mais a um complexo de estímulos do que a certos traços essenciais da situação.[37]

A segunda relação constitui uma "estrutura amovível", que determina os comportamentos não a partir das montagens instintivas do organismo ou da espécie, mas sobre as condições materiais em que se realizam. Merleau-Ponty denomina tal comportamento de "conduta de sinal". Trata-se daquele comportamento estruturado explicitamente como relação entre meios e fins, indicando uma integração maior do comportamento do que aquela existente na conduta sincrética. A "conduta de sinal" surge quando na estrutura do campo do comportamento

---

37. *Idem, ibidem,* p. 115.

(relação ambiente-organismo) alguns objetos (sinais) se apresentam dotados de *valor-de-uso* e reorganizam a totalidade das relações adaptativas, transformadas em relações de apropriação. Este aspecto é de particular importância, não só porque leva a uma compreensão do problema da aprendizagem fora dos esquemas do reflexo condicionado, mas também porque permite avaliar a importância da introdução da noção de estrutura na teoria do comportamento. Examinando o famoso exemplo de Kohler – o chimpanzé e o galho de árvore usado como bastão para apanhar um cacho de bananas –, Merleau-Ponty procura destacar a especificidade da ordem vital com relação às ordens física e humana. De um lado, a conduta de sinal rompe com a suposição de que o comportamento animal é constituído por conexões físico-geométricas (isto é, num espaço e tempo supostamente objetivos); de outro, essa conduta está presa a uma vinculação imediata com o ambiente, distinguindo-se da "conduta simbólica", que define a ordem humana como atividade mediata.

> É um erro constante de empiristas e intelectualistas raciocinar como se o galho de árvore, enquanto realidade física, tendo em si mesmo propriedades de comprimento, largura e rigidez que o tornam utilizável, interviesse no comportamento como um estímulo óbvio. Ora, o campo de atividade do animal não é feito de conexões físico-geométricas. Estas não estão virtualmente presentes nos estímulos e não será uma simples abstração que as tornará presentes na regulação do comportamento. Na verdade, supõem uma estruturação positiva e inédita da situação, que faz emergir tais propriedades como utilizáveis.[38]

---

38. *Idem, ibidem*, p. 124.

O valor instrumental do objeto decorre de uma reorganização atual do espaço que vincule quase diretamente o objeto ao alvo, de sorte que a instrumentalização não depende das propriedades intrínsecas do objeto, mas de sua posição na estrutura meios-fins. Além disso, nota-se que o objeto nunca é apreendido como *idêntico*, servindo para dois fins diferentes. No caso do exemplo de Kohler, o campo em que encontra o chimpanzé contém um galho de árvore, uma caixa e um cacho de bananas pendurado a uma certa altura inalcançável diretamente pelas patas do chimpanzé, e o comportamento do animal se realizará pela instrumentalização desses objetos, a fim de alcançar o alvo, isto é, as bananas. Ora, percebe-se, por exemplo, que a caixa muda de sentido, conforme as circunstâncias: a "caixa para subir"(quando o galho é insuficiente para alcançar o alvo) e a "caixa para sentar"(quando o alvo foi atingido e o animal repousa) são aspectos alternativos e distintos, e não dois aspectos de uma coisa idêntica. Ou seja, "em cada momento, o animal não pode adotar, frente ao objeto, um ponto de vista escolhido por discriminação", como se estivesse perante um objeto sempre idêntico que pode ser usado de maneiras diferentes. Pelo contrário, a cada situação, "o objeto aparece investido de um 'vetor' ou de um 'valor funcional' que depende da composição efetiva do campo"[39] e não de propriedades que lhe seriam intrínsecas. Não há "a caixa" e sim "a caixa para subir", "a caixa para sentar", isto é, uma pluralidade de caixas ou de objetos, consoante a composição do campo – a caixa é virtualmente escada e cadeira, mas não o é em si mesma e sim na atualidade da ação comportamental. A estrutura amovível existe, por-

---

39. *Idem, ibidem*, p. 127.

tanto, apenas na atualidade das indicações. Nela há um ponto fixo – o alvo – e um ponto móvel – o organismo – do qual depende a conduta, de modo que não há possibilidade de uma troca de posições. A estrutura amovível se define pela indicação, pela polarização do campo em dois pontos, um fixo e um móvel, que não são intercambiáveis, e pela atualidade, pois cada etapa do comportamento é apenas a substituição de uma relação virtual entre o meio e o alvo por uma relação atual entre eles.

A ordem humana é definida por uma *estrutura simbólica*, que inaugura a *lógica da expressão* presente na percepção, na linguagem e no trabalho. A estrutura na ordem humana é um movimento de transcendência que põe a existência como o poder para ultrapassar a situação dada por um comportamento dirigido para aquilo que está *ausente*. Por isso mesmo somente nessa dimensão é que se poderá falar em *história* propriamente dita.

A estrutura simbólica está polarizada pelo corpo, enquanto unidade de condutas e núcleo de significações, e pelas coisas, enquanto qualidades expressivas, isto é, dotadas de sentido. A presença da significação nos dois polos da estrutura permitirá compreender que na ordem humana o comportamento não *tem* significação, mas *é* significação. Por outro lado, como as significações existem no nível perceptivo, a estrutura é estrutura da percepção. Isso indica, em primeiro lugar, que o corpo e as coisas não estão situados num espaço e num tempo objetivos e que o comportamento não é uma série de acontecimentos físicos. Há uma qualificação do espaço e um desenvolvimento temporal que produzem uma transformação da experiência singular em função do *possível*. O organismo é lançado para fora de si mesmo num campo móvel de possibilidades, que são possibilidades do corpo e das coisas. Em segundo lugar, torna-se patente que a ordem humana, enquanto perceptiva, não se define pela reflexão intelectual. O comportamento revela um mundo de seres móveis e espessos que nada têm a ver com a matéria plena e transparente para a consciência. Não há transparência do mundo; não há transparência da consciência. O comportamento é um escavamento nas dobras do mundo, excluindo um espectador puro e um ser puro, um mundo conceitual claro e distinto e um mundo em-si claro e distinto.

E, no entanto, a estrutura simbólica é reflexionante, mas a reflexão ocorre no corpo e não na consciência, numa matéria animada que não é uma "máquina de informação", mas a "sentinela silenciosa sob minhas palavras e meus atos"[40]. O corpo, região do "eu posso", e não do "eu penso", inaugura a estrutura simbólica destruindo a oposição do objetivo e do subjetivo porque situa o para-si no domínio que parecia pertencer ao em-si.

> O enigma é que meu corpo é simultaneamente vidente e visível. Ele, que olha todas as coisas, também pode olhar-se e reconhecer naquilo que vê o "outro lado" de sua potência vidente. Ele se vê vendo, toca-se tocando, é visível e sensível para si mesmo. É um "si", não por transparência, como o pensamento, que só pode pensar assimilando o pensado, constituindo-o, transformando-o em pensamento, mas um "si" por confusão, narcisismo, inerência daquele que vê naquilo que vê, daquele que toca naquilo que toca – um "si", portanto, que é tomado entre as coisas, que possui uma frente e um dorso, um passado e um porvir (...). Visível e móvel, meu corpo está no número das coisas, é uma delas, preso no tecido do mundo

---

40. Merleau-Ponty, *L'oeil et le esprit*, *op. cit.*, p. 13.

e dotado da coesão de uma coisa. Mas, porque vê e se move, mantém as coisas em círculo ao seu redor, são um anexo ou um prolongamento dele mesmo, estão incrustadas em sua carne, fazem parte de sua definição plena, e o mundo é feito do mesmo forro que o corpo.[41]

A propagação da reflexão corporal nas coisas descobre a interioridade ou o sentido presente nelas como nele. Quando o pintor diz que é visto pelas coisas em vez de serem elas vistas por ele, põe a visão no próprio mundo – há uma visibilidade secreta nas coisas, que se transforma em visibilidade manifesta por meio do nosso corpo. "Qualidade, luz, cor, profundidade, que estão lá longe, diante de nós, estão ali porque despertam ecos em nosso corpo que as acolhe."[42] A estrutura simbólica, estrutura da percepção, descobre a reversibilidade do sujeito e do mundo como uma relação expressiva. Não há coisas puras, há coisas humanas no meio da natureza, há fisionomias, há valores. Os outros e as coisas se oferecem como polos de *desejo* e a dialética humana nasce aí, na tentativa de apropriação e negação do mundo natural, fazendo emergir o mundo humano da linguagem e do trabalho.

Pela linguagem e pelo trabalho o corpo humano deixa de aderir imediatamente ao meio, como o animal adere. Ultrapassa os dados imediatos dos sinais e dos objetos de uso para recriá-los numa dimensão nova. A linguagem e o trabalho revelam que a ação humana não pode ser reduzida à ação vital, expediente engenhoso para alcançar um alvo fixo. A relação sincrética ruma agora para

---

41. *Idem, ibidem,* pp. 1 e 19.
42. *Idem, ibidem,* p. 22.

uma *relação sintética*, que nega a exterioridade entre meios e fins. Há um *sentido imanente* que vincula meios e fins, que determina o desenvolvimento da ação como transformação do dado em fins e destes em meios para novos fins, definindo o homem como *agente* histórico propriamente dito. A ordem física é atualidade; a ordem vital é virtualidade; a ordem humana é possibilidade. A estrutura física é presença; a vital, aderência; a humana, relação com a ausência. Com ela inauguram-se a ordem do tempo e a descoberta do possível.

O que define a ordem humana não é a criação de uma "segunda natureza" (a cultura), mas a capacidade para ultrapassar estruturas criadas, negando-as e criando outras.

> O sentido do trabalho é, pois, o do reconhecimento, para além do mundo atual, de um mundo de coisas possíveis, a apropriação de um espaço e de um tempo indefinidos. Esse mesmo reconhecimento e essa mesma apropriação é que dão significado à palavra, ao suicídio e ao ato revolucionário. Esses atos da dialética humana revelam todos a capacidade para orientar-se ante o possível, o mediato, ultrapassando os limites do meio imediatamente dado (...) A dialética humana é ambígua: manifesta-se inicialmente nas estruturas sociais ou culturais que faz aparecer e onde se aprisiona. Mas seus objetos de uso e seus objetos culturais não seriam o que são se a atividade que os faz aparecer também não tivesse como sentido negá-los e ultrapassá-los.[43]

Para o chimpanzé, o galho-de-árvore-transformado--em-bastão volta a ser um mero galho de árvore após seu uso. Para o homem, o galho-de-árvore-transformado-em-

---

43. Merleau-Ponty, *La structure du comportement, op. cit.*, p. 190.

-bastão adquire a forma de um instrumento de trabalho que permanece, desde que seja reposto pelo processo de trabalho, de sorte que o galho de árvore *dado* desaparece no bastão *criado*. A estrutura humana não é um comportamento por sinais (atuais ou virtuais) e sim uma ação por símbolos (presentificação de uma ausência), portanto é relação com o ausente e com o possível, e, por conseguinte, é essencialmente temporal ou histórica.

A noção de estrutura tem dois papéis distintos e complementares: um diferenciador e um unificador. Em geral, as categorias que servem para distinguir o físico, o biológico e o humano são, respectivamente, a quantidade, a ordem e a significação. A primeira é a propriedade da matéria, a segunda, da vida e a terceira, do espírito. A noção de estrutura mantém a distinção, mas não como propriedades exclusivas de cada uma dessas dimensões, e sim como a característica *dominante* de cada uma delas, mantendo a presença das outras como subordinadas a ela. Eis por que a relação estrutural se define em termos de leis, para a ordem física, de normas, para a ordem vital, e de valores, para a ordem humana. Contudo, a estrutura em seu papel unificador revela que cada ordem é definida por um determinado grau de integração das três componentes, constituindo uma verdadeira hierarquia cujo critério é o grau de exterioridade ou de interioridade das determinações que constituem a totalidade visada. O grau máximo de exterioridade emerge no nível físico, cuja estrutura é a da ação e reação locais determinadas pela presença de influências externas sobre o equilíbrio interno. Essa exterioridade diminui quando se passa para o nível biológico, em que o equilíbrio implica uma vinculação interna do organismo com o ambiente através das condutas de sinais, isto é, de comportamentos que criam o ambiente adaptando-o a ele graças ao *uso* de recursos dados imediatamente pelo ambiente, uso que, por sua vez, depende das condições existentes no próprio organismo. Finalmente, o grau máximo de interioridade ou de integração do campo emerge na ordem humana. Se o valor surge aqui como caráter dominante, isso decorre da peculiaridade da integração do campo como unidade simbólica. O equilíbrio não se instaura como manutenção da situação dada (a tendência ao repouso na estrutura física) nem como adaptação às condições atuais dadas graças a virtualidades do organismo (como na ordem biológica). O equilíbrio é obtido graças à capacidade dos agentes de superar a situação atual criando uma situação nova, apenas vista como possível a partir da situação dada. O símbolo ou o valor exprimem justamente um tipo de estruturação em que a ação visa o que está ausente. Por isso nesse nível a linguagem e o trabalho podem fazer sua aparição e, com eles, a dimensão do sentido. Na ordem física a estrutura encontra sua significação na lei; na ordem vital o comportamento é uma estrutura que *tem* significação; mas, na ordem humana, a estrutura *é* a própria significação, pois a criação dos símbolos e dos valores na linguagem e no trabalho é produção de significações.

Podemos, assim, resumir o papel assumido pela noção de *estrutura do comportamento* para uma filosofia que recoloca a questão da relação entre o homem e a Natureza: a noção de comportamento é filosoficamente estratégica porque, além de não trazer em si mesma a distinção entre o "físico", o "psíquico" e o "orgânico", também é usada em física, biologia e psicologia, permitindo redefinir as próprias ideias de físico, vital e psíquico. Ademais, nos três empregos está referida à noção de estrutura e torna possível um tratamento dialético e não causal do comportamento, uma vez que a forma é relação de isomorfismo entre ordens diferentes de fenômenos e sistema autorregulado de correspondências a-causais.

Tomar o comportamento como estrutura, isto é, como totalidade autorregulada de relações dotadas de finalidade imanente, permite afastar tanto a causalidade mecânica como a finalidade externa. Com efeito, desfazendo a suposição de que o comportamento seja um mosaico arbitrário de elementos externos vinculados pelo reflexo e pelo reflexo condicionado, ou seja, um todo graças a uma teleologia oculta chamada "vida", a *gestalt* comportamental, entendida como fonte de estruturação, permite dessubstancializar o em-si (*partes extra partes*) tanto quanto o para-si (*partes intra partes*) porque recusa a individualização de "partes" elementares positivas, autônomas e separáveis e propõe uma totalidade feita de diferenças e de relações internas, qualitativamente diversificada segundo o comportamento seja físico, vital ou humano. Três aspectos simultâneos marcam a inovação introduzida pela *forma*: princípio unificante, diferenciante e articulador da unidade e da diferença. Sob o primeiro aspecto, a forma ou estrutura exprime propriedades descritivas de certos conjuntos que, de imediato, nos aparecem como dados ou em-si. Noutros termos, a estrutura exprime um processo global e imanente das forças e dos acontecimentos que constituem a ordem física, vital e simbólica. Sob o segundo aspecto, justamente por oferecer processos globais imanentes ao todo descrito e não mosaicos, a estrutura impede a redução das diferentes ordens de comportamento a um modelo explicativo único, mostrando que a diferença entre as ordens de fenômenos é imanente a elas porque resultante do modo como forças e acontecimentos se distribuem e se autorregulam. A estrutura opera como a profundidade opera na visão. A profundidade é condição da visibilidade e imanente ao visível, não podendo, por isso mesmo, ser vista. Como a profundidade, que não é a terceira dimensão do espaço objetivo, mas suporte invisível da visibilidade, a estrutura não é coisa nem ideia, mas inteligibilidade nascente, estruturação. Enfim, desfazendo a oposição entre exterior e interior, a articulação entre o aspecto unificante e o diferenciante permite que a estrutura dê conta da passagem qualitativa do físico ao biológico e deste ao psíquico. Em outros termos, da passagem da estrutura física como *lei* de relações entre campos atuais de forças em ação e reação à estrutura como *norma* ou adaptação do organismo na atividade global com o meio enquanto campo de sinais atuais e virtuais e, finalmente, à estrutura como *sentido* ou relação simbólica do homem com o possível e com o ausente, graças aos quais o comportamento (linguagem, trabalho, cultura) se transforma em práxis.

5.

O caráter simbólico da ordem humana é o responsável pelas esperanças que Merleau-Ponty depositou na noção de estrutura como possibilidade das ciências humanas e de uma nova ontologia. São essas esperanças que encontramos em suas análises das pesquisas de Lévi-Strauss:

> Aquilo que hoje chamamos de antropologia social é o que a sociologia se torna quando admite que o social, como o próprio homem, tem dois polos ou duas faces: é significante, pode-se compreendê-lo do interior, e, ao mes-

mo tempo, nele a intenção pessoal está generalizada, amortecida, tende para o processo, está, segundo a frase célebre, mediatizada pelas coisas.[44]

Na trilha aberta por Mauss e por Saussure, Lévi-Strauss prossegue numa apreensão do social que ultrapassa a dicotomia da coisa e da ideia. Contra a pretensão durkheimiana de tratar os fatos sociais como coisas e, estas, como coisas psíquicas (representações coletivas), mantendo o indivíduo e a sociedade exteriores um ao outro, Marcel Mauss procurou decifrar o social como um sistema eficaz de símbolos ou de valores simbólicos. Os estudos sobre o Dom revelam que a experiência do dom é um efeito da sociedade enquanto sociedade em ato, na qual o indivíduo e a coletividade ocupam posições permutáveis, sendo impossível dizer que são isoláveis e, sobretudo, saber qual deles é fundante com relação ao outro – o fundamento não é o indivíduo nem a coletividade, mas a sociedade como um sistema de trocas. Com Lévi-Strauss, a antropologia passa a denominar estrutura

> a maneira pela qual a troca é organizada num setor da sociedade ou na sociedade inteira. Esta palavra servia, entre os psicólogos, para designar as configurações do campo perceptivo como totalidades articuladas por certas linhas de força e de onde todo fenômeno recebe seu valor. Também na linguística, a estrutura é um sistema concreto, encarnado. Quando Saussure dizia que o signo é diacrítico – que opera somente por sua diferença, por uma certa distância entre ele e outros signos, e não por invocar uma significação positiva –, tornava sensível a unidade da

---

44. Merleau-Ponty, "De Mauss a Claude Lévi-Strauss", *in Eloge...*, *op. cit.*, p. 145.

> língua acima da significação explícita, uma sistematização que se realiza nela antes que o princípio ideal seja conhecido. Para a antropologia social, a sociedade é feita de sistemas desse gênero: sistema de parentesco e de filiação, sistema de intercâmbio linguístico, sistema de troca econômica, da arte, do mito e do ritual. A própria sociedade é a totalidade desses sistemas em interação.[45]

Considerar uma sociedade como uma estrutura é, em primeiro lugar, recusá-la como "ideia cristalizada", pois os sujeitos que nela vivem não têm necessariamente conhecimento do princípio de intercâmbio que os governa. É vivida pelos indivíduos sem que o saibam; é praticada por eles sem que a conheçam. A sociedade assemelha-se à linguagem viva e poética, na qual as palavras parecem falar por si mesmas e tornar-se seres. Em segundo lugar, é recusar que a sociedade seja uma coisa, pois a estrutura, sendo um princípio interno de organização e de distribuição, é uma configuração significativa, ou, como diz Merleau-Ponty, é "sentido encarnado".

O sentido trazido na e pela estrutura, vivido e praticado pelos sujeitos sociais na ignorância, é um sentido espesso. Os diferentes sistemas de troca que a constituem podem tornar-se cada vez mais complexos e, frequentemente, recobertos por representações que exprimem a maneira pela qual as trocas são praticadas e vividas, mas que não alcançam o princípio que as engendra. A espessura do sentido, tanto por sua complexidade e invisibilidade, como por sua representação parcial pelos membros da própria sociedade, obriga o cientista a mobilizar um instrumental teórico bastante refinado e quase mate-

---

45. *Idem, ibidem*, pp. 150 e 151.

mático, capaz de abranger a multidimensionalidade das estruturas: em resumo, estas exigem, para sua compreensão, a elaboração de esquemas e diagramas, isto é, de modelos. Contudo, e isto é o que mais interessa a Merleau-Ponty, se as estruturas requerem a construção dos modelos formais, estes surgem como "antecipações teóricas de instituições existentes", de sorte que levam a supor "no fundo dos sistemas sociais uma infraestrutura formal, uma espécie de pensamento inconsciente, uma antecipação do espírito humano, como se nossa ciência já estivesse feita nas coisas"[46]. Os modelos são um "retrato formal" das sociedades, indicam a existência de operações lógicas complexas *realizadas pelas próprias populações que as vivem e praticam*. Dessa maneira, a antropologia procura laboriosamente uma síntese já feita no e pelo próprio social, e é exatamente isso que impede a confusão da estrutura com o modelo.

Mas a principal contribuição de uma antropologia estrutural não é a descoberta do social como sentido. Se a noção de estrutura pode permitir o alargamento da racionalidade é porque, na antropologia, permite o surgimento de uma nova universalidade:

> Trata-se de construir um sistema de referência geral, no qual possam encontrar um lugar tanto do ponto de vista do indígena quanto do civilizado e os erros de um a respeito do outro (...) A etnologia não é uma especialidade definida por um objeto particular, as sociedades "primitivas". É uma maneira de pensar que se impõe quando o objeto é o "outro" e que exige nossa própria transformação.[47]

---

46. *Idem, ibidem*, p. 155.
47. *Idem, ibidem*, p. 157.

A antropologia contém a filosofia em germe: nela se inicia o problema da alteridade e da intersubjetividade. Sem dúvida alguma, quando Lévi-Strauss dedicou *O pensamento selvagem* a Merleau-Ponty, deveria ter na lembrança as palavras que o filósofo lhe endereçou acerca do significado de suas pesquisas:

> Basta que o homem tenha algumas vezes e longamente aprendido a deixar-se ensinar por uma outra cultura para dispor doravante de um órgão novo de conhecimento e para se reapropriar da região selvagem de si mesmo, região que não é investida por sua própria cultura e por onde se comunica com as outras.[48]

A antropologia amplia a razão porque descobre um "universal oblíquo ou lateral", ultrapassando o universal de sobrevoo da razão clássica, podendo, por exemplo, ver a psicanálise como mito, e o xamã como psicanalista.

Mais profundamente: para a antropologia não se trata de dar razão ao primitivo contra o civilizado nem a nós contra ele, mas de instalar um espaço onde ele e nós sejamos inteligíveis, sem redução e sem transposição temerária. Isso é possível quando se vê na *função simbólica* a fonte de toda razão e de toda irrazão, porque o número de significações de que o homem dispõe sempre excede o círculo dos objetos definidos que merecem o nome de significados, porque a *função simbólica deve sempre estar em avanço frente ao objeto e só encontra o real adiantando-se a ele no imaginário. A tarefa é, pois, de alargar nossa razão para torná-la capaz de compreender o que em nós e nos outros precede e excede a razão.*[49]

---

48. *Idem, ibidem*, p. 159.
49. *Idem, ibidem*, pp. 162-3. Os grifos são nossos.

Se a antropologia estrutural conduz a uma universalidade inédita, a teoria dos signos trazida pela linguística estrutural poderia conduzir a uma teoria do sentido histórico.

> A teoria do signo, tal como a linguística a elabora, implica talvez uma teoria do sentido histórico que ultrapassa a alternativa das *coisas* e das *consciências*. A linguagem viva é essa concreção do espírito e da coisa, que é a dificuldade.[50]

Parece paradoxal que Merleau-Ponty encontre a possibilidade de compreender o sentido histórico numa linguística que pretendia estar instalada num regime de sincronia. Na verdade, porém, o filósofo criticou o engano da separação entre sincronia e diacronia, ou melhor, mostrou que a teoria do signo era incompatível com essa separação, fruto (como no caso de Einstein) do anacronismo na relação da linguística com a metafísica subjacente a ela. Com efeito, a separação entre sincronia e diacronia supõe uma concepção do tempo como sucessão de simultaneidades independentes e justapostas, implicando uma concepção do objeto linguístico como *partes extra partes*. Quando a linguística separa uma linguística sincrônica da língua e uma linguística diacrônica da linguagem ou da palavra, supõe que uma visão pancrônica apague a originalidade do presente, pois este é tomado apenas como um segmento do tempo total da língua e, enquanto segmento, como parte isolável. A fragmentação do tempo e a separação entre língua e linguagem ou palavra indicam que a linguística estrutural ainda estava presa ao pressu-

---

50. Merleau-Ponty, "Eloge de la philosophie", *in Eloge...*, *op. cit.*, p. 63.

posto fundamental da possibilidade de um conhecimento científico: a determinação completa. Assim, quando Merleau-Ponty contesta a separação entre diacronia e sincronia, entre a língua e a linguagem e, sobretudo, quando critica o critério da "oposição pertinente", empregado para definir a identidade de um sistema linguístico, opõe-se ao pressuposto da determinação completa, que, como vimos há pouco, é um obstáculo para a apreensão da historicidade imanente à estrutura.

Nessa medida, ao afirmar que a teoria do signo permite uma teoria do sentido histórico, Merleau-Ponty *espera* da análise estrutural que compreenda a linguagem como "ato de falar" no qual, *simultaneamente*, o sujeito surge como autônomo (num ato sincrônico) e como tributário da língua e da comunidade linguística (como campo expressivo diacrônico). Querer falar e querer ser compreendido são uma só e mesma coisa, de maneira que a imanência do indivíduo à instituição e desta a ele torna-se clara na troca linguística. Por outro lado, essa imanência do ato de linguagem à língua instituída e esse desejo de comunicação são exatamente os reveladores das potencialidades expressivas da própria língua e sua realidade temporal ou pancrônica. Para alcançá-la, Merleau-Ponty propõe que a linguística e a filosofia da linguagem retomem a noção de *pregnância*, entendida como presença latente de novas possibilidades expressivas engendradas pela própria língua nos atos de linguagem.

A pregnância da estrutura permite apreender o envolvimento recíproco da sincronia e da diacronia na estrutura linguística e no ato de falar, pois a sincronia contém, no presente, o passado da língua e anuncia seu futuro, graças à retomada incessante dos agentes linguísticos. Como sistema simbólico, a língua é um campo aberto ao ausente ou ao possível, nela cada significação aponta para um horizonte que ultrapassa o significado instituído e, pela ação instituinte dos sujeitos falantes, um novo sentido se engendra.

> Frequentemente, o desgaste de uma forma sugere aos sujeitos falantes empregar segundo um princípio novo os meios de discriminação que subsistem na língua até essa data. A exigência permanente de comunicação faz inventar e aceitar um novo emprego, que não é deliberado e, no entanto, é sistemático. O fato contingente, retomado pela vontade de expressão, torna-se um novo meio de expressão, que toma um lugar e tem um sentido na história de uma língua. Há uma racionalidade na contingência, uma lógica vivida, *uma autoconstituição de que precisamos para compreender a história como união do contingente e do sentido, e Saussure bem poderia ter esboçado uma nova filosofia da história*. Às relações recíprocas da vontade expressiva e dos meios de expressão correspondem as relações das forças produtivas e das formas de produção, mais genericamente, das forças históricas e das instituições (...) cada instituição é um sistema simbólico que o sujeito incorpora como estilo de funcionamento, como configuração global, sem que ele tenha necessidade de concebê-lo. As rupturas de equilíbrio, as reorganizações que sobrevêm comportam, como as da língua, uma lógica interna, ainda que, na ocasião, ninguém as perceba.[51]

As rupturas são possibilidades inscritas na continuidade temporal da estrutura não como um em-si à espera de atualização, não como *probabilidades*, mas como transformações operadas sobre a instituição (ou o instituído)

---

51. *Idem, ibidem*, p. 64.

pelas ações dos agentes, que são determinadas pelo próprio sistema e, no entanto, o ultrapassam e produzem o novo (são instituintes).

Essa mesma perspectiva reaparece quando o filósofo comenta a discussão encetada pela antropologia social acerca das relações entre Natureza e cultura. Há ruptura ou continuidade na passagem de uma à outra? A antítese entre Natureza e cultura é clara e distinta? Há casos, escreve Merleau-Ponty, em que "a cultura compõe com a Natureza"e um desses casos é o daquela cultura que tornou possíveis o saber científico e uma vida social cumulativa e progressiva, na qual a passagem do natural ao cultural se deu por inúmeras mediações, de tal maneira que a estrutura social nunca emergiu de uma só vez como um puro universal.

> Como chamar, senão de *história*, esse meio no qual uma forma sobrecarregada de contingência abre subitamente um ciclo de porvir e o comanda com a autoridade do instituído? Não, sem dúvida, uma história que quisesse compor todo o campo humano com acontecimentos situados e datados num tempo serial e de decisões instantâneas, mas uma história que sabe que o mito, o tempo lendário assombram, sob outras formas, os empreendimentos humanos, que investiga além e aquém dos acontecimentos parcelares, e que se chama justamente *história estrutural*.[52]

Como sabemos, durante os anos 1960-1970, as esquerdas discutiram apaixonadamente a relação entre estrutura e acontecimento e, neste, a parte que cabia à neces-

---

52. Merleau-Ponty, "De Mauss à Claude Lévi-Strauss", *loc. cit., op. cit.*, pp. 164-5.

sidade e a que cabia à contingência. Curiosamente, pouquíssimos se lembraram dos escritos merleau-pontianos e prosseguiram na trilha aberta por eles, isto é, a compreensão de que a estrutura *é* acontecimento e de que nela a necessidade (a totalidade auto-organizada e autorregulada por princípios imanentes) é retomada pela contingência (a ação dos sujeitos históricos) porque o mundo humano é simbólico, portanto indeterminado, aberto ao possível, e a ação humana, quando livre, é o poder para transcender uma situação dada de fato por uma outra que lhe confere nova significação.

FILOSOFIA E ENGAJAMENTO:
EM TORNO DAS CARTAS DA RUPTURA
ENTRE MERLEAU-PONTY E SARTRE*

> Reprovo-te, bem mais severamente, por abdicares, nas circunstâncias em que é preciso decidir como homem, como francês, como cidadão e como intelectual, usando tua "filosofia" como álibi.
>
> *Primeira carta de Sartre*

> Fiquei sabendo, lendo a revista [*Les temps modernes*], de tua posição atual sobre o PC [Partido Comunista Francês]. Isto valeu-me o ridículo (...) de te defender vivamente para saber, tardiamente, numa conversa, que tivemos apenas porque te pedi... que já não consideras válidas as obras que publicaste (...). Eu não precisaria afastar a filosofia do mundo para permanecer filósofo – e nunca o fiz.
>
> *Resposta de Merleau-Ponty*

O episódio e sua circunstância

Três cartas assinalaram a ruptura entre Merleau-Ponty e Sartre, embora, como indica sua leitura, essa ruptura já viesse a caminho antes que a troca epistolar acontecesse. Essas cartas inserem-se entre os onze anos que vão da Liberação (1945) à invasão da Hungria pela URSS (1956).

Do ponto de vista das atividades e relações de ambos, esse período pode ser escandido em três tempos: o

---

* Este ensaio foi originalmente publicado no jornal *Folha de S. Paulo*, Caderno "Mais!" de 14 de agosto de 1994, e republicado em *Dissenso. Revista dos estudantes de filosofia*, n.º 1, 1997.

primeiro é imediatamente posterior à atividade política da Resistência no grupo criado por eles durante a guerra ("Socialismo e Liberdade"), à publicação de suas primeiras obras, sob o impacto da descoberta da fenomenologia de Husserl e da filosofia da existência de Heidegger, e à fundação da revista *Les temps modernes* (Sartre como diretor e Merleau-Ponty como diretor político e editorialista)[1]; o segundo tempo é o do desentendimento e da ruptura, correspondendo, na obra de Merleau-Ponty, aos textos sobre a transformação do marxismo em superstição pela ideologia dos partidos comunistas e sobre os campos de concentração na Rússia, bem como a aula inaugural no Collège de France (que seria publicada com o título de *Elogio da filosofia*), e, na de Sartre, à publicação da série de artigos de *Os comunistas e a paz*[2]. O terceiro tempo, após a ruptura, corresponde ao restante da obra merleau-pontiana (Merleau-Ponty morre em 1961) e, na sartriana (sem mencionarmos a imensa produção literária, teatral e política), aos ensaios preparatórios à publicação da *Crítica da razão*

---

1. Obras de Merleau-Ponty, nesse primeiro período: *A estrutura do comportamento, Fenomenologia da percepção, Senso e não senso, Humanismo e terror*, e a aula inaugural publicada como ensaio *Elogio da filosofia*. Obras principais de Sartre (a produção sartriana é enorme e muito diversificada): *O Ser e o Nada, O imaginário*, conjunto de contos reunidos em *O muro* e a peça *As mãos sujas*.

2. Os textos da querela, vários deles publicados inicialmente em *Les temps modernes*, são: Sartre, "Os comunistas e a paz"; Lefort, "O marxismo e Sartre"; Sartre, "Resposta a Lefort"; Lefort, "Da resposta à questão"; Merleau-Ponty, "Filosofia e política" (conferência que deveria ser o artigo censurado por Sartre), "Elogio da filosofia", "Sartre e o ultrabolchevismo". Posteriores à ruptura, mas referidos a ela: Merleau-Ponty, prefácio de *Sinais*; Sartre, necrológio de Merleau-Ponty "Merleau-Ponty vivo"; Lefort, prefácio a *Un homme en trop*.

dialética (anunciada nas cartas com a menção de um livro sobre história, moral e política)[3].

Politicamente, as cartas situam-se durante a época turbulenta da Quarta República francesa, entre novembro de 1945 (primeiro governo de De Gaulle, após a Liberação) e maio de 1958 (novo governo de De Gaulle, após a insurreição da Argélia). Marcada pelas lutas anticoloniais (Tunísia, Argélia, Indochina), a época vê o desmantelamento da *Action Française*, arregimentação católica fascista, e o crescimento da democracia cristã, bem como a numerosa presença da esquerda no parlamento, nos ministérios e nas prefeituras municipais, esquerda que passa da aliança com De Gaulle (vinda da Resistência) à oposição ao gaullismo. Este é responsável pelo fim da velha direita e pelo surgimento da moderna, com o conservadorismo liberal, a tecnocracia e o novo patronato. À direita, De Gaulle procura, contra ultraconservadores e comunistas, uma "terceira força", formada com liberais e cristãos; à esquerda, busca-se uma "terceira via", que se oponha ao comunismo, aos católicos de todos os matizes e ao americanismo.

No plano internacional, além das crises coloniais francesas, é o momento da discussão e implantação do Plano Marshall e do Pacto do Atlântico, da guerra da Coreia, do macarthismo, da morte de Stálin e subida de Kruschev, com a primeira denúncia pública soviética do stali-

---

3. Obras de Merleau-Ponty: *Sinais* (cujo prefácio é um balanço crítico das questões políticas e filosóficas anteriores e posteriores à ruptura com Sartre), *As aventuras da dialética*, e a publicação por Lefort dos capítulos e notas de trabalho do livro póstumo *O visível e o invisível* (mencionado na carta como *A prosa do mundo*) e um conjunto de ensaios reunidos em dois volumes, *Elogio da filosofia* e outros ensaios e *A prosa do mundo*.

nismo. Entre 1950 e 1953 (ano das três cartas), teme-se uma terceira guerra mundial, prevalecendo na esquerda não comunista uma atitude conhecida como *attentisme* ("espera") – aguardar a retomada do movimento operário revolucionário internacional, o recuo da ameaça de nova guerra, a reabertura de negociações com Ho Chi Minh e, sobretudo, a espera de uma mudança na política internacional, reduzida, no momento, a táticas diplomáticas e militares.

Do ponto de vista cultural, é o momento do existencialismo ("a existência precede a essência", escreveu Sartre), com as ideias de subjetividade, situação, projeto, transcendência mundana e liberdade, e do marxismo, na versão dos intelectuais do Partido Comunista Francês. Saindo da paralisia imposta pela guerra, começa a retomada literária (com o romance existencialista de Sartre e Camus e o *nouveau roman*), teatral (com a presença do Théatre National Populaire (TNP), o crescimento do festival de Avignon e a animação cultural de rua, em Paris e no interior) e cinematográfica (começa a era do "cinema de arte e de ensaio", preparando a "Nouvelle Vague", dos cineclubes, dos festivais de Cannes e da revista *Les cahiers du cinéma*). Do ponto de vista dos costumes, começa a era da geração *beatnik*, cujo lema é a fórmula do existencialismo ateu: "Deus está morto."

Proliferam revistas, jornais, livros, debates, conferências, manifestos políticos, formação de grupos de ação, em suma, um conjunto de atividades ligadas à figura emergente do *intelectual engajado* que, à maneira de Voltaire e Zola, participa da vida pública escrevendo, defendendo causas, opinando sobre os acontecimentos, abandonando a torre de marfim da academia e do gabinete. Essa figura está no centro da discussão das cartas de Sartre e

Merleau-Ponty, cada um deles possuindo uma concepção diversa do engajamento.

Mencionados brevemente nas cartas, vários episódios prepararam a ruptura dos antigos amigos: a exigência de Camus, aceita por Sartre, de que Merleau-Ponty não compusesse a mesa da assembleia fundadora da Reunião Democrática Revolucionária (RDR), movimento antiamericanista e anticomunista; a conferência de Merleau-Ponty sobre as relações entre filosofia e política; a publicação, em *Les temps modernes*, do primeiro artigo de Sartre da série *Os comunistas e a paz*, com réplica de Lefort e tréplica de Sartre; a duríssima conversa entre Merleau-Ponty e Sartre, quando o primeiro anuncia que publicará sua conferência sobre as relações entre filosofia e política e exporá suas divergências com Sartre e este anuncia a censura que imporá à publicação de tal artigo (que iria transformar-se no capítulo "Sartre e o ultrabolchevismo", em *As aventuras da dialética*, de Merleau-Ponty). O núcleo da desavença é a súbita e inexplicável mudança da posição de Sartre, que passou do anticomunismo à defesa incondicional dos comunistas, desavença que já se anunciava quando, nos anos precedentes, Merleau-Ponty, diferentemente de Sartre, recusou-se a assinar inúmeros manifestos comunistas e anticomunistas porque, segundo ele, tendiam, na realidade, a reforçar a corrida armamentista da URSS, sob a aparência de pacifismo (do lado anticomunista) e de defesa da revolução proletária (do lado comunista).

Quando e por que Sartre muda de posição?

A 28 de abril de 1953, o Partido Comunista Francês (PCF) convoca os operários franceses para uma manifestação contra a guerra da Coreia, no momento da visita do general Ridgway a Paris; para 4 de maio, convoca uma greve geral de repúdio à prisão do secretário-geral do partido, Jacques Duclos, ocorrida durante a manifestação de abril. Nas duas ocasiões, os operários não respondem em massa à convocação.

De Roma, informado dos acontecimentos, Sartre escreve o primeiro artigo de *Os comunistas e a paz*, contra a prisão de Duclos, o anticomunismo e a fraca resposta operária ao chamamento do PCF. Com relação ao anticomunismo, declara que, quando atacado, um partido comunista deve ser incondicionalmente defendido por todas as esquerdas. Com respeito à fraca resposta do operariado francês ao PCF, Sartre parte da afirmação de Marx, no *Manifesto comunista*, da necessidade de o proletariado organizar-se num partido revolucionário e conclui que, sendo o Partido Comunista tal partido, sem ele os operários não existirão como classe, mas apenas como massa passiva e alienada. Identifica, assim, a história do proletariado e a ação dos partidos comunistas ou, como dirá Lefort ao criticar esse artigo, Sartre esquece a longa e difícil história dos *movimentos operários* e fica com a autoimagem revolucionária de uma burocracia partidária, que se coloca como representante exclusiva da classe.

Merleau-Ponty reage e pretende recusar a posição de Sartre, publicando sob forma de artigo sua própria conferência sobre a relação entre filosofia e política, reforçando ideias que nela desenvolvera: a crise atual da ideia de revolução, a degenerescência do liberalismo, e a possibilidade de uma nova relação entre filosofia e política.

Por que há uma crise da ideia de revolução?, indaga Merleau-Ponty. E responde: porque se substituiu a ideia de Marx do desenvolvimento da consciência de classe pela ideia bolchevique de "interesses do partido". Merleau-Ponty enfatiza a diferença entre Marx e os PCs: enquanto o primeiro exigia uma práxis tecida nas mediações entre a subjetividade proletária e a objetividade de condições materiais históricas, os segundos praticam, a partir do bolchevismo, uma ação identificadora entre ambas, sem mediações. Essa concepção desemboca, afinal, na célebre distinção stalinista entre o "subjetivo"(a intenção pessoal isolada) e o "objetivo" (a ação segundo os interesses do Partido), conduzindo à ideia totalitária de "correção-subjetiva-com-traição-objetiva", ou vice-versa, "correção-objetiva-com-traição-subjetiva" (em suma, os critérios usados durante os Processos de Moscou). Já nessa conferência (significativamente anterior à mudança de atitude de Sartre e à publicação de seu primeiro artigo sobre *Os comunistas e a paz*), Merleau-Ponty assinalava a coincidência entre o pensamento sartriano e a prática comunista, pois tanto num caso como noutro estão ausentes da ideia de práxis as mediações exigidas por Marx. Essa peculiar coincidência entre o anticomunista (Sartre) e o comunista decorria do fato de que Sartre jamais se dissera marxista – podendo por isso pensar sem a noção de mediações entre o objetivo e o subjetivo – e de que os comunistas haviam deixado de sê-lo. É essa coincidência, transformada por Sartre em filosofia, que levará Merleau-Ponty, na reelaboração da conferência em artigo, a falar em ultrabolchevismo sartriano.

Anticomunista confesso, Sartre, diante da violência cometida contra um comunista (a prisão de Duclos durante a manifestação de abril), pega da pena e, entre a cólera e a indignação, denuncia o fortalecimento da política reacionária e toma partido, ainda que não ingresse no Partido. Eis por que, simultaneamente, escreve um bilhete a Merleau-Ponty para avisá-lo de que, doravante, *Les temps modernes* admitirá "todas as tendências de esquerda", desde que estas considerem os problemas políticos como postos para todos os homens, não podendo ser escamoteados sob o pretexto de que seriam insolúveis, e desde que considerem que um partido que obtém 5 a 6 milhões de votos, como o PCF, não pode ser excluído nem isolado. Com isso, julga Merleau-Ponty, desfigura-se o projeto de *Les temps modernes* e de uma esquerda não atrelada ao Partido Comunista.

Em julho de 1953, sob os efeitos do que se passava em Paris, Sartre escreve: "todo anticomunista é uma criatura desprezível, nada me fará mudar de opinião". Três anos depois, porém, sob o impacto da invasão soviética de Budapeste, escreverá: "jamais será possível reatar relações com os atuais dirigentes do PCF (...) resultado de trinta anos de mentiras e esclerose (...). Hoje, volto à oposição".

Nas cartas da querela que separará os amigos, Sartre cobra de Merleau-Ponty não engajar-se verdadeiramente. Merleau-Ponty cobra de Sartre a entrega a um engajamento às cegas, que o deixa ao sabor dos acontecimentos.

O engajamento

Um sentimento de profunda melancolia nos invade quando, rememorados hoje, os episódios que cercaram a ruptura de Sartre e Merleau-Ponty aparecem sob a luz do irremediavelmente ultrapassado. Fosse maior a distância temporal, talvez esse sentimento não nos habitasse. Sua proximidade, porém, nos faz perceber o envelhecimento daquilo que, havia pouco, apaixonava, reunia ou separava pessoas, decidia vidas e mortes, palavras e obras. No entanto, quando o tempo tiver feito seu longo trabalho, nossos pósteros, certamente, não verão o velho, mas a dignidade do antigo.

Todavia, se assim é quanto aos *fatos* que originaram a polêmica e seu desenlace, o mesmo não pode ser dito das *questões* que a suscitaram, porque estas não foram ultrapassadas e constituem o solo no qual ainda (talvez sempre?) nos movemos. A primeira delas, a amizade, perpassa toda a história da filosofia, nas páginas extraordinárias de Platão, Aristóteles, Santo Agostinho, Cícero, Boécio, La Boétie ou Montaigne. As três cartas que constituem a trama da ruptura exprimem a delicadeza do tecido da amizade, o cuidado recíproco dos dois tecelões para não esgarçá-lo nem rompê-lo e sua incapacidade para mantê-lo íntegro, pois, a cada novo fio trançado pelo avesso, algo se desfia no desenho do direito:

> Tu me falas de tua amizade. Que pena. Ouvi-te dizer que já não crês nas relações pessoais, só havendo relações de trabalho em comum. Como podes, senão por condescendência, falar de amizade no momento em que pões um fim a esse trabalho? Olhando para todos estes anos, vejo, de tua parte, muitos benefícios – quanto à amizade, não tenho tanta certeza. Para mim, ao contrário, não te reduzes à conduta que te vejo ter, não careces de incessantemente fazer "por merecer" para que eu te assegure de minha amizade. (Carta de Merleau-Ponty).

> Gostaria de ver-te para salvar nossa amizade e não para acabar de perdê-la, eis o que quero que saibas. (Carta de Sartre).

A força das paixões e a convicção de cada um dos protagonistas deixam suas marcas, como farrapos que mal encobrem sua nudez, mas que, se os dilacera, não os envergonha nem nos envergonha.

A segunda questão, atada momentaneamente à figura do "intelectual engajado", coloca um dos temas fundamentais que Sartre e Merleau-Ponty desenvolveram em suas obras: o da relação entre filosofia e política ou, na expressão de Merleau-Ponty, "as difíceis relações entre o filósofo e a Cidade" e, na de Sartre, "uma filosofia que se interesse pelos homens reais, com seus trabalhos e suas penas".

O leitor de hoje talvez não consiga avaliar o peso e a contundência que essas afirmações possuíam ontem, justamente porque aquilo que os dois filósofos buscavam realizou-se em suas obras e, agora, parece uma evidência adquirida, uma coisa ao alcance de nossa mão, um dado cultural instituído e uma significação sedimentada. Em suma, para nós já é tradição. Para eles, no entanto, o que diziam era uma filosofia por fazer, uma concepção da filosofia que exigia rupturas e criação, ou, para usar um dos conceitos que tanto os ocuparam, a filosofia como *projeto* e um projeto para a filosofia, *situado* entre duas recusas: a da filosofia universitária francesa, espiritualista e idealista, e a da filosofia da história do Partido Comunista Francês, esclerosada pela cisão entre uma teoria idealista e uma práxis empirista, solidária com o stalinismo e com a visão burocrática do pensamento e da ação – o que Merleau--Ponty iria chamar de "mecanicismo dialético" (um automatismo que se faz às nossas costas e à nossa revelia) e Sartre chamaria de "escolástica da totalidade" (um esquecimento de que o materialismo histórico é análise presente do presente).

Nas *Questões de método*, distinguindo entre filosofia e ideologia para afirmar que o marxismo é a filosofia de nosso tempo que se manterá viva enquanto as condições históricas que a suscitaram permanecerem, Sartre apresenta o existencialismo, não o de Kierkegaard nem o de Jaspers, mas aquele que, como ideologia, "se desenvolveu à margem do marxismo e não contra ele", isto é, um pensamento parasitário porque depende do marxismo tanto para existir como para significar e que desaparecerá quando o marxismo também houver desaparecido. Ao mesmo tempo, o marxismo de que fala não é o dos comunistas nem o das burocracias partidárias, que o transformaram em "escolástica da totalidade", em "idealismo voluntarista" que opera com essências *a priori* ou com entidades abstratas como se fossem tipos e não singularidades históricas concretas. A crítica da filosofia universitária depende do marxismo, assim como a crítica do comunismo depende do existencialismo, na medida em que este, como o marxismo, "aborda a experiência para nela descobrir sínteses concretas". Como era a filosofia universitária francesa?

Quando eu tinha vinte anos, em 1925, não havia uma cátedra de marxismo na universidade e os estudantes comunistas evitavam recorrer ao marxismo ou mesmo nomeá-lo em suas dissertações; se o fizessem teriam sido reprovados em todos os exames. O horror à dialética era tal que até mesmo Hegel era desconhecido. Claro que nos permitiam ler Marx e mesmo aconselhavam-nos a lê-lo: era preciso conhecê-lo "para refutá-lo". Porém, sem a tradição hegeliana e sem professores marxistas, sem programa, sem instrumentos de pensamento, nossa geração, como as precedentes e a seguinte, ignorava tudo do materialismo histórico. Em contrapartida, ensinavam-nos minuciosamente a lógica aristotélica e a logística. Foi por essa época que li *O capital* e *A ideologia alemã**: eu compreendia tudo luminosamente e não compreendia absolutamente nada. Compreender é mudar-se, ir além de si mesmo: essa leitura não me mudava. Em contrapartida, o que co-

---

* Trad. bras. São Paulo: Martins Fontes, 2002.

meçava a me mudar era a *realidade* do marxismo, a pesada presença, no meu horizonte, das massas operárias, corpo enorme e sombrio que *vivia* o marxismo, que o *praticava*, e que a distância exercia uma atração irresistível sobre os intelectuais pequeno-burgueses (...) Repito: não era a ideia que nos transtornava, nem a condição operária da qual tínhamos um conhecimento abstrato e não a experiência. Não. O que nos transtornava era uma ligada à outra, era, em nosso jargão de idealistas abandonando o idealismo, o proletariado como encarnação e veículo de uma ideia. Creio ser preciso completar a fórmula de Marx: quando a classe em ascensão toma uma consciência de si mesma, essa tomada de consciência age a distância sobre os intelectuais e desagrega as ideias em suas cabeças (...) Havíamos sido educados no humanismo burguês e esse humanismo otimista se esfacelava porque adivinhávamos, nos arredores de nossa cidade, a imensa massa de "sub-homens conscientes de sua sub-humanidade", mas ainda sentíamos o esfacelamento de maneira idealista e individualista: os autores que amávamos, naquela época, nos diziam que a existência é um *escândalo*. Todavia, o que nos interessava eram os homens reais, com seus trabalhos e suas penas; exigíamos uma filosofia que desse conta de tudo sem nos apercebermos de que ela já existia e que era ela, justamente, que procurava em nós essa exigência.[4]

De modo semelhante, em "A guerra aconteceu", Merleau-Ponty descreve o esfacelamento do otimismo humanista universitário e da boa consciência francesa, sob os efeitos da guerra, que trouxe a evidência bruta e irrecusável do peso da história, da opacidade das relações sociais porque estas não são relações imediatas entre cons-

---

4. Sartre, "Questions de méthode", *in Critique de la raison dialectique*, Paris: Gallimard, 1960, pp. 22-3.

ciências, mas relações mediatizadas pelas coisas e pelas instituições. Os franceses foram surpreendidos com a guerra quando, no verão de 1939, pretendiam gozar as férias como sempre as haviam gozado, como se a invasão da Polônia não houvesse ocorrido, como se os discursos de Hitler se referissem a uma Alemanha distante, como se não existissem os embates entre os partidos alemães como expressão da luta de classes e como se o discurso da guerra não estivesse endereçado à Europa. Fomos surpreendidos, escreve Merleau-Ponty, porque "não nos guiávamos pelos fatos" e "havíamos secretamente decidido ignorar a violência e a infelicidade como elementos da história". Por que o abandono dos fatos e a ignorância da história? "Porque vivíamos num país muito feliz e muito fraco para encará-los." Na universidade, professores ensinavam que guerras nascem de mal-entendidos que podem ser dissipados ou de acasos que podem ser conjurados pela paciência e pela coragem:

> Convidavam-nos a colocar em dúvida a história já feita, a reencontrar o momento em que a Guerra de Troia poderia ainda não acontecer e no qual a liberdade, num só gesto, esfacelaria as fatalidades externas. Essa filosofia otimista, que reduzia a sociedade humana a uma soma de consciências sempre prontas para a paz e para a felicidade, era a filosofia de uma nação dificilmente vitoriosa, uma compensação imaginária, recordações de 1914. Sabíamos dos campos de concentração, que os judeus eram perseguidos, mas essas certezas pertenciam ao campo do pensamento. Não vivíamos em presença da crueldade e da morte, não estávamos postos diante da alternativa de sofrê-las ou enfrentá-las (...). Ao mesmo tempo que objeto de horror, o antissemitismo nos aparecia como mistério e, formados pela filosofia que nos formara, todo dia, durante quatro anos, perguntávamos: como o antissemitismo é

possível? Havia um único meio de evadir-se da questão: podia-se negar que o antissemitismo fosse verdadeiramente vivido por alguém.[5]

Do mesmo modo, a "política cartesiana" dos intelectuais e professores, ou a política da liberdade das consciências individuais em seu solipsismo essencial, não era capaz de compreender o colaboracionismo nem a resistência. Quanto ao primeiro, colocou no mesmo plano chefes ou dirigentes e o povo, como se fosse a mesma coisa optar pela colaboração e não poder recusar trabalhar e prestar serviço aos ocupantes. Quanto à segunda, experimentou-a como "felicidade no perigo", como supressão do dilema entre o ser e o fazer, como vida clandestina, tecida nas relações de homem a homem ou de consciência a consciência. Mas, por seu turno, os intelectuais do Partido Comunista Francês, certos de possuírem o segredo da história e da luta de classes, consideraram o nazifascismo uma crise do capitalismo e a guerra apenas uma aparência que não tocaria na solidariedade internacional do proletariado, em suma, elaboraram uma ideologia da guerra e da luta de classes que lhes permitia, pela aplicação mecânica da relação capital-trabalho, evitar uma análise materialista e histórica da guerra e da luta de classes. Subjetivismo abstrato cartesiano e objetivismo abstrato comunista, eis o ensinamento da guerra:

> A guerra e a ocupação não somente nos ensinaram que os valores permanecem nominais e nem mesmo valem sem uma infraestrutura econômica e política que os faça entrar na existência. Mais do que isto: que, na histó-

---

5. Merleau-Ponty, "La guerre a eu lieu", *in Sens et non sens*, Genebra: Nagel, 1965, pp. 246 e 251.

ria concreta, os valores nada mais são do que a maneira de designar as relações entre os homens tais como se estabelecem segundo o modo de seu trabalho, de seus amores, de suas esperanças, numa palavra, de sua coexistência (...). Na coexistência dos homens, para a qual estes anos nos despertaram, as morais, as doutrinas, os pensamentos e os costumes, as leis, os trabalhos, as palavras se exprimem uns aos outros, tudo significa tudo. Nada há fora dessa única fulguração da existência.[6]

A guerra e a descoberta do marxismo operaram em Sartre e Merleau-Ponty como o despertar de um duplo sono dogmático: o do idealismo universitário e o do escolasticismo comunista. Nessa perspectiva, as três cartas de ruptura entre ambos ganham um sentido muito mais forte do que parecia à primeira vista, pois *Os comunistas e a paz* (causa da polêmica e da divergência que iria aprofundar-se) aparecem para Merleau-Ponty como a negação do projeto filosófico no qual tanto ele como Sartre pareciam engajados desde a fundação de *Les temps modernes*. Por outro lado, compreende-se a reação de Sartre (e a de Simone de Beauvoir) quando, de um lado, Merleau-Ponty afirma o cartesianismo sartriano e, de outro, Lefort acusa o criptocomunismo de Sartre.

Os comunistas e a paz indicam, para os amigos mais próximos, a mudança de opinião e de posição políticas por Sartre. Qual a mudança? Sartre passara do anticomunismo à defesa do comunismo e retornava ao anticomunismo, mas, agora, considerando-se marxista. Essa mudança, evidentemente, não era fruto de humores, manias ou fobias, nem falta de caráter. Na interpretação de Merleau--Ponty, ela se enraíza numa concepção da filosofia e da

---

6. *Idem, ibidem*, p. 269.

política que, embora bastante modificada na *Crítica da razão dialética*, conserva-se ao longo das obras sartrianas, desde *O Ser e o Nada*.

Partindo da fenomenologia husserliana e da filosofia heideggeriana da existência, a tese nuclear das primeiras obras de Sartre – *O Ser e o Nada* e *O imaginário* – é a diferença de essência (em sentido fenomenológico) entre o mundo das coisas – o Ser – e a consciência – o Nada. O primeiro é substância, resistente, opaco e viscoso. É o *em-si*, a objetividade nua e bruta. A segunda, ao contrário, é insubstancial, não é alma ou psique, substância imaterial ou espiritual, mas pura atividade e espontaneidade. É o *para-si*, a subjetividade plena. Para ela, os outros, embora presumidos como humanos, são mundo, portanto, seres ou coisas. Opacos para a consciência, os outros a deixam no solipsismo como única existência possível. Donde a célebre expressão da peça teatral de Sartre, *Entre quatro paredes*: "o inferno são os outros", pois cada um deles, enquanto consciência ou sujeito, reduz os demais à condição de mera coisa e é reduzido pelos outros à condição de coisa.

Embora situada no mundo, a consciência, por ser nada, não é condicionada por ele, não podendo ser determinada pelas coisas nem pelos fatos. Pelo contrário, tem o poder de nadificá-los, fazendo-os existir como ideias, imagens, sentimentos e ações. Donde a conhecida fórmula sartriana: "estamos condenados à liberdade". Não é casual que, logo após *O Ser e o Nada*, a obra seguinte de Sartre tenha sido justamente *O imaginário*, pois é na consciência imaginante que melhor se apreende o poder nadificador da subjetividade. Compreende-se também por que, desde essas primeiras obras, aparece nas obras literárias sartrianas a ideia de que a política é decisão e escolha inteiramente livres, exprimindo-se noutra célebre frase sartriana: "o importante não é o que os outros fazem aos homens, mas o que eles fazem com o que quiseram fazer deles".

Para Merleau-Ponty, desde a *Fenomenologia da percepção* (particularmente no capítulo dedicado à liberdade), o Nada sartriano é a nova versão da consciência de si reflexiva de Descartes depois de reformulada por Kant, Hegel e Husserl, portanto soberana, fundadora, constituidora do sentido do Ser. É significativo que a *O imaginário*, do lado de Sartre, corresponda, do lado de Merleau-Ponty, uma *Fenomenologia da percepção* que acentua o mundo pré-predicativo, pré-tético, no qual vivemos e de onde emergimos como intercorporeidade e intersubjetividade, portanto atados ao tecido do mundo e aos outros, sem o poder para constituí-los. Essa diferença aparecerá no plano da política: na resposta à primeira carta de Sartre, Merleau-Ponty enfatiza o contraste entre a posição de *Os comunistas e a paz* sobre as condições objetivas na URSS e as análises merleau-pontianas dessas mesmas condições, realizadas em *Humanismo e terror*, análises que, lembra Merleau-Ponty em sua carta, haviam sido recusadas publicamente por Sartre "quando mencionava, não sem sarcasmos (...) os infelizes que veem o social entre o em-si e o para-si", isto é, como tecido intersubjetivo mediado pelas instituições econômicas e políticas. Em suma, é a relação entre o subjetivo e o objetivo que separa os dois filósofos.

A filosofia de Merleau-Ponty, vinda das mesmas fontes que as de Sartre, ergue-se, porém, contra elas enquanto herdeiras do intelectualismo, isto é, da suposição da soberania da consciência como doadora de sentido e fundadora do mundo enquanto significação. A tradição intelectualista é a do pensamento de sobrevoo, isto é, de uma consciência que, situando-se fora do mundo e diante das coisas, os domina pelo pensamento. Ou, como escreve o filósofo, faz a realidade existir como representação ou ideia, numa filosofia que passa do ver ao "pensamento de ver", do imaginar ao "pensamento de imaginar", do sentir ao "pensamento de sentir".

Contra a herança intelectualista, Merleau-Ponty afirma a *encarnação da consciência* num corpo cognoscente e reflexivo, dotado de interioridade e de sentido, relacionando-se com as coisas como corpos sensíveis, também dotados de interioridade e de sentido. Nossa relação fundamental com o mundo é a da intercorporeidade, fundadora da intersubjetividade e fundada por ela numa troca e num cruzamento intermináveis: os outros não são coisas nem partes da paisagem, são nossos semelhantes. Não é gratuito, portanto, que as primeiras obras de Merleau-Ponty estudem a estrutura do comportamento e a essência da percepção. O pensamento começa e se faz nas relações de nossa vida encarnada com o mundo: a percepção e a linguagem. Se a consciência não é pura espontaneidade desencarnada e soberana, compreende-se que a liberdade, na formulação merleau-pontiana, seja "o poder para transcender a situação de fato, que não escolhemos, dando-lhe um sentido novo", como El Greco, que transforma seu astigmatismo em pintura, Valéry e Cézanne, sua melancolia em obra poética e pictórica, Proust, sua neurastenia em literatura, Marx, sua condição de advogado pequeno-burguês em traidor de sua classe e revolucionário. Em lugar de uma explicação mecanicista que explica a obra pela vida e de uma explicação intelectualista que explica a vida pela obra, Merleau-Ponty fala numa obra "que exigia *esta* vida". Eis por que, em sua carta a Sartre, insiste em que ser filósofo não pode, de modo algum, separar-se e afastar-se do mundo: não estamos *no* mundo (como queria Sartre ao falar em *situação*), mas somos *do* e *com* o mundo.

Quais as consequências políticas dessas duas concepções divergentes da filosofia? Exatamente o que transparece nas três cartas trocadas entre ambos: Sartre, pondo-se no turbilhão vertiginoso dos acontecimentos – o Nada à procura do Ser para transformá-lo no que a consciência pensa e quer –, Merleau-Ponty exigindo distanciamento – nossa promiscuidade originária com o mundo exige que a filosofia não seja submersa pelos fatos, nem o filósofo seja arrastado pela força dos acontecimentos. No prefácio de *Sinais*, Merleau-Ponty escreve:

> em filosofia, o caminho pode ser difícil, mas temos certeza de que cada passo torna possível os outros. Em política, temos a impressão acabrunhante de que tudo deve ser sempre refeito.

Porque, para Sartre, a consciência é leve e insubstancial, pode aceitar o apelo de todos os fatos e de todos os acontecimentos: a consciência não se deixa impregnar por eles, conservando a soberania. É porque a consciência é encarnada num corpo e situada na intercorporeidade e na intersubjetividade que Merleau-Ponty não pode, para usarmos a expressão que emprega no *Elogio da filosofia* ao definir o filósofo, "dar o assentimento imediato e direto a todas as coisas, sem considerandos", pois, como escreve em sua carta, "é preciso ser capaz de tomar distância para ser capaz de um engajamento verdadeiro, que é sempre também um engajamento na verdade".

Referindo-se à aula inaugural de Merleau-Ponty no Collège de France, Sartre afirma que seu amigo possui uma concepção da filosofia que só aparentemente permitiria conciliá-la com a política, mas que, realmente, torna impossível "jogar nos dois tabuleiros". A política, escreve ele, é ação fundada numa escolha objetiva, a partir dos dados e fatos disponíveis. Se a filosofia for, como pretende Merleau-Ponty, a exigência de, antes de escolher, colocar-se num distanciamento que permita apreender totalidades parciais e não os fatos isolados que formam nossa experiência cotidiana, então, escreve Sartre, "um filósofo de hoje não pode tomar uma atitude política".

Que pretende Merleau-Ponty em julho de 1953? "Que é preciso saber o que é o regime soviético para escolher" a favor ou contra. Ora, retruca Sartre, essa exigência, que parece ser meramente empírica – isto é, a necessidade de possuir mais dados –, é, na realidade, uma dificuldade de princípio, pois nunca possuímos um saber total sobre as condições históricas. Escolhemos sempre sem pleno conhecimento e, sobretudo, não podemos invocar a reflexão filosófica quando somos chamados a reagir ao que é urgente. A filosofia, tal como Merleau-Ponty a concebe, o transforma em vítima de uma "paixão subjetiva", perpassado por uma contradição insolúvel: afirma a coexistência entre filosofia e política mas, simultaneamente, exige uma opção entre ambas, ou a filosofia ou a política. Pior. Merleau-Ponty pretende usar a filosofia *contra* a política (no caso, contra os comunistas) para poder condenar mais depressa os que poderiam condená-lo.

> Tens o direito, diz Sartre, de escrever teus livros; tens o direito de nada fazer; tens o direito à filosofia como reflexão rigorosa. Mas não tens o direito de criticar os que fazem política e assumem o risco de fazê-la em condições humanas, isto é, tateando, errando e acertando.

Sartre vai mais longe. É a concepção merleau-pontiana de filosofia que está equivocada: faz dela uma atitude sonolenta e sonhadora. A imagem do sono e do sonho é usada por Sartre, por um lado, porque, como vimos, ambos haviam posto o projeto novo da filosofia como o despertar do sono dogmático idealista e comunista, e, por outro, porque assim pode devolver ao amigo o ataque que este lhe fizera, na conferência, ao considerá-lo cartesiano e idealista. Sartre usa essa imagem porque Merleau-Ponty concluíra o elogio da filosofia, em sua aula inaugural do Collège de France, dizendo que a divisão entre pensamento e ação não é a divisão entre o político e o filosófico, mas uma divisão que habita em todo ser humano. Dizia Merleau: "o filósofo é o homem que desperta e fala, e o homem contém silenciosamente os paradoxos da filosofia porque, para ser inteiramente homem, é preciso ser um pouco mais e um pouco menos homem".

Isso, escreve Sartre, não é convincente. Em primeiro lugar, porque faz do filósofo uma espécie entre outras, como se se tratasse de uma lição de zoologia; em segundo lugar, porque é um "autorretrato do pintor" (isto é, nada mais do que a autobiografia de Merleau-Ponty erigida em princípio), não esclarecendo se tal ideia da filosofia é um acidente, uma patologia ou uma escolha fundamental. "Não a reconheço como minha."Não pertenço, portanto, a essa espécie. Mas isso, prossegue Sartre, talvez explique a "atitude sonhadora"de Merleau-Ponty em todas as ocasiões urgentes impostas pela política e às quais não respondeu.

Ao que parece, responde Merleau-Ponty, eu teria renunciado à política por haver escolhido a filosofia, à semelhança de alguém que, entre várias profissões, escolheu a de alpinista. Não renunciei à política: recusei-me a conceber o engajamento nos mesmos termos em que o concebes. Como Sartre concebe o engajamento? O intelectual engajado sartriano é o escritor de atualidades que opina e intervém em todos os acontecimentos relevantes, à medida que vão se sucedendo uns aos outros. É um estado de vigília permanente, contra a "sonolência sonhadora".

Merleau-Ponty recusa esse tipo de engajamento. Dois motivos o afastam da vigília sartriana, em nome de uma outra vigilância. Em primeiro lugar, diz ele, porque, ao escrever em conta-gotas sobre cada acontecimento, o escritor induz o leitor a aceitar fatos isolados que recusaria se pudesse ter uma visão mais abrangente, ou, ao contrário, o induz a recusar como odiosos fatos isolados que, se percebesse de maneira mais abrangente, aceitaria. Essa vigília engajada é, afinal, *má-fé*. Não informa, não analisa, não reflete, corre e muda ao sabor dos eventos, de tal modo que, se fosse dado ao leitor, um dia, reunir o conjunto de manifestos e pequenos artigos diários ou mensais de um intelectual engajado ou de um comentarista político, perceberia a incoerência, a leviandade, a irresponsabilidade daquele que escreve. Ou como lemos em sua carta: "isso permitiria fazer engolir no varejo o que não seria aceitável no atacado, ou, ao contrário, em tornar odioso, a golpe de pequenos fatos verdadeiros, aquilo que, visto no conjunto, faz parte da lógica da luta".

O segundo motivo é espantoso. Com efeito, tendo apresentado o primeiro, seria de supor que Merleau-Ponty houvesse atacado Sartre por agir às cegas, manifestando-se em toda parte sobre todos os acontecimentos sem jamais possuir um conhecimento aproximado do todo ou, pelo menos, das linhas de força e vetores dos eventos, não lhes alcançando a significação. Ora, dá-se exatamente o contrário. É que, graças à soberania do Nada sobre o Ser, Sartre construiu, em pensamento e em imaginação, um futuro fixo, mantido em segredo, que regula clandestinamente o curso dos acontecimentos, aconteça o que acontecer. Sartre possui o futuro e a história *em pensamento e em imaginação*, sendo-lhe fácil opinar sobre tudo e tomar posição em tudo. Em outras palavras, os acontecimentos são tidos como a superfície de um sentido secreto conhecido apenas pelo filósofo, que por isso, soberanamente, opina politicamente. Como o Deus de Descartes, envolvido na tarefa cotidiana da criação continuada do mundo, dando-lhe o suporte infinito de realidade ou substancialidade às coisas, Sartre concebeu o método do "engajamento continuado" que daria substância à política. Espectador absoluto, soberano e transcendente, o filósofo, empoleirado em Sírios, julga ter a chave do tempo, da história e do mundo. Sob a aparente modéstia daquele que, dissera Sartre, sabe que a condição humana é a da escolha na ambiguidade, às cegas, na ignorância do todo, esconde-se a presunção de ser Espírito Absoluto.

Assim, com o primeiro motivo, Merleau-Ponty recusa o engajamento no varejo e, com o segundo, o engajamento no atacado. Se o filósofo julga poder dizer qualquer coisa a cada dia é por julgar-se na posse do sentido total da história. Sua irresponsabilidade cotidiana tem como pressuposto uma história completa (já realizada em pensamento) que apagará da memória os passos empíricos por ela realizados porque os absorve num sentido único que os tornará irrelevantes quando a pena de tê-los feito também houver-se tornado irrelevante.

Com Sartre e Merleau-Ponty, duas concepções da filosofia e da política estão em choque. Não se trata da oposição descrita por Sartre – a da filosofia sonhadora-sonolenta perante as urgências da política e a da filosofia como vigília engajada e sem álibis –, mas da oposição entre a concepção da filosofia como consciência soberana clandestina, que manobra as posições e opiniões políticas (sabendo, de antemão, que não são decisivas nem importantes porque o curso da história se realiza secretamente com ou sem elas), e aquela que percebe a consciência mergulhada no mundo, fazendo-se na relação com ele e que, portanto, não dispõe da chave da história e da política. As cartas e a ruptura anunciam os temas de Merleau-Ponty em *As aventuras da dialética*, com suas análises da política do entendimento e da razão, da dialética como máquina supersticiosa e do problema posto por toda revolução, isto é, quando termina uma revolução e instala-se um regime?

A história não é uma lógica da necessidade absoluta, nem a política, a álgebra da história: o revolucionário, escreverá Merleau-Ponty nas *Aventuras da dialética*, navega sem mapas. Por isso mesmo, prossegue ele na carta a Sartre, cada ato, cada gesto, cada palavra, cada pensamento contam na determinação do curso da história e da política, pois está sob nossa responsabilidade compreender as mediações subjetivas e objetivas que orientarão o rumo dos acontecimentos. Manifestar-se sobre tudo, assumir posição e ter opinião sobre tudo, mudar de atitude conforme mudem os ventos, abandonar a obra já escrita, desdizendo-a e desdizendo-se, é irresponsabilidade, não é liberdade.

Sartre podia afirmar que sua obra já realizada deveria ser esquecida a cada nova circunstância. Julgava, com isto, demonstrar seu compromisso com a filosofia e a política. Merleau-Ponty, ao contrário, exigia de sua obra retomada contínua, constância para que as reformulações tivessem sentido e fizessem sentido. Sartre viveu a alegria inflamada da tomada de posição contínua. Merleau-Ponty, a exigência de um pensamento capaz de modificar-se sob a solicitação dos acontecimentos, mas jamais para satisfazê-los. Por isso, sabendo que perderia o amigo, escreveu-lhe:

> Quando se está muito seguro do futuro, não se está seguro do presente (...) Tens uma facilidade para construir e habitar o porvir que é toda tua. Ao contrário, vivo mais no presente, deixando-o indeciso e aberto, como ele é. Não significa que eu construa um outro porvir (...) Não é que eu seja um "homem revoltado", e muito menos um herói. Minha relação com o tempo se faz sobretudo pelo presente, eis tudo.[7]

Palavras que ecoarão no prefácio de *Sinais*, quando escrever:

> O mal não é *criado* por nós nem pelos outros, nasce do tecido que fiamos entre nós e que nos sufoca. Que novos homens, suficientemente duros, serão suficientemente pacientes para refazê-lo verdadeiramente? A conclusão não é a revolta, é a *virtù* sem nenhuma resignação.[8]

As relações do filósofo com a Cidade são difíceis porque ela lhe pede exatamente o que ele não lhe pode dar: o assentimento imediato, sem maiores considerações. Sartre desejou que tais relações não fossem difíceis, empenhou-se para que o filósofo estivesse engajado por inteiro nos acontecimentos, mas, por isso mesmo, em sua coragem destemida, acabou cedendo às exigências cegas da Cidade, dando-lhe o que ela lhe pedia.

---

7. Carta de Merleau-Ponty a Sartre, *loc. cit.*, p. 79.
8. Merleau-Ponty, prefácio a *Sinais*, São Paulo: Abril, 1991, p. 37.

Se a polêmica com Sartre e a ruptura com o amigo repercutiram intensamente na obra de Merleau-Ponty, como transparece na publicação de *As aventuras da dialética*, no prefácio de *Sinais*, no capítulo sobre a dialética e a reflexão em *O visível e o invisível*, se ao longo desses textos ele insiste na afirmação de que há um "mau casamento" entre a filosofia e a política quando a primeira, em nome da segunda, se faz má-fé, e a segunda, em nome da primeira, se torna abstração, não menos profundas foram as marcas deixadas em Sartre e um dos melhores testemunhos disso encontra-se, justamente, na *Crítica da razão dialética* e em sua preparação, as *Questões de método*. Em ambas, Sartre dedica-se à compreensão da necessidade das mediações que constituem as relações sociais e o tecido histórico e sem as quais a articulação entre teoria e prática não pode ser formulada, nem a alienação pode ser compreendida e, finalmente, sem a qual uma filosofia da liberdade torna-se impossível ou miragem idealista. Donde a importância, nas *Questões de método*, do estudo das chamadas "disciplinas auxiliares" e da ideia de um método progressivo-regressivo que dê substrato histórico à noção de *projeto*. Do mesmo modo, na *Crítica da razão dialética*, vemos o papel preponderante que assumem o conceito de trabalho e a teoria do grupo para a compreensão da ideia de classe social e da prática da luta de classes como motor da história. Mas é na resposta de Sartre a Lukács sobre a consciência de classe que, finalmente, ele julga responder à maior objeção filosófica que Merleau-Ponty lhe fizera, isto é, de haver permanecido no ponto de vista de uma filosofia da reflexão:

> O princípio *metodológico* que faz começar a certeza com a reflexão não contradiz de modo algum o princípio *antropológico* que define a pessoa concreta por sua mate-

rialidade. Para nós, a reflexão não se reduz à simples imanência do subjetivismo idealista: ela só é um ponto de partida se logo nos relança para o meio das coisas e dos homens no mundo. A única teoria do conhecimento que, hoje, pode ser válida é aquela que se funda nesta verdade da microfísica: o experimentador faz parte do sistema experimental. É a única que permite afastar toda ilusão idealista, a única que mostra o homem real no meio de um mundo real. Mas esse realismo implica necessariamente um ponto de partida reflexivo, isto é, que o desvendamento de uma situação se faz na e pela práxis que a muda. Não colocamos a tomada de consciência na fonte da ação, nela vemos um momento necessário da própria ação: a ação, no *curso do cumprimento*, dá a si mesma suas próprias luzes. Isso não impede que tais luzes apareçam na e pela tomada de consciência dos agentes, o que implica necessariamente que façamos uma teoria do conhecimento. Pelo contrário, a teoria do conhecimento permanece como o ponto fraco do marxismo (...). Somente quando se compreender que o conhecimento não é conhecimento de ideias, mas conhecimento prático das coisas, então se poderá suprimir a noção de *reflexo* como intermediário inútil e aberrante. Poder-se-á, então, dar conta desse pensamento que se perde e se aliena no curso da ação para reencontrar-se pela e na própria ação. Mas que nome dar a essa negatividade situada como momento da práxis e como pura relação com as próprias coisas, senão o de consciência? Há duas maneiras de cair no idealismo: uma consiste em dissolver o real na subjetividade, a outra em negar toda subjetividade real em proveito da objetividade. A verdade é que a subjetividade não é nem tudo nem nada, mas representa um momento do processo objetivo (o da interiorização da exterioridade) e esse momento se elimina sem cessar para de novo renascer (...). A consciência de classe não é a simples contradição vivida que caracteriza objetivamente a classe considerada: ela é essa contradição já ultrapassada pela práxis e, por isso mesmo, conservada e negada conjuntamente. É precisamente essa negatividade desvendadora, essa distância na proximidade imediata, que o existencialismo chama "consciência de objeto" e "consciência não tética de si".[9]

Cremos não ser casual que, tendo feito trajetórias tão diferentes, mas tendo como horizonte a recusa do idealismo filosófico e do positivismo científico, assim como o mecanicismo, o empirismo e o idealismo dos comunistas, Sartre e Merleau-Ponty se vissem confrontados não só com o problema da subjetividade, da objetividade e da intersubjetividade, como também com o da temporalidade e o da história e, portanto, com a questão da necessidade e da contingência, isto é, da liberdade. Vimos que Merleau-Ponty, na *Fenomenologia da percepção*, propusera compreender a liberdade como ultrapassamento das condições fatuais por uma significação que lhes dá um novo sentido e indica como a obra explica a necessidade *desta* vida determinada, e não o contrário. Não surpreende, então, encontrarmos em Sartre a noção do sentido como ultrapassamento ao qual, finalmente, dá o nome de liberdade:

> O homem constrói signos porque ele é significante em sua própria realidade e é significante porque é o ultrapassamento dialético de tudo o que é simplesmente dado. O que chamamos de liberdade é a irredutibilidade da ordem cultural à ordem natural.[10]

Para Merleau-Ponty, no entanto, mesmo nessa derradeira posição Sartre não teria ultrapassado o dilema do

---

9. Sartre, "Questions de...", in *Critique de la raison dialectique, op. cit.*, pp. 30-1.
10. *Idem, ibidem,* p. 96.

em-si e do para-si, da coisa e da consciência, do objetivo e do subjetivo. As palavras finais da *Fenomenologia da percepção* nos deixam ver que, muito antes que se consumasse a ruptura entre os dois filósofos e amigos, ela já estava tacitamente posta:

> Nossa liberdade, dizem, ou é total ou é nula. Esse dilema é o do pensamento objetivo e da análise reflexiva, sua cúmplice (...). Estamos misturados com o mundo e com os outros de maneira indeslindável. A ideia de situação exclui a liberdade absoluta na origem de nossos engajamentos. E a exclui igualmente no ponto de chegada. Nenhum engajamento (nem mesmo o engajamento no Estado hegeliano) pode fazer-me ultrapassar todas as diferenças e tornar-me livre para tudo (...). Sou uma estrutura psicológica e histórica. Recebi com a existência uma maneira de existir, um estilo. Todas as minhas ações e meus pensamentos estão em relação com essa estrutura e até mesmo o pensamento de um filósofo nada mais é do que uma maneira de explicitar sua pegada sobre o mundo, aquele que ele é. E, no entanto, sou livre. Não a despeito ou aquém dessas motivações, mas por meio delas (...). Essa vida significante, essa certa significação da natureza e da história que sou não limitam meu acesso ao mundo; pelo contrário, são meu meio de comunicar-me com ele (...). Quer se trate das coisas ou das situações históricas, a filosofia não tem outra função senão a de nos reensinar a vê-las bem, e é verdade dizer que ela se realiza destruindo-se como filosofia separada.[11]

---

11. Merleau-Ponty, *Phénoménologie de la perception*, Paris: Gallimard, 1945, p. 520.

ANEXO
CORRESPONDÊNCIA ENTRE MERLEAU-PONTY E SARTRE

Tradução de Renato Janine Ribeiro

Até o dia 18 de julho*
Albergo Nazionale, Piazza Montecitorio
Roma

Meu caro Merleau,
Deixei passar bastante tempo antes de lhe responder: é que hesitei longamente. Também quis discutir o assunto com o Castor[1], que tinha viajado antes de mim. Agora tenho certeza do que quero lhe responder: não posso aceitar a solução que você me propõe. Vou tentar dizer por quê, com toda a amizade. Não se aborreça e me escute.

Você criticou minha posição direta e indiretamente, em conversas comigo e de público. Eu, tudo o que fiz foi

---

* Estas cartas foram publicadas pela primeira vez em maio de 1994, na França, pela revista *Magazine litteraire* e atualmente integram o volume *Parcours deux, 1951-1961* (Paris: Verdier, 2000), coletânea de textos de Merleau-Ponty. A presente tradução foi originalmente publicada no jornal *Folha de S.Paulo*, em 14 de agosto de 1994. As notas, salvo indicação em contrário, são do tradutor. (N. do E.)

1. Apelido de Simone de Beauvoir (1908-1986), companheira de Sartre.

me defender. Como se a sua posição fosse justa e eu devesse me justificar por não concordar com ela. Por que agi assim? Porque sou deste jeito: tenho horror de acusar, mesmo para me defender, as pessoas de quem gosto. Mas vou precisar fazê-lo.

Pois a verdadeira resposta que tenho para lhe dar é a seguinte: não aprovo a sua posição e condeno-a. Bem, você vai me compreender: que você se retire da política (enfim, daquilo que nós, intelectuais, chamamos de política), que prefira se consagrar a suas investigações filosóficas, trata-se de um ato a um só tempo legítimo e injustificável. Quero dizer: é legítimo se você não tentar justificá-lo. É legítimo, se não passar de uma decisão subjetiva que envolve somente a você e pela qual ninguém tem o direito de censurá-lo. E você provará, mesmo, que tinha razão *no que lhe diz respeito* se o resultado desse retiro for – como espero, acredite, de todo coração – um livro sobre "a prosa do mundo" que seja tão novo e tão rico quanto *A percepção* ou *Humanismo e terror*[2].

No fundo, isto significa falar em *vocação*. Você toma consciência de que sua vocação é essa, prova-o através de seus livros, e *tem razão*. Bem. Mas se, em nome desse gesto individual, você discute a atitude daqueles que se conservam no terreno *objetivo* da política e tentam, dentro dos seus limites, decidir-se com base em motivos objetivamente válidos, você então se torna passível, também você, de uma apreciação objetiva. Deixa de ser aquele que diz: eu faria bem em me abster. Passa a ser aquele que diz aos outros: *é preciso* abster-se.

Confesso que me incomodou ler no *Express* o resumo de uma conferência sua para estudantes, na qual

---

2. *Fenomenologia da percepção* e *Humanismo e terror* são obras de Merleau-Ponty, publicadas respectivamente em 1945 e 1947.

você dizia de público que eu estava errado. Bem, eu desconto a tradução na linguagem jornalística – e tenho a certeza de que você se referiu a mim com cortesia e na qualidade de amigo. Fique seguro de que não está em causa a minha suscetibilidade. Apenas, constato que as palavras que você pode proferir, se não contra mim, pelo menos contra a minha atitude atual, repercutem imediatamente à *direita*, e assumem um significado objetivo que não se presta a equívocos. Isso não depende de você: o que quer que diga, por mais fino e delicado que seja o seu procedimento, o resultado será sempre o mesmo: um filósofo erra hoje ao tomar posição sobre o Pacto do Atlântico, sobre a política do governo francês, etc., etc.

Ou melhor: ele pode tomar posição desde que nivele e descarte os blocos ou partidos que se opõem, mas não se julgar *uma* política mais perigosa que outra. Numa palavra: o filósofo *hoje* não pode tomar uma atitude política. Isso implica não criticar a minha posição em nome de uma outra, mas tentar neutralizá-la, colocá-la entre parênteses, em nome de uma não posição. Você sustenta que, para poder escolher, é necessário saber em que consiste o regime soviético. Mas, como sempre escolhemos na ignorância, e não *nos* compete sabê-lo, haveria má-fé em apresentar essa dificuldade *de princípio* como constituindo uma dificuldade empírica. E, além disso, mais importante: não está em discussão entrarmos no Partido Comunista, mas sim reagir, como em nossa consciência pensamos dever fazê-lo, a questões *urgentes* como, por exemplo, o "exército europeu"[3], a "Guerra da Indochina", etc., etc.

---

3. Proposta de integração dos exércitos da Europa ocidental sob um comando único, derrotada pela soma dos comunistas e gaullistas no Parlamento francês.

Você me critica por ir longe demais, por me aproximar demais do PC. Não é impossível que neste ponto você esteja certo, e eu errado. Mas a crítica que lhe faço, e que é bem mais severa, é por você abdicar, em circunstâncias nas quais tem de decidir como homem, como francês, como cidadão e como intelectual, valendo-se da filosofia enquanto álibi. Porque você não é filósofo, Merleau, da mesma forma que não o sou nem Jaspers (ou nenhum outro). Somente é "filósofo" quem já morreu, e foi reduzido pela posteridade a alguns livros. Em vida, somos homens que, entre outras coisas, escrevemos obras de filosofia.

A sua aula no Colégio de França não foi nada convincente, se com ela você pretendia definir o filósofo: neste sentido, faltou dizer tudo. A começar pelo primeiro problema, por essa questão prévia: é possível alguma coisa como a filosofia? Era admirável se não passasse de um autorretrato do pintor. E mesmo de uma autojustificação. Mas enfim, a tomá-la assim, ela impedia você de julgar os não filósofos. Não podia ir além de uma zoologia: a espécie "filósofo" era descrita e fixada (supondo-se que se aceitassem as suas premissas) e avizinhava-se de outras espécies. Entre elas, a comunicação parecia difícil: você tocava no problema no final da exposição, mas, a meu ver, não chegava a tratá-lo. E se a "presença sonhadora" de que você falou era uma característica acidental, histórica, patológica, ou, ao contrário, uma escolha fundamental.

Essa *presença sonhadora* eu não reconheço como sendo minha; meu estar-aí..., como dizemos, não é desta espécie. Isto pode significar que não sou filósofo (é esta a minha convicção), ou que há outras maneiras de ser filósofo. Portanto, é absolutamente impossível criticar minha atitude, como você fez na conferência que o "Express" resumiu, em nome dessa pseudoessência filosófica que, a meu ver, não passa de uma extrapolação de sua própria psicologia e da projeção dela no domínio dos valores e dos princípios.

Minha conclusão: a sua atitude não pode ser exemplar nem defensável; ela é o resultado do puro exercício de seu direito de escolher, *para você*, o que melhor lhe convenha. Se você tenta criticar quem quer que seja em nome dessa atitude, faz o jogo dos reacionários e do anticomunismo, ponto final.

Não conclua, do que afirmei, que eu não considere minha posição passível de crítica. Com certeza ela é criticável, de todos os pontos de vista: sob a condição de que os pontos de vista sejam, já, políticos, isto é, que traduzam uma tomada de posição objetiva e fundada em motivos objetivos. Um partidário do MRP[4] pode criticar minha avaliação da Guerra da Indochina, um socialista pode criticar minha concepção do Partido Comunista. Mas ninguém tem o direito de fazê-lo em nome da "epoquê"[5] fenomenológica.

O que me incomoda, em você, é que não o vi intervir *nem* em favor dos Rosenberg *nem* de Henri Martin[6]

---

4. Movimento Republicano Popular, fundado em 1944: o partido católico, de tendência à direita, que tomou parte em quase todos os governos da Quarta República francesa.

5. (do grego) Colocação (do mundo) entre parênteses; conceito-chave na fenomenologia de Husserl, em que tanto Sartre quanto Merleau-Ponty se inspiraram.

6. Referência a dois casos importantes na militância dos anos 50: o processo do casal Ethel e Julius Rosenberg, executado nos Estados Unidos em 1953 sob acusação de espionagem atômica em favor da União Soviética, e o do marinheiro Henri Martin, preso na França por distribuir panfletos contra a guerra que seu país travava na Indochina.

nem, no fundo, contra a prisão de comunistas (a sua presença no Comitê de Defesa das Liberdades é sonhadora demais, na verdade, para que possa ser considerada eficaz) *nem* contra aqueles que desejam internacionalizar a Guerra da Indochina (falo de sua atitude atual, porque antes de sua brusca mudança de 1950 você havia condenado essa guerra com veemência). Ora, em todos estes casos se trata de reações humanas e exigências imediatas. Somente aquele que atende a essas exigências pode, a meu ver, criticar-me em *Les temps modernes*, isto é, abrir um diálogo político.

Numa palavra, eu coloco a meu crítico uma questão prévia: e o senhor, o que está fazendo hoje? Se você não faz nada, não tem o direito de criticar politicamente. Tem o direito de escrever o seu livro, isso é tudo. Acredite que afirmo isto sem nenhuma ironia; quero lhe dizer o seguinte: sua escolha, para ser rigorosa, deve limitar-se à pura reflexão sobre a história e a sociedade. Mas você não tem o direito de apostar nos dois lados. E, se quiser minha opinião inteira, é unicamente uma paixão *subjetiva* que o faz tomar esta atitude contraditória (contraditória porque você quer destruir uma política – a das pessoas que pensam como eu – recusando-se a propor outra). Você quer condenar o mais rápido possível aqueles que poderiam vir a condená-lo.

Não tenho vontade nem direito de condenar sua posição atual, e me disponho a reconhecer que sua atitude e a minha são perfeitamente compatíveis e podem coexistir mesmo hoje em dia. Mas, precisamente por isso, condeno vigorosamente e sem nenhuma hesitação suas tentativas de me condenar. Com toda a certeza não lhes darei acolhida em *Les temps modernes*, porque seria agindo assim que eu correria o risco de perturbar meus leitores.

Todas as tendências de esquerda serão admitidas na revista; quero dizer, todas as que admitem:

1º) que os problemas políticos se apresentam a todos os homens, e que não é lícito elidi-los, sequer a pretexto de que sejam insolúveis;

2º) todas as que – seja qual for a sua severidade relativamente ao PC – considerem que não é possível segregar um partido que reúne de 5 a 6 milhões de votos.

Estas duas condições me parecem excluir, rigorosamente, a sua atitude atual. Quero lhe fazer notar, por sinal, que minha "mudança" de atitude não trouxe nenhuma mudança na clientela de *Les temps modernes*. Poucas assinaturas novas, nenhum cancelamento de assinatura, renovação normal das antigas. Isto significa, acredito eu, que mudei ao mesmo tempo que nosso público. Você se lembra, em vez disso, da irritação crescente dos leitores quando você se recusava a tomar partido sobre a Guerra da Coreia? Esse ponto de vista também conta: a sua posição parecia, aos leitores da revista, um passo para trás, um modo de se resguardar: entendo que *você* queira se justificar: mas *eles* não estão interessados nisso, parece-me (nem, por sinal, estão interessados em *meus* próprios motivos); o que querem é que lhes expliquemos a situação a partir dos princípios objetivos que eles pensam ter em comum com a revista.

É o que eu queria lhe dizer. Gostaria que você não visse, nisso, um gesto de pouca amizade (para lhe dizer a verdade, o gesto de pouca amizade foi você quem o cometeu, ao dar aquela conferência contra mim, e sem me prevenir, salvo por sua palavra que deixou cair, negligentemente, em nossa conversa do Procope. É isso o que o Castor chamava "uma indiscreta pequena perfídia". Mas nem em sonhos penso em criticar você por isso. Simplesmente, tudo bem ponderado, parece-me que sua posição não é de molde a poder expressar-se, hoje, em *Les temps modernes*. Você não nos acompanhou em nenhum de nossos esforços (Rosenberg, Henri Martin, Indochina, Liberdades, etc.), por isso não vejo em nome de que você poderia nos criticar, *do interior da equipe*.

Desejo muito, caro Merleau, que tudo isto fique no terreno ambíguo da política e que você não esqueça, por coisa tão pequena, nossa longa amizade.

Com muita amizade,

J.-P. Sartre

P.S. — Minha resposta se refere, evidentemente, ao *artigo político*. Quanto às notas[7], reservo minha resposta, é claro, porque você não me disse se pretende escrever notas apolíticas, ou escolher esse desvio para introduzir uma "oposição"no interior da revista.

Paris, 8 de julho (de 1953).

Caro Sartre,

O tema da conferência que você menciona três vezes em sua carta ("filosofia e política, hoje") estava fixado havia meses, como mostram os programas impressos do Colégio Filosófico. Pronunciei-a no dia 29 de maio e encontrei-me com você dois dias depois, na reunião de *Les temps modernes*, e lhe falaria mais a respeito dela se você assim o desejasse. Antes de proferi-la, no Procope, não pensei em lhe contar ponto por ponto o que pretendia dizer: mas são coisas que foram surgindo, na conversa entre nós.

---

7. Notas de cultura que Merleau-Ponty pretendia escrever, com regularidade, na revista *Les temps modernes*.

Além do mais, naquele momento estava combinado entre nós dois que eu redigisse um artigo de política para a revista, e você não podia achar ruim que eu utilizasse numa conferência alguns trechos daquilo que deveria, depois, ser publicado em *Les temps modernes*. Pois trata-se de trechos. Falei um pouco mais de uma hora, e só me referi à sua posição política nos últimos 15 minutos. E, nas 14 páginas de anotações que eu tinha preparado e que agora tenho diante dos olhos, há *duas* sobre você e mais duas, de conclusão, expondo minhas ideias sobre o engajamento.

Você receberá, com esta carta, um resumo da conferência (no qual dou aos dois últimos parágrafos mais espaço do que tiveram no conjunto). Eu o desafio a encontrar, neles, o que quer que seja de chocante. Em Lyon, na Sorbonne, no Colégio Filosófico, *sempre* discuti de público suas teses (e no Colégio Filosófico, dois ou três anos atrás, as do "Segundo sexo"[8]... Sem dúvida, desta vez, a distância entre mim e você era bem mais visível. Mas o tom não havia mudado. Não fui apenas cortês, isto seria óbvio, mas vários ouvintes se mostraram sensíveis à amizade por seu pensamento que transparecia, me disseram eles, na minha maneira de debatê-lo. Em suma, tomei o máximo de cuidado em nada dizer a respeito de suas ideias que se inspirasse em nossas conversas particulares e não pudesse ser explicado mediante textos seus dados ao prelo.

Para fazer uma conferência *sobre você*, assunto é o que não me faltava: não disse um décimo do que poderia afirmar a propósito de seus recentes estudos políticos, e por exemplo não entrei, em absoluto, na discussão das noções

---

8. Obra de Simone de Beauvoir.

de classe, partido etc. Limitei-me a plantar uma baliza. Se os reacionários se regozijam ante uma divergência desta ordem, há duas atitudes a tomar. Uma é valer-se disso para transformar a divergência em hostilidade: é o que você faz, e assim os constitui em juízes de nossas discussões. A outra consistiria em lhes mostrar que o que me separa de você não nos coloca em dois campos opostos. É isso o que eu lhe propus, mas que você recusa.

Não concordando com você, o que podia eu fazer? Se tivéssemos fixado em conjunto uma atitude política de revista, teria sido pouco amistoso – ou mesmo uma traição – discuti-la de público. Mas você nunca deliberou comigo a menor de suas decisões políticas. Antes de mais nada, você me apresentou como coisa decidida o seu projeto de deixar a França em caso de ocupação (não esqueço que você se propunha também me ajudar a sair, mas nunca se dispôs a colocar em questão a própria coisa).

Algum tempo mais tarde, acabei sabendo, por acaso, no correr de uma conversa, que você finalmente havia decidido ficar na França em qualquer caso. É verdade que essas decisões tinham um lado inteiramente pessoal; mas não havia diferença entre elas e as que diziam respeito à orientação de *Les temps modernes*. Fiquei sabendo da criação do RDR[9] pela imprensa e, lendo a revista, de sua posição atual relativamente ao PC. (Isto até me valeu a situação ridícula de dizer e escrever que você só pensava em firmar uma unidade de ação, em torno de objetivos limitados, com o PC, e de defendê-lo com veemência com base nisso – para ficar sabendo bem depois, de você mes-

---

9. "Rassemblement Démocratique Révolutionnaire", ou "Reunião Democrática Revolucionária", fundada em começos de 1948 por Sartre, David Rousset e outros.

mo, no curso de uma conversa que não teríamos não fosse por minha iniciativa, que o trabalho em conjunto com os comunistas o havia levado além deste ponto de partida e que, por exemplo, você já não considerava válidas suas obras publicadas.)

Que obrigação eu poderia ter em relação a posições que você fazia tanta questão de que fossem *suas*? Se considera que faltei com a amizade ao discuti-las, eu acho, de minha parte, bem como amistoso o silêncio no qual você tomou essas decisões. Talento e importância literária postos de lado, que por sinal aqui estão em causa, nós devíamos um ao outro os mesmos cuidados, porque o que você publicava em matéria política me comprometia da mesma forma que eu a você (ninguém, fora da revista, jamais imaginou que eu estivesse tão pouco a par de seu itinerário). No dia em que foi preciso falar do famoso assunto dos Campos*, eu levei um texto para você, pedindo que o assinasse comigo. Você nunca agiu desta forma comigo.

Mas, enfim, esse procedimento era possível. Ele implicava, pelo menos, que você me deixasse todo o direito de discuti-lo de público. Até porque, oralmente e por escrito, você citava *Humanismo e terror** no sentido que lhe convinha, que pronunciava meu nome, com alguma malícia, para trazer o caso de Lefort ao meu[10] e, de passagem, você se referia, não sem sarcasmo ("a música é conhecida", dizia você), aos infelizes que veem o social entre o em-si e o para-si, e os melhores leitores me reconheceram nessas linhas. Para desistir de falar de suas teses, eu precisaria desistir de ter opinião.

---

* Campos de concentração soviéticos. (N. do E.)

10. Claude Lefort, bastante amigo de Merleau-Ponty, tem por aquela época uma polêmica com Sartre, que suspeita que o jovem filósofo estivesse servindo de porta-voz ao amigo comum.

Precisamente, diz você, eu não devo ter opinião. Por uma "brusca mutação", que você data de 1950, eu me teria retirado da política para fazer filosofia, decisão tão pouco contestável quanto a de ser alpinista, mas que, tanto quanto esta, não pode ter sentido político nem ser apresentada como exemplar. Seria contraditório, portanto, debater uma posição política em nome de uma "não posição", em "apostar nos dois lados", eu só poderia escrever um artigo de política com o intuito de "condenar o mais rápido possível aqueles que poderiam vir a me condenar", porque não me sinto bem comigo mesmo, questões pessoais que não despertam o interesse dos leitores...

O que você chama de minha "brusca mutação" é, mais que tudo, um brusco despertar de sua atenção, e minha decisão "subjetiva", uma pequena fissura no mundo "objetivo" que você está construindo, para si mesmo, desde algum tempo. Nunca oscilei quanto à vontade de fazer filosofia, e lhe disse isso um dia, por volta de 1948, quando você me perguntou por que eu não largava o ensino. Fiz *Les temps modernes* por vários anos, assim como, durante a guerra, o boletim do movimento Sartre por vários meses, rumando sempre dos fatos para a teoria deles...

Quando eu escrevia editoriais sobre a Indochina ou sobre a greve geral, nunca deixava de exprimir um certo mal-estar, dado que tais assuntos tornavam inevitável uma certa simplificação; geralmente eram textos bem curtos, e eu os redigia porque combinavam com o resto. E não coloquei meu nome em *Les temps modernes* porque não quis me tornar oficialmente um escritor de atualidades, assim como, no fim da guerra, não segui seu conselho de entrar no CNE* e de escrever em *Lettres françaises* porque não

---

* Comitê Nacional de Escritores. (N. do E.)

fazia questão de me tornar, oficialmente, um escritor da Resistência.

Não desisti em absoluto, no ano de 1950, de escrever sobre a política; ao contrário, sempre pensei em acrescentar, à "Prosa do Mundo", uma segunda parte tratando do catolicismo, e uma terceira, da revolução. Em setembro de 1951, dei uma conferência em Genebra, boa parte da qual era de teor político, e dada a atmosfera do local havia um certo mérito em fazer isso.

Decidi, desde a guerra da Coreia – e isso é outra coisa –, já não escrever sobre os acontecimentos à medida que eles se apresentam. Isto, por razões que dizem respeito à natureza mesma desta época, e também por outras razões que são permanentes. Deixemos estas últimas de lado. Elas não são decisivas[11].

O engajamento em *cada* acontecimento isoladamente torna-se, em período de tensão, um sistema de "má--fé".... Há acontecimentos que permitem, ou melhor, exigem ser julgados imediatamente e em si mesmos: por exemplo, a condenação e execução dos Rosenberg... mas, o mais das vezes, o acontecimento só pode ser apreciado no quadro global de uma política que lhe muda o sentido, e seria artificioso e astucioso requerer o julgamento sobre cada ponto separado de uma política, em vez de considerá-la na sua ordem e em sua relação com a do adversário: isso permitiria fazer engolir no varejo o que não seria aceito no atacado, ou, ao contrário, em tornar odioso, pela

---

11. Escrever sobre o acontecimento cotidiano, para quem não pertence a um partido (e mesmo quem, embora filiado a um partido, tem a inclinação filosófica), ao mesmo tempo exige e bloqueia a elaboração de seus princípios. Seu comentário sobre o dia 28 de maio fez que você desejasse escrever seu livro sobre a História, mas impede-o, ainda, de começá-lo. (*Nota de Merleau-Ponty*.)

soma de pequenos fatos verdadeiros, aquilo que, visto em conjunto, está na lógica da luta.

Admitimos, eu e você, que era essa a astúcia inaceitável do anticomunismo, e também a astúcia da política comunista. Se não assinamos o apelo de Estocolmo[12], foi porque ele procurava conseguir, com uma condenação da bomba atômica à qual nenhum homem de bem, não é verdade, pode se furtar, uma solução favorável à União Soviética em todas as situações de força.

E foi também isso o que me impediu de tomar posição na Guerra da Coreia ou na invasão do Laos. A considerar-se a situação na Coreia do Sul, fica fácil justificar a intervenção *política* da Coreia do Norte. A considerarmos a invasão do Laos em si mesma, sentimos tanta simpatia pelos que a fazem, quanto antipatia pelos que a ela se opõem. Mas a questão não se esgota nisso. Numa situação mundial tensionada, e mesmo sem imaginar por um instante sequer que a União Soviética puxe todas as cordinhas, é artificial – e artificioso – fazer como se os problemas se colocassem um a um e dissolver numa série de questões locais aquilo que, historicamente, constitui um conjunto. Se *queremos a coexistência*, não podemos exigir que o mundo capitalista atribua a "movimentos sociais" aquilo que, no local, é igualmente uma ocupação militar; e, se o exigirmos, é porque não queremos a coexistência, mas a vitória da União Soviética.

Se, porque a invasão da Coreia do Sul e a do Laos constituem, *também*, movimentos sociais, você diz que elas são *apenas* isso, que *a astúcia está nas coisas, não na política comunista*, então, já não é a favor da paz que você está, é a favor da vitória mundial do comunismo, de preferência

---

12. Apelo pela paz, promovido pelos comunistas e simpatizantes.

sem guerra, e para manter a paz tudo em que você aposta é na indecisão do mundo capitalista...

É por isso que, embora eu fosse contrário à internacionalização da Guerra da Indochina, não tinha vontade de dizê-lo por escrito *no momento da invasão do Laos*, não me aborrecia que essa ameaça pesasse sobre a política comunista. A coexistência e a paz implicam exigências dessa ordem. É forçoso acreditar que eu não estava tão errado, e que não assinando o apelo de Estocolmo não passávamos ao partido dos defensores da bomba atômica, já que depois disso os comunistas propuseram à nossa assinatura textos bem menos astuciosos, que o Vietminh[13] desistiu de sua ofensiva, que os norte-coreanos aceitaram o armistício e que, finalmente, viu-se delinear-se uma verdadeira política de distensão.

Engajando-se a cada acontecimento, como se isto fosse um teste de moralidade, assumindo como sua, sem o perceber direito ou sem dizê-lo a seus leitores, uma política, você nega a si mesmo, e espontaneamente ainda por cima, um *direito de retificação* ao qual nenhuma ação séria pode renunciar, e mais que tudo a dos governos comunistas, bem mais capazes ainda do que os outros de voltar atrás em suas decisões, e para terminar você fica sozinho em posições que os próprios comunistas acabaram por abandonar – o que prova que elas não constituíam a única alternativa a seu dispor, e que, recusando-se a afiançar a ação militar deles, a esquerda não comunista fazia seu papel, que é o de favorecer uma política de distensão.

Mais uma vez: se você afirma que não devemos nos ocupar com o aspecto que os acontecimentos assumem

---

13. Nome da organização, liderada por Ho Chi Minh, que lutou contra os franceses para conquistar a independência do Vietnã.

aos olhos do anticomunista, e que isso seria *fazer o jogo dos reacionários*, você então suprime em pensamento o mundo capitalista e não trabalha pela coexistência. É por isso que, várias vezes, sugeri que fizéssemos na revista, em vez de tomadas de posição apressadas, estudos de conjunto, em suma, que visássemos o leitor no cérebro mais que no coração, o que, ademais, corresponde melhor à nossa maneira e à da revista.

Eu vislumbrava, nisso, uma ação de escritor, que consiste em fazer a ida e vinda entre o acontecimento e a linha geral, e não em afrontar (no imaginário) cada acontecimento como se ele fosse decisivo, único e irreparável.

Este método está mais perto da política do que o seu método do *engajamento continuado* (no sentido cartesiano). Ora, *nisso mesmo*, trata-se de um método mais filosófico, porque a distância que proporciona entre o acontecimento e o juízo emitido sobre ele desarma a armadilha do acontecimento e deixa ver-se, claramente, o seu sentido. Eu não tinha, portanto, necessidade alguma de separar a filosofia do mundo a fim de continuar sendo filósofo – e por isso mesmo jamais a separei.

Para ter compreendido a aula inaugural de que me falou, você precisará ter assistido a ela com a mente muito predisposta. Tive a cautela de falar em Sócrates, para mostrar que o filósofo, longe de ser um fazedor de livros, é alguém que está no mundo. Ataquei aqueles que situam a filosofia fora do tempo, e não usei isso como um álibi, tanto que você poderá ler, entre outras coisas, no texto que ora lhe envio: "o absoluto filosófico não reside em lugar algum, portanto nunca está alhures, tem de ser defendido em cada acontecimento..."[14].

---

14. Você pode ver muito bem que as últimas palavras até exageravam na sua direção. (*Nota de Merleau-Ponty.*)

Tendo que falar da filosofia, no começo de um curso de filosofia, era legítimo – penso eu – consultar indutivamente alguns casos empíricos de "filósofos". Encontrei o traço comum a eles no equívoco, e não sei como você poderia contestar-me esta ideia, a considerar a história dos filósofos e de suas pantalonadas. Mas procurei afirmar que o equívoco é a má filosofia, e que a boa filosofia é uma ambiguidade sadia, porque constata o acordo de princípio e a discordância de fato do si [*soi*], dos outros e da verdade e que ela é a paciência que faz tudo isso andar junto, de um jeito ou de outro.

Disse que, assim entendida, talvez ela fosse alheia ao político profissional[15], mas não aos homens (ironia das coisas: eu pensava, enquanto escrevia estas palavras, no discurso que você proferiu no Vélodrome d'Hiver, e que Suzy foi ouvir quando eu estava com minha mãe em Menton, contando-me, depois, que ele afetava tanto o público na medida exata em que se sentia, nele, uma liberdade perigosa, inusitada em política).

Esta filosofia, não é preciso mostrar que ela é possível, já que ela é o homem mesmo, enquanto ser paradoxal, encarnado e social. Se ela não o fosse, nada haveria a dizer nem a fazer, nada haveria de válido, tudo seria indiferente.

---

15. Oficialmente, pelo menos... Comentei, falando aos estudantes, a frase de Lênin sobre os músicos, citada por Gorki, e que se pode aplicar à literatura e à filosofia... "não posso escutar música com muita frequência, ela me afeta os nervos, dá-me vontade de dizer bobagens encantadoras e de afagar a cabeça das pessoas que, vivendo num inferno, conseguem criar uma tal beleza. Ora, hoje, é impossível acariciar as pessoas na cabeça, elas lhe cortariam a mão a dentadas. Precisamos bater nas cabeças, bater sem piedade, embora do ponto de vista teórico sejamos contrários a toda violência". Hum! Hum! Função terrivelmente difícil. Gosto da confissão franca desta divergência que não é uma hostilidade. (*Nota de Merleau-Ponty*.)

Você me pergunta se esta é uma escolha fundamental: pois é bem mais que uma escolha; é justamente o que torna possíveis todas as escolhas, é o próprio fato do *viver humano*, ao qual somos, como você diz, "condenados". Não há nisso nem essência do filósofo, nem mito, nem fantasma justificador, não acredito que estas ideias sejam propriedade minha nem que sejam tão estranhas a você. Que isso, em mim, se converta em *presença sonhadora*, é a consequência em algumas pessoas que, diante da dificuldade de fazerem tudo andar em conjunto, tendem a se fechar na própria concha.

Em outros, como você, a dificuldade produz mais é uma reação de afirmação, e eles se lançam para a frente, passando por cima de tudo. Mas não tenho dúvidas de que o mesmo problema os atormenta, e para negar isso seria preciso esquecer tudo o que você escreveu, isto é, tudo o que você é até nova ordem, ou, em todo caso, tudo o que faz que você seja ouvido.

Não aceito, por isso, o benefício dessa pura bondade, que usualmente se reserva aos animais e aos doentes, e que inspira você a deixar-me fazer filosofia sob a condição de que seja, apenas, um passatempo. Mesmo que ela não opte entre o comunismo e o anticomunismo, a filosofia é uma atitude no mundo, não uma abstenção; não está reservada, em absoluto, ao filósofo de profissão, e ele a manifesta fora dos livros que escreve.

Passei uma tarde inteira redigindo um manifesto para Auriol[16] a respeito da detenção de Duclos[17] e dos proces-

---

16. Vincent Auriol, presidente da República Francesa à época.

17. Jacques Duclos, um dos líderes do Partido Comunista francês, preso na greve geral de 1952, apesar de deputado, e processado, entre outras coisas, por ter pombos no carro – que a polícia entendeu

sos contra os comunistas. Propuseram-me assinar um, ingênuo e matreiro, que só invocava a forma. Preferi escrever um que mostrava, na campanha anticomunista do governo, um expediente para escamotear as discussões sobre o exército europeu, a política atlântica[18], etc. Sempre afirmei que o Comitê de Defesa das Liberdades devia estar aberto, em todos os níveis, aos comunistas. Também disse que o Comitê não tinha que negociar, com organização alguma, o envio de representantes oficiais. Se os comunistas pensam que isto significa barrar-lhes o acesso ao Comitê, é porque o que eles querem é comprometê-lo, mais do que colaborar com ele, e continuam na política da unidade-armadilha.

Ao contrário do que você afirma, eu assinei em favor dos Rosenberg a petição redigida por um advogado do Conselho de Estado[19], cujo memorando, por sinal, era excelente – ao mesmo tempo que me recusava a participar do comício, no Vélodrome d'Hiver, organizado pelos comunistas para a noite mesma em que teve lugar a execução, e que parecia feito de propósito para resolver Eisenhower contra o indulto, se para tanto não bastasse a sua ferocidade. Assinei, há pouco tempo, pelos intelectuais turcos, que o governo da Turquia mantém na prisão, e

---

serem pombos-correio, que serviriam para mensagens subversivas. A repressão à greve e a prisão de Auriol são fatores que levam Sartre a escrever "Os comunistas e a paz", em *Les temps modernes*, propondo uma política bem próxima ao PCF, de que discorda Merleau-Ponty.

18. Nesta época se estuda uma Comunidade Europeia de Defesa, que teria um exército comum, voltado contra o Pacto de Varsóvia. Seria uma radicalização da política atlântica, isto é, da aliança do Atlântico Norte, selando os rumos da Europa Ocidental aos dos Estados Unidos.

19. Principal órgão de carreira na administração francesa, com pessoal de elevada qualidade.

quer submeter a um julgamento sumário – e em favor de um francês do Marrocos, que o governo está demitindo porque foi expulso de lá pelo general Guillaume[20].

Numa conferência para estudantes, do Comitê de Defesa das Liberdades, disse a eles, em substância, que por sinal me agradeceram com um documento assinado por seus líderes: defendam os comunistas, não sejam comunistas. Um grande passo se terá dado no dia em que, no serviço público, se verá que há um núcleo de gente absolutamente decidida a defender as liberdades, mesmo em benefício dos comunistas, e apesar de não serem comunistas. Esta linha não é fácil de sustentar, mas pelo menos é uma linha. Ela não autoriza você a dizer que eu "segrego" o PC ou que "elido os problemas políticos a pretexto de que sejam insolúveis": eu trato deles num plano em que não haja a necessidade de ser comunista ou anti, na esperança de que ambas essas posições venham a ser superadas pela evolução da política internacional.

A expressão de *esquerda não comunista*, que você gosta tanto de empregar, não pode ter outro sentido afora este. Mas você, cada vez que a utiliza, faz adelgaçar-se o seu sentido, como uma pele de onagro. Se, para merecer a etiqueta e poder dialogar com você, não basta ter intervindo pelos Rosenberg e contra as detenções do ano passado, mas é preciso também, e especificamente, ter defendido Henri Martin e na hora da invasão do Laos, não vejo quase ninguém, em *Les temps modernes*, que possa dialogar com você, a não ser você mesmo.

São estas as ideias que tenho e pelas quais eu gostaria aqui, não, por favor, de *justificar*, mas de *explicitar* mi-

---

20. O Marrocos era, então, um protetorado francês.

nha conduta. Não me gabo de não ter *psique* (ou de não ter preocupações ou emoções – a sua amizade bem poderia saber disso, dado o que se passou este inverno). Mas, como você afirma, sobriamente, isto não interessa aos outros. O que importa é o que se pode encontrar de verdadeiro, sólido, válido para todos, ao se examinar com severidade uma "disposição interior" [*état d'âme*] total. Ora, afirmo que tudo o que acabo de lhe escrever se fundamenta, e que, para reduzi-lo a devaneios sombrios e escapatórias, é preciso que *você* esteja muito encerrado em si mesmo.

O seu procedimento, que consiste, em última análise, em interpretar os outros psicologicamente, supõe que você confunda o curso de seus pensamentos com o das próprias coisas. Você acredita então estar plenamente no mundo, pensa que só você escapa à psicanálise existencial, e que a ira na qual eu o vi seja *inteiramente santa*? Você apresenta como um mérito o silêncio que manteve em relação a mim. Não sou da mesma opinião. Porque ele, afinal, foi cortado por algumas palavras que apontavam, mais que tudo, uma irritação: como no dia em que você me disse, em tom glacial, que minha aula inaugural era "divertida" – ou em tom irritado, a propósito do Colégio, "espero que você vá subverter um pouco tudo isso" – num tom que vibrava de violência, que os estudos sobre o em-si e o para-si constituíram um "pensamento vago" – que, se você fosse hoje um catedrático e ensinasse *O Ser e o Nada*[21] ou a *Percepção*, teria a impressão de ser um traidor.

Isso bastava para fazer-me tremer, não era suficiente para esclarecer. Você não me discute, me *condena*. Exata-

---

21. Obra de Sartre (1943).

mente o contrário do que sempre fiz em relação a você. Não vou mudar, como você diz, "por tão pouco". Mas ainda assim você precisa sentir que sua conduta, vista de fora, é altamente "psicológica", que justamente a sua presunção de agir segundo princípios objetivos é a forma mais arrogante da "lei do coração", e que, enfim, a sua subjetividade é responsável, em boa medida, pela lamentável imagem que você tem de mim desde o ano de 1950.

Desde a Guerra da Coreia, a causa da esquerda esteve cada vez mais bloqueada no comunismo, a do não comunismo tendia a se confundir com a reação, porque a política "dura"de Stálin e a política belicosa dos Estados Unidos puxavam para si tudo o que restava. Desde o início, eu e você respondemos a esta situação de maneiras diferentes. Você considerou que se tratava de uma situação na qual era preciso decidir-se, e que se devia, se não escolher um dos partidos, pelo menos preferir uma das políticas como "menos perigosa". Para mim, no terreno militar, ambas se tornavam solidárias, e entendi que era preciso recusar-se a optar nesse plano para lutar contra toda explicação belicosa da situação (fiquei encantado com os primeiros artigos de Dzélépy, que tomei a iniciativa de publicar), explorando, ao contrário, toda chance de distensão.

Esta atitude lisonjeava meu gosto pela teoria? Digamos que sim. Não sou um anjo. Mas a sua atitude não era menos pessoal nem mais exemplar. Pois não são as relações objetivas do universo político que levaram você a tomar uma decisão, e sim o seu estar-aí: você quis estar presente dia a dia *aos acontecimentos*, perante e contra todos, porque "cada um é responsável de tudo diante de todos"; isto não quer dizer que você tenha estado presente *ao acontecimento global* destes últimos anos (para mim, é até evidente que passou ao largo dele), e foi o coração, a sua maneira mais pessoal de sentir suas relações com o mundo e com o tempo, que agiu aqui.

Meu silêncio era equívoco? Depois de fazer uma relação numerada dos inimigos públicos, e de aceitar engajar-se em cada episódio, você parecia mais limpo do que eu. Mas, afinal de contas, não era menos torto, dado que havia (como lhe disse logo acima) alguma coisa falaciosa no seu engajamento a cada episódio, alguma coisa confusa nessa mescla de um pacifismo incondicional (pelo qual você começou) e de um pacifismo condicional (o dos comunistas), e na sua gradativa passagem da unidade de ação, com objetivos limitados, à simpatia global. Eu não quis que o acontecimento me forçasse a mão, e você não quis tomar uma certa distância.

Não vejo de onde você tira o direito de me condenar: é condenar-me por eu não ser você. E, já que você mostra tão poucos cuidados, precisa saber que também a sua atitude pode *"incomodar"*; assim me senti no dia em que o vi decidir emigrar, no caso de uma invasão: resolvidos a emigrar, seríamos ainda mais pródigos em fazer justiça ao comunismo em nossos artigos e em exortar o público a bem medir o valor dele, justamente porque teríamos todas as garantias de evitar, nós, os seus inconvenientes.

Nosso desacordo atual é da mesma ordem: continuar a dizer-se não comunista com a convicção de que, se a guerra não ocorrer, inevitavelmente virá a democracia popular, e que se deverá trabalhar nesse quadro – "engolir" o marxismo, como mais ou menos você me dizia em abril – e já viver em espírito e escrever sob a democracia popular.

Nos dois casos, um futuro congelado, e mantido em segredo, orienta a atitude presente e lhe confere um certo caráter clandestino. Quando se é claro demais sobre o futuro, não se tem a mesma clareza quanto ao presente. Aqui não condeno, mas, respondendo à sua condenação, tenho todo o direito de dizer que há um passivo na sua atitude, tanto quanto na minha. Você tem uma facilidade em construir o futuro e em viver nele que é inteiramente sua. Eu tenho mais a viver no presente, deixando-o indeciso e aberto, como é de seu feitio. Não é que eu construa um futuro diferente (seria possível fazê-lo, e cada vez mais a ruptura da Europa com os Estados Unidos e a mudança da política comunista na Rússia e em outros lugares constituem coisas prováveis). Não é que eu seja um "homem revoltado"[22], menos ainda um herói. Minha relação com o tempo se faz, sobretudo, pelo presente, isso é tudo. Não tenho a menor intenção de impô-la a você. Afirmo, apenas, que ela tem seu valor próprio, e não admito que seja reduzida a uma falta.

Quanto à relação com o mundo "objetivo" e com a história, que você erige em critério único, ela não me serviu tão mal. Não me vanglorio muito disso: eu não podia prever nem a morte de Stálin nem as suas consequências, e foi um pouco por acaso que meu estar-aí acertou. Você, pelo menos, deveria reconhecer que não era tão errado colocar entre parênteses o período que se iniciou com a Guerra da Coreia, e que se fecha atualmente, e que o seu estar-aí, ao contrário, lhe pregou uma peça bastante ruim.

Ele não deixou você prestar a devida atenção a todo um lado das coisas: desde março[23] passado, *Les temps modernes* não sopraram uma única palavra sobre a nova política da União Soviética – "Os comunistas e a paz"[24] aborda o problema comunista numa situação-limite, por-

---

22. Alusão à obra de Albert Camus, *O homem revoltado* (1951), de que Sartre discordava.

23. Em março de 1953, Stálin morreu.

24. Longo artigo de Sartre, que saiu em *Les temps modernes*, números de julho de 1952, outubro-novembro do mesmo ano, e abril de 1954.

tanto sob a forma de uma alternativa (ou o Partido como ele é, ou a atomização do proletariado) e, como sucede nos casos de emergência, você toma posição sem se preocupar demais com o conteúdo, sem examinar a vida do Partido nestes 40 anos, sua ideologia, sua história.

Enquanto isso, a situação se distende, a vida e a história do Partido continuam. Talvez você tivesse ficado mais perto das *coisas* se cumprisse a verdadeira função política do escritor, que consiste em mostrar-se lutando com as suas dificuldades em objetivar-se diante dos outros: escrevendo as "Memórias de um rato gosmento".

Você vê agora o que eu posso pensar da conclusão de sua carta. Nunca lhe pedi, está óbvio, que aceitasse de antemão o artigo que estou preparando. Mas recusá-lo *a priori*, calar assim alguém que também teve seus leitores e que desta forma contribuiu para fazer da revista o que ela é, retirar-lhe a palavra no momento em que você a muda, porque ele não está de acordo e para não precisar explicitar isso, impedi-lo de fazer um balanço das questões mesmas que ele tratou aqui em outras ocasiões, eis o que eu chamo, pessoalmente, uma "imperceptível pequena perfídia".

Nunca imaginei ter, sobre a direção da revista, estes "direitos morais", de que você falava tanto, e ainda há um mês pelo telefone. Em compensação, tenho a certeza de exigir o que me é devido quando desejo escrever na revista ainda uma vez, nem que seja apenas para os leitores poderem apreciar com base em documentos, e superando todos os diz que diz, nossas diferenças reais.

Você não precisará redigir uma resposta: o artigo tratará, essencialmente, do marxismo, e do comunismo, examinando suas análises somente na medida em que assim o exige o estudo da fase recente.

Será fácil você ressalvar a linha da revista num lide, – e mesmo, por que não, de dizer que está me pondo no olho da rua. Essas são responsabilidades a que não é possível furtar-se. Queira-o ou não você, em poucos meses você terá este artigo em mãos, e se verá – sabendo, como você sabe, que eu não o encaminharei a nenhuma outra revista – se é capaz de abafá-lo. Nada mudou na revista, dizia você no começo deste inverno. Uma coisa, pelo menos, mudou: até agora, só impúnhamos silêncio aos colaboracionistas e aos indignos nacionais[25].

Quanto à crônica de que lhe falei, e na qual imaginava tratar de assuntos bem variados, pensei nela para continuar participando de *Les temps modernes* – e para ganhar alguns tostões. A sua carta me comunica que, para você, o primeiro motivo não vale nada. Você não supõe, imagino eu, que o segundo motivo seja suficiente para eu tolerar uma censura?

Você me fala na sua amizade. Que pena. Ouvi você dizer (ou foi o Castor) que já não acreditava nas relações pessoais, que tudo o que havia eram relações de trabalho em conjunto. Como pode você, se não for por condescendência, falar em amizade no momento em que põe fim a este trabalho? Quando penso em todos estes anos, vejo de sua parte muitos obséquios – e acredite que não me esqueço de nenhum deles. Amizade, não tenho certeza. De minha parte, ao contrário, você não se reduz à conduta que o vejo adotar, e você não precisa "merecer" o tempo todo para que eu o assegure de minha amizade.

M. Merleau-Ponty

---

25. Nos primeiros anos de *Les temps modernes*, a revista dizia à folha de expediente que não publicava artigos daqueles que colaboraram com o nazismo ou que, por esta razão, foram condenados à indignidade nacional.

P.S.: 1) Antes de sair em viagem, Lefort me mostrou o segundo texto que escreveu. Quando recebi sua carta, já ia lhe escrever a este respeito. A resposta está vazada em termos tais que, não podendo pedir correções a Lefort, porque ele se sentiu ferido, a meu ver com razão, eu não quero gestionar pela publicação, como fiz no Procope. Falei disso a ele, e informo você a respeito para que tudo fique claro. Mas, certamente, o incidente está superado.

Ele teve, acredito eu, papel importante em nossa divergência. Você não compreendeu que liberdade eu deixo a um ex-aluno, mesmo em relação a mim – nem compreendeu que, fazendo-o cortar cinco páginas e deixando que lhe enviasse o resto, eu tentava conciliar, com essa liberdade, o que eu devia a você. Receio que você ainda esteja se referindo a Lefort quando me escreve que eu o critiquei "indiretamente". Mas não é verdade. Nem peão nem "braço direito".

2) Vendo Germaine na revista antes de chegar-me a sua carta, como ela me perguntasse sobre os próximos números, precisei lhe dizer que, de comum acordo, eu e você consideramos preferível, dadas as divergências políticas, que eles sejam inteiramente compostos por você. Acrescentei – sem resposta de você, porque eu considerava a coisa combinada – que isso não mudaria nada em minhas relações com a revista; que eu preparava um artigo e faria, sem dúvida, uma crônica (*a partir do*) próximo inverno. Deixo as coisas nesse estado. Não me cabe informar Germaine – nem Juliard*, onde não irei mais receber meu pagamento mensal.

3) As fofocas começam. Anne-Marie Cazalis anda dizendo que uma sua carta, datada de Veneza, a informou

---

* O editor. (N. do E.)

de nossa "briga" (ela pergunta às pessoas "de que partido" elas ficam, e afirma que a culpa não está toda com você). Não acredito, claro, numa palavra só do que ela diz. Mas você às vezes atribui aos outros informações que valem tão pouco quanto esta.

A crise da revolução[26]

Resumo da conferência

1) Concepção "clássica" das relações entre filosofia e política. A filosofia, como posse do universal, envolve a política.

2) Hegel. O filósofo, em princípio, tudo o que faz é totalizar o movimento do mundo, e sua autocompreensão. Na verdade, é ele quem decide que certo estado do mundo é "maturidade da realidade" e que tudo o que vier depois não passa de "história estacionária".

De fato, a história aqui é um disfarce da filosofia: Hegel continua insidiosamente clássico, e não questiona o poder filosófico de totalizar – Engels mostrando, em "Feuerbach", que a ideia de Estado perfeito anula o movimento revolucionário da dialética. Isso retirado, a filosofia se torna, depois de Hegel, uma experiência elucidada: a filosofia "cabeça do proletariado" em Marx, o filósofo – "cobaia da existência" (Kierkegaard).

3) Marx. Para rejuvenescer a filosofia, Hegel via o mundo como acabado e decadente. Marx toma o mundo como começando, e destitui a filosofia de seu papel de última instância.– Mas (a filosofia) somente se subordina à história na medida

---

26. Este texto, no qual Maurice Merleau-Ponty resume a conferência que levou às reclamações de Sartre, seguiu em anexo à sua carta de 8 de julho de 1953. (*Nota à edição francesa.*)

*em que dela pretenda se separar. Enquanto atividade prático-
-crítica, vaivém entre o fato e o sentido, ela vive e mesmo "se
realiza" na história. A espera de uma nova deusa, na "Dissertação sobre Epicuro e Demócrito". Trata-se de conferir às
"verdades" sua "paixão", e às "paixões" sua "verdade" ("Dezoito Brumário"). Quando tivermos saído de um tempo que
se define por sua "falta de decisão", a racionalidade renascerá, ou melhor, nascerá.*

*A junção do real e do racional se faz pela existência mesma do proletariado, que é um efeito do capitalismo, mas também o início de uma subversão das relações com a natureza e
com os homens; estão dados conjuntamente o problema e a
solução, a revolução já está aí, o futuro no presente, a decisão
já tomada, o "espectro do comunismo" ("Manifesto") que ronda
a Europa. A existência do proletariado, a conquista do poder
por ele e, em perspectiva, o fim das classes "sociais" formam um
único acontecimento-norma, que constitui a realização da filosofia e o regulador da política. Há, neste sentido, um classicismo
marxista: "destruir", precisamente, para "realizar" (a filosofia).*

4) Nossos dias. Caracterizados pela crise da ideia de revolução – a decadência acelerada do liberalismo.

*a) crise da ideia de revolução. O critério do compromisso
(compromis) válido já não é (como Lênin) a ampliação da
"consciência" do proletariado, porém a salvaguarda de seus
"interesses" (Hervé) – interesses a respeito dos quais ele pode
se enganar. Assim é que na Europa (mas não na Ásia), desde
1945, as revoluções se fazem "de cima para baixo". A violência
revolucionária se apresenta como defesa de uma ordem estabelecida (os opositores são condenados como criminosos de direito comum).*

*Pode haver, nessas condições, consciência de emancipação,
será o poder, objetivamente conquistado pelo proletariado? O
regime é do proletariado, ou para o proletariado? E, no segun-*

do caso, não há distância do poder ao proletariado, que continua sendo objeto da história? Não há mais-valia – mas caminha-se para uma sociedade homogênea? O regulador da política funciona? É para realizá-lo que se destrói o universal filosófico? É no rumo de mais verdade que se supera a consciência?

Sintomas: generalização do sigilo, passagem do clandestino ao crítico, da ação revolucionária à ação terrorista, do revolucionário profissional ao aventureiro, pelo menos a julgar pelos tipos que contavam com a simpatia de um comunizante como Malraux (Borodin). – Política da cultura: comparação dos textos "clássicos" de Engels, até mesmo de Lênin, e de Lukács sobre a arte e a literatura, que lhes reconheciam uma força de expressão distinta de seu valor quando utilizadas na luta imediata, e de concepções como a de Jdanov[27].

Isso faz duvidar que essas sociedades novas possam reivindicar a "missão histórica" de "realizar" a filosofia.

b) decadência acelerada do liberalismo. Cada vez fica mais certo que uma política da consciência é um embuste: crítica da liberdade-ídolo, ponto de honra do "mundo livre", que termina sendo reservada apenas aos amigos da liberdade e se torna, assim, um emblema de guerra.

Continua havendo solidariedade entre a filosofia e a política, mas no mal[28], não no bem: elas não conseguem viver juntas, padecem juntas. A consciência quer ser experiência, mas as coisas não respondem a esta demanda.

5) A posição de Sartre.

A noção de engajamento exprime filosoficamente esta situação: ela identifica a liberdade e o fazer, coloca a circularidade de uma ausência que é presença (somos livres para nos

---

27. O ideólogo do realismo socialista.
28. No sentido em que se fala, em francês, "mal-de-dents": como dor, não como figura moral.

engajar) e de uma presença que é ausência (engajamo-nos para sermos livres). Sem a mediação procurada por Marx, ela é a imediação do dentro e do fora. Se, decididamente, ela não consegue fazer um passar ao outro, ela pode culminar, quer num subjetivismo, quer num objetivismo extremo.

Como ponto de partida, uma concepção relativamente otimista do engajamento: não se trata de escolher entre as políticas existentes. Mas de elaborar uma outra concepção "total" (criação da revista Les temps modernes; *mais tarde, do RDR). À medida que a situação se torna tensa e que a realidade política se furta ao esforço que se envidava para reordená-la e mudar-lhe o sentido, o engajamento vem, se não a aceitar como definitiva a formulação por meio de antítese (comunismo/anticomunismo), pelo menos a indicar uma preferência. Quer dizer, a dar uma resposta parcial, reservando os motivos desta resposta ("por razões que são as minhas e não as deles").*

Dificuldade desta posição: se as razões são diferentes, o que se escolhe também o é. Motivos de Sartre: a paz e o destino [sort] do proletariado. Motivos dos comunistas: a paz sob condições e o poder do proletariado entendido como ditadura do partido. Então: ou o acordo é um mal-entendido, ou o comunismo de hoje está mais perto de uma filosofia do engajamento que da filosofia marxista da história (constitui um fato notável que Sartre, não sendo marxista, esteja mais perto dos comunistas do que muitos dos que se dizem marxistas).

Sartre afirma, talvez, o que os comunistas diriam se pensassem sua ação até o fim. Mas, então, por que eles não dizem isso, e continuam invocando a filosofia proletária da história? Talvez essa ideologia lhes seja necessária, para que a hierarquia atual apareça como premissa da sociedade sem classes.

Sartre vê o comunismo, antes de mais nada, como oposição à sociedade burguesa, e mostra que, sem esta oposição, o proletariado já não teria defensores. O comunismo no poder é outra coisa e implica outras questões. Enquanto ele não pensar a si mesmo e recorrer a uma filosofia que o exprime mal, a situação continuará confusa.

O mesmo paradoxo na política da cultura: a concepção da literatura engajada nega a literatura e a ação mais estreitamente do que Engels e Lukács, considerados representantes do classicismo marxista. Eles nutrem, pelo escritor da sociedade de classes, um respeito que também é desprezo: Balzac é reacionário, mas são exatamente suas paixões reacionárias que o fazem ver e retratar cruamente os homens novos do século XIX. Sartre não quer nem esse respeito nem esse desprezo: não quer que o escritor, se se pensar como homem, se salve como escritor. Coloca a literatura e a ação política conjuntamente, no plano único do acontecimento, porque pertencem a um único empreendimento, a um único tempo.

Na verdade, a política comunista da cultura é mais "existencialista" que os textos teóricos de Lukács. Há realmente concordância entre seu "existencialismo" involuntário ou inconsciente e o existencialismo consciente de Sartre?

Conclusão. A meu ver, o engajamento não pode ir até o ponto de aceitar, sequer provisoriamente, os dilemas postos na política de hoje em dia. Isto quer dizer, não que não haja engajamento, mas que ele não pode ir até o solo dos acontecimentos no qual os blocos realmente se embasam. Isto só representaria um fracasso do engajamento se houvesse, por um lado, sujeitos, por outro, o campo dos acontecimentos diplomáticos e/ou militares, e, em consequência, a recusa de dizer sim ou não aos acontecimentos isoladamente considerados somente deixasse lugar à subjetividade ou à filosofia separada.

Mas, na realidade, não vivemos em duas ordens, a da consciência e a do acontecimento-coisa. Não existe filosofia separada, e o plano dos acontecimentos é um limite que somente é atingido pelo chefe de Estado ou de partido e em certos mo-

mentos decisivos. A maior parte da ação transcorre no entre-dois, entre os acontecimentos e os puros pensamentos, nem nas coisas nem nos espíritos, mas na camada espessa das ações simbólicas, que operam menos por sua eficácia do que por seu sentido. A esta zona pertencem os livros, as conferências, mas também os comícios.

E reciprocamente, pode-se dizer, quando se põem em circulação armas críticas, instrumentos de consciência política, mesmo que não possam servir de imediato e não separem os adversários que então se batem. A ação, mesmo política, de Sartre continua sendo uma "ação de desvendamento"; vale e serve como seus livros, como os livros excelentes, na medida em que faz pensar. Lança uma luz ímpar sobre a crise das relações entre filosofia e política, que é também uma crise da filosofia e uma crise da política.

(As últimas linhas são quase textuais).

(29 de julho de 1953, segundo o carimbo postal)

Caro Merleau,

Sua carta requer, seguramente, uma resposta ponto a ponto. Mas será melhor, a meu ver, que eu a dê de viva voz. Para mim, essa troca de críticas por escrito teve o efeito benfazejo de "furar o abscesso", como se diz, ou, pelo menos, de começar a furá-lo. Algumas coisas precisavam ser postas por escrito, de minha parte e da sua, para que assumissem uma forma mais refletida. Mas, a longo prazo, o benefício se converteria em inconveniente, porque, escrevendo, sempre endurecemos aquilo que estamos pensando.

Seguramente não estava no campo de minhas intenções proceder a um requisitório, e isso também não era sua intenção, tenho certeza. Se nos encontrarmos, o simples fato de nos vermos e ouvirmos bastará para aparar as arestas e eliminar a aspereza das "acusações" recíprocas. Portanto, volto no dia 18 pela manhã, e se você me mandar um bilhete ou me telefonar no mesmo dia estarei à sua disposição a tarde que quiser.

Há uma única coisa que quero lhe dizer, porque ela preparará nosso encontro: pelo amor de Deus, não interprete mais minhas entonações ou fisionomias do jeito que faz, isto é, completamente pelo avesso e de forma passional. Não sei se meu tom foi "glacial" quando lhe falei da aula que deu no Colégio de França, mas o que sei é que gostei muito dela e com toda a simpatia (Michelle pode lhe falar a respeito). Se reservas me vieram, foi depois de ler o opúsculo impresso (que você me enviou) e à *luz* de nossa discussão. Por sinal, elas não afetavam a aula propriamente dita, mas o que nela transparecia de sua atitude atual.

Se pude parecer glacial, é que sempre senti uma espécie de timidez para elogiar. Não sei fazê-lo, e tenho consciência disso. Seguramente se trata de um traço de caráter, e eu o confesso a você, mas que não tem relação alguma com o que você pôde inferir de sua observação. Quando lhe disse que teria a impressão de ser um traidor, caso expusesse *O Ser e o Nada*, isso queria dizer que a mera exposição *em nossos dias*, isto é, dez anos mais tarde – numa situação em plena evolução, e a qual todos nós vivemos e repensamos dia a dia –, de um pensamento que naquela época nascia de puras reflexões sobre a filosofia clássica e *não marxista* me pareceria de molde a fazer retrocederem os estudantes que desejassem me seguir, de molde a devolvê-los a uma época na qual se podia pensar sem referência ao marxismo (ou, pelo menos, na qual se acreditava possível fazê-lo), e isso quando o dever do filósofo, *hoje em dia*, consiste em enfrentar-se com

Marx (exatamente como seu dever, em meados do século passado, consistia em enfrentar-se com Hegel).

Bem: quer isso dizer que eu renegue *O Ser e o Nada*? Nem um só momento. Que eu o considere como uma obra de juventude? De forma alguma. Todas as teses do "Ser e o Nada" me parecem tão justas quanto em 1943. Apenas, afirmo que em 43 elas tinham o futuro aberto à sua frente. Repeti-las hoje, sem lhes *dar* este futuro que elas implicavam, será a um tempo trair meu pensamento de agora e também traí-*las*. Em outras palavras: eu preciso escrever *hoje* um livro sobre a História e a Moral (e a política) tal que se possa, depois dele, reafirmar, sem trair, *O Ser e o Nada* até em seus pormenores.

Você vê que isso está muito longe de um arroubo passional. Agora, o que exprimia minha fisionomia quando eu lhe falei? Não sei, mas alguém que me conhecesse melhor do que você sem dúvida me teria visto "convencido", só que de modo algum tomado pela paixão (no sentido em que você usou esta palavra).

Sucedeu que Michelle estivesse presente quando eu lhe falei sobre o Colégio de França: "você vai mudar tudo isto etc...." Perguntei a ela se eu aparentava estar irritado, e ela ficou boquiaberta com a pergunta. Ela sabe *muito bem* que esta era uma frase *sem importância*. Detesto o escândalo e as pequenas iniciativas atrevidas dos catedráticos que desejam passar por modernos, e absolutamente não desejaria mudar o Colégio de França, se fosse membro dele. Estas são coisas que a gente diz, brincando, mas que não valem uma hora de preocupação. E penso também que você teve perfeitamente razão em entrar lá, e eu teria agido da mesma forma no seu lugar: então, por que eu estaria irritado? ("Teria agido da mesma forma no seu lugar" não quer dizer "se eu fosse você", mas, por exemplo, se eu não tivesse escrito para o teatro, ganhando dinheiro suficiente, graças a ele, para largar o ensino. E, claro, se me fosse possível.)

E é absolutamente falso que eu, algum dia, tenha condenado você. Olhe, ao contrário, como se desenvolveu nossa "querela": quem se inquietou primeiro? quem discutiu primeiro? quem criticou? Você. Eu apenas me defendi, e foi depois de sua conferência que lhe fiz, por minha vez, algumas observações sobre a sua atitude. Aliás, você me censurava, outro dia, por supor gratuitamente e por princípio que você estivesse sempre e em todos os pontos de acordo comigo. Hoje me censura por passar todo o tempo a censurá-lo. Sei que estes dois julgamentos não são completamente incompatíveis, mas seria preciso, assim mesmo, matizá-los um pouco, para que um não contradiga o outro.

Tudo isso para lhe dizer, não que não me interprete, mas que seja prudente e não o faça partindo de princípios *a priori*. Eu lhe dou uma chave para nossa próxima conversa: é que lamento nosso desacordo e estarei com o temperamento mais conciliador possível.

Portanto, por favor, não venha encolerizado nem com reivindicações. Se eu falei "três vezes", como você diz, da conferência que você pronunciou, acredite que não foi porque me sentisse ferido. Tenho a convicção de que você falou de mim em termos amistosos. Foi pela razão seguinte: *objetivamente* as pessoas dizem: "Merleau-Ponty tem de achar muito grave a atitude de Sartre, para que precise negar, de público, seu acordo com seu colaborador e amigo." Quem afirma isso? Você responde: os reacionários. Não são eles, em absoluto, e de forma alguma eu os constituo juízes entre mim e você.

Mas eu me lancei numa empresa: com razão ou sem, pretendo usar os meios a meu alcance para animar os intelectuais a formarem uma esquerda aliada ao comunismo. Já a sua atitude, explorada pela direita, age necessariamente como um freio, sobre esses intelectuais que o estimam.

É óbvio que importa muito pouco que tenham escrito isso ou aquilo no "Express": o que conta é que você *age contra mim*. A amizade expressa no seu tom nada tem a ver com isto. Ou melhor, tem sim, agrava as coisas: "Ele precisa achar tudo isso muito grave. Você vê que precauções ele toma sua amizade por Sartre. Mas ele julgou que *precisava* dizer isto etc., etc., etc...." Quanto aos rumores que correm sobre nossa briga, peço-lhe com toda a seriedade para acreditar que *nada tenho a ver com eles*. Não falei nem escrevi a ninguém a esse respeito, fora três ou quatro que são, como costumo dizer, "de minha família" (Bost, Castor, Michelle).

Tudo isto não atinge o fundo da questão mas, apenas, meus sentimentos. Quero encontrá-lo para salvar nossa amizade, e não para terminar de perdê-la: eis o que desejo que você saiba. Veja: mais uma interpretação. Eu não disse ao Castor que não acreditasse nas relações pessoais. Disse que as relações pessoais somente tinham sentido concreto caso se fundassem em empreendimentos comuns. Queria condenar, dizendo isso, certas relações (exatamente ao contrário das que mantenho com você) que tenho com algumas pessoas.

Saímos para jantar e conversamos à volta de uma mesa sem nenhuma espécie de ligação, exceto a de sermos da "intelligentsia de esquerda". Mas isso jamais significou que a única relação entre as pessoas fosse o trabalho. Através do empreendimento nascem as relações (confiança, simpatia, intimidade, relações dos "temperamentos" [*caractères*], e mesmo conversas sobre qualquer assunto, jantares, viagens etc., etc.).

Isto não é uma obviedade (*lapalissade*) enorme? Valerá a pena concluir, disso, que eu seja um imperialista, um feudal de coração tão seco que somente se preocupa com as pessoas em função do trabalho que elas fazem por ele e da utilidade que elas tenham? Larguemos isso: de todo modo, sou seu amigo e quero continuar sendo. Penso que haverá de reconhecer que você mesmo pode ser "passional", escrevendo que o coloco no olho da rua, quando foi você quem deixou a direção da revista, *contra a minha vontade*, a meu regresso de Saint-Tropez.

Portanto, até breve, espero eu (com os correios italianos, talvez você só receba esta carta quando eu já estiver em Paris), e um grande abraço.

J.-P. Sartre

Quanto aos vinte e cinco mil francos, não entendo por que você já não vai recebê-los, a não ser por irritação. Você me fez uma proposta: eis o meio que lhe proponho para ganhá-los e continuar na revista. Eu lhe respondi: não, a meu ver este meio não é bom. Isto significava apenas: procuraremos outro meio. Nada mais que isso.

GRÁFICA PAYM
Tel. [11] 4392-3344
paym@graficapaym.com.br